ESCRITOR POR ESCRITOR

ESCRITOR POR ESCRITOR MACHADO DE ASSIS SEGUNDO SEUS PARES

1908-1939

Hélio de Seixas Guimarães
Ieda Lebensztayn

SUMÁRIO

11 **Uma longa vida póstuma**
HÉLIO DE SEIXAS GUIMARÃES

artigos

45 **RUI BARBOSA**
O adeus da Academia, 1908

53 **ARTUR AZEVEDO**
Palestra, 1908

59 **EUCLIDES DA CUNHA**
A última visita, 1908

65 **CARLOS DE LAET**
A morte de Machado de Assis, 1908

73 **OSÓRIO DUQUE-ESTRADA**
O grande morto, 1908

79 **ARARIPE JÚNIOR**
Machado de Assis, 1908

89 **JÚLIA LOPES DE ALMEIDA**
Saudades, 1908

95 **OLIVEIRA LIMA**
Machado de Assis
e sua obra literária, 1909

129 **OLAVO BILAC**
Machado de Assis. A comemoração de ontem.
O discurso de Olavo Bilac, 1909

137 **MÁRIO DE ALENCAR**
Machado de Assis,
páginas de saudade, 1910

159 **SALVADOR DE MENDONÇA**
A gente do *Diário do Rio*:
coisas do meu tempo, 1913

167 **JOSÉ VERÍSSIMO**
Machado de Assis crítico, 1913

177 **LIMA BARRETO**
Uma fatia acadêmica, 1919

187 **MEDEIROS E ALBUQUERQUE**
Alfredo Pujol — Machado de Assis —
Conferências, 1920

205 **FILINTO DE ALMEIDA**
Reminiscências —
Como eu conheci o Mestre, 1921

211 **GRAÇA ARANHA**
Excerto da Introdução a *Machado de Assis*
e Joaquim Nabuco. Comentários
e notas à correspondência entre esses dois
***escritores*, 1923**

221 **RONALD DE CARVALHO**
A lição de Machado de Assis, 1923

229 **AMADEU AMARAL**
Machado de Assis no conceito
dos seus contemporâneos — Juízos ligeiros, 1924

237 **COELHO NETO**
Monumento a Machado de Assis:
Apelo à Nação, 1926

243 **NESTOR VÍTOR**
Keyserling e Machado de Assis, 1929

249 **HUMBERTO DE CAMPOS**
O menino do morro, 1933

255 **BELMIRO BRAGA**
Excertos de *Dias idos e vividos*, 1936

263 **XAVIER MARQUES**
Notas sobre Machado de Assis, 1939

269 **MAX FLEIUSS**
Machado de Assis, 1939

273 **RODRIGO OTÁVIO**
Minhas memórias dos outros:
Machado de Assis, 1939

293 **MÁRIO DE ANDRADE**
Machado de Assis, 1939

315 **MONTEIRO LOBATO**
Machado de Assis, 1939

327 **ANTÔNIO SALES**
Machado de Assis, 1939

335 **ALCIDES MAIA**
Velho tempo...
(Evocação de Machado de Assis), 1939

cartas

343 **EUCLIDES DA CUNHA**
Carta a Regueira Costa, 1908

346 **JOAQUIM NABUCO**
Carta a José Veríssimo, 1908

349 **ALUÍSIO AZEVEDO**
Carta a Oliveira Lima, 1909

354 **MONTEIRO LOBATO**
Excertos de cartas a Godofredo Rangel, de *A barca de Gleyre*, 1905-1917

357 **LIMA BARRETO**
Carta a Austregésilo de Ataíde, 1921

360 **MÁRIO DE ANDRADE**
Carta a Maurício Loureiro Gama, 1939

poemas

365 **ANTÔNIO SALES**
Soneto a Machado de Assis, 1908

368 **JUÓ BANANÉRE [Alexandre Marcondes Machado]**
Círgolo viziozo, 1915

371 **CARLOS DE LAET**
Um soneto a Machado de Assis, 1921

cenas machadianas

375 **ARTUR AZEVEDO**
Três pedidos (cena histórica), 1908

378 **HUMBERTO DE CAMPOS**
Excertos de *O Brasil anedótico*, 1927

382 **MEDEIROS E ALBUQUERQUE**
Lembranças de homens de letras: Machado de Assis, 1934

O sorriso do Bruxo no espelho de escritores
387 **IEDA LEBENSZTAYN**

397 **Referências bibliográficas**
402 **Nota sobre a pesquisa e esta edição**

UMA LONGA VIDA PÓSTUMA

Hélio de Seixas Guimarães

h.s.g.

HÉLIO DE SEIXAS GUIMARÃES (São José do Rio Preto, 1965) é professor livre-docente na área de Literatura Brasileira da Universidade de São Paulo e pesquisador do CNPq desde 2008. Pesquisador associado da Biblioteca Brasiliana Guita e José Mindlin, atualmente desenvolve pesquisa sobre a recepção literária de Machado de Assis e estudos sobre o processo de consagração literária no Brasil. É editor da *Machado de Assis em linha: revista eletrónica de estudos machadianos.* Mestre e doutor em Teoria e História Literária pela Unicamp, tem pós-doutoramentos na University of Manchester (Reino Unido, 2007) e na Fundação Casa de Rui Barbosa (Rio de Janeiro, Brasil, 2015-2016). É autor de *Machado de Assis, o escritor que nos lê* (Editora Unesp/Fapesp, 2017), *Os leitores de Machado de Assis: o romance machadiano e o público de literatura no século 19* (Nankin/Edusp, 2004; 2ª ed. 2012), *A olhos vistos, uma iconografia de Machado de Assis* (Instituto Moreira Salles, 2008, em coautoria com Vladimir Sacchetta), entre outros livros e artigos. Em 2012, foi professor visitante no Departamento de Espanhol e Português na Universidade da Califórnia, em Los Angeles (UCLA), e em 2018 foi Tinker Visiting Professor na Universidade de Wisconsin, em Madison, Estados Unidos. Prêmio Jabuti 2005, categoria Teoria e Crítica Literária.

"**A** verdadeira história de um escritor principia na hora da morte, e de nós depende em grande parte a sua sobrevivência", escreveu Augusto Meyer. No ensaio "Os galos vão cantar", que começa com a cena da morte do homem Machado de Assis, o poeta, memorialista e crítico anuncia as muitas vidas que se abriam a partir dali, com as leituras renovadas da obra. Assim tem sido com o autor das *Memórias póstumas*, que desde 29 de setembro de 1908 vem ganhando novas dimensões e interpretações as mais diversas.

Nessa já longa vida póstuma, milhares de textos, de várias extensões e tipos, foram produzidos: reportagens, enquetes, entrevistas, ensaios, biografias, e também cartas, poemas, crônicas e até contos e romances, como é o caso do recente *Machado*, de Silviano Santiago.

Este volume documenta a sobrevivência de Machado de Assis ao reunir uma seleção de textos produzidos por escritores que publicaram sobre ele a partir do dia em que o homem se extinguiu para sempre, cedendo lugar ao autor, potencialmente imortal.

Muitos dos nomes aqui reunidos foram também críticos importantes, fato indicativo da sobreposição dos papéis de críticos, poetas e ficcionistas, tão comum no meio literário brasileiro. Vários dos maiores escritores foram empregados ou contribuíram regularmente na imprensa, emitindo opiniões sobre outros poetas e prosadores. Foi o caso tanto de Machado de Assis como da maioria dos escritores que publicaram sobre ele.

Assim, a maior parte do que se reúne aqui foi impressa primeiramente em periódicos. Muitos textos, que saíram originalmente em jornais e revistas de São Paulo e Rio de Janeiro, foram reproduzidos em outros veículos Brasil afora. Alguns deles foram posteriormente reunidos por seus autores em livros de ensaios.

Ao apresentar um recorte do que pensaram e escreveram tantos escritores sobre esse escritor singular, que para os seus pósteros emergiu como monumento e vulto (Osório Duque-Estrada), fantasma camarada (Marques Rebelo), mestre (Rodrigo Otávio) e bruxo (Drummond), busca-se apreender como a imaginação dos escritores do século xx foi tocada pelos escritos de Machado de Assis.

Em alguns casos, lemos depoimentos de quem conheceu e conviveu com Joaquim Maria Machado de Assis. Essa proximidade nos permite entrever feições pouco acessíveis na imagem posteriormente cristalizada do escritor, difundida por meio de biografias e retratos. Neles, Machado quase invariavelmente aparece como um homem grave, distante e por vezes sisudo. Aqui, vários depoimentos evocam um Machado francamente risonho.

Artur Azevedo, que conviveu com o escritor durante 34 anos de trabalho sob o mesmo teto, na mesma repartição pública, recorda-se: "alegre, cheio de vivacidade, eternamente rapaz, dizendo um bom dito a propósito de tudo, e rindo, rindo sempre".

Júlia Lopes de Almeida, apreciadora dos versos machadianos, se lembra de Machado de Assis como "aquele bom homem que eu nunca vira senão com um sorriso de simpatia e um modo afável e em cujas páginas li tanta coisa encantadora e inolvidável".

Medeiros e Albuquerque, fazendo a ligação do homem com a obra, refere-se a um riso para dentro, compenetrado da dimensão trágica da existência, que confina com o recurso ao humorismo, já na década de 1880 destacado como singularidade da obra machadiana.

Na leitura dessas páginas surpreendem as lembranças singelas e emocionadas de Max Fleiuss, filho de Henrique Fleiuss, o grande ilustrador da *Semana Ilustrada* e da *Ilustração Brasileira*. Ele recorda passeios a pé no Cosme Velho, ao lado de Machado e Carolina, e revela ter sido ele o primeiro editor, em 1894, de um conto intitulado... "Missa do galo"!

No registro oposto ao da bonomia e mansidão ressaltadas por muitos contemporâneos, temos o depoimento de Araripe Júnior. Ao interpelar Machado a respeito da sua admiração pelas ideias de Schopenhauer, Araripe descreve assim a reação: "vi-lhe um fuzil nos olhos, estranho, quase agressivo". A frase faz nossa imaginação trabalhar: o que seria a sensação de ser fuzilado pelo olhar de Machado de Assis?

Às impressões várias e mesmo contraditórias sobre o homem junta-se uma dificuldade comum: a da assimilação da obra machadiana. Isso se mostra em reiterada ênfase na singularidade e, portanto, na dificuldade de classificação, presente em vários textos e sintetizada por Xavier Marques: "arte incomparável, arte singular, que o isolou, no romance brasileiro, como o analista mais sutil e perfeito modelador de caracteres".

De maneira menos explícita, a peculiaridade machadiana revela-se no contraste flagrante entre seu texto e o daqueles que sobre ele escreveram. A começar por Rui Barbosa, com sua escrita preciosa e de sintaxe arrevesada, é notável a distância que há entre a prosa dos que lhe sobreviveram, ou vieram depois dele, e a prosa quase sempre mais precisa e escorreita de Machado de Assis.

Talvez em compensação para as dificuldades apresentadas pela obra tenha se insistido tanto, por um lado, na biografia do escritor, e, por outro, na monumentalização dos seus livros.

No percurso dos textos, vamos testemunhando esses processos de monumentalização, patrimonialização e consagração empreendidos por seus pares. Já no discurso fúnebre,

Rui Barbosa previa a "transfiguração na eternidade e na glória", como quem anuncia, ao pé do corpo morto de Machado de Assis, a galeria de figuras machadianas a serem construídas na posteridade. No dia seguinte à morte, Artur Azevedo proclama o início da imortalidade, reconhecendo nos livros "o melhor do nosso patrimônio literário", a ser guardado e transmitido às gerações vindouras.

Euclides da Cunha registra os momentos seguintes à morte, que reuniu Coelho Neto, Graça Aranha, Mário de Alencar, José Veríssimo, Raimundo Correia e Rodrigo Otávio na sala principal da casa do Cosme Velho, onde Machado viveu por mais de duas décadas. Sob os comentários divergentes, Euclides ouve um amargo desapontamento comum com a desproporção entre a estatura de Machado, criador de um mundo tão vasto e personagens tão imensas, e aquele círculo limitadíssimo de corações amigos. Para o autor de *Os Sertões*, a morte de Machado de Assis deveria provocar uma grande comoção nacional.

A comoção ganharia forma nas sucessivas homenagens, que começaram já no velório realizado na Academia e no enterro no cemitério de São João Batista, que atraíram multidão. Os vaticínios sobre a permanência e a dimensão da glória se tornariam constantes, a começar por Mário de Alencar: "Com o decorrer do tempo, agora que vai acabar a presença corpórea do escritor, crescerá a admiração da sua obra e ficará para sempre."

Olavo Bilac nos reporta, já na comemoração do primeiro aniversário da morte, a formação de uma espécie de romaria até a sepultura do escritor, no cemitério de São João Batista. Segundo ele, quatro bondes especiais partiram da avenida Central levando um grande número de romeiros, composto por senhoras, acadêmicos e homens de letras.

Os termos religiosos — relíquias, romaria, peregrinação, culto —, muito frequentes nos escritos aqui reunidos, não deixam dúvidas sobre a canonização em curso. A transformação do escritor em modelo e exemplo é acompanhada pela produção de clichês e muitas considerações vazias. O fato é acusado por Amadeu Amaral, que adverte para os riscos implicados na construção dos grandes vultos. Pela atenção e interesse que atraem, acabam gerando comentários de toda ordem, e em torno deles vão se sedimentando ideias que, repetidas à exaustão, fixam imagens nem sempre condizentes com o que foi o homem ou com o que escreveu o autor.

A princípio anunciado como cousa abstrata e futura — Osório Duque-Estrada, em 1908, prevê que Machado "há de perdurar, sem dúvida, como o mais alto e o mais imperecível monumento da nossa Literatura" —, o monumento machadiano ganha forma de livro na primeira biografia a ele dedicada por Alfredo Pujol, em 1917. E atinge incontornável concretude com a iniciativa da Academia Brasileira de Letras de erguer uma estátua, para a qual lança campanha em 1921, para angariar fundos mediante subscrição popular. Diante da dificuldade de obter adesão popular, o presidente da Academia, Coelho Neto, publica em 1926 o seu "Apelo à nação". O monumento, de autoria de Humberto Cozzo, foi inaugurado em 1929, por ocasião do 90º aniversário de nascimento do escritor e até hoje está presente na entrada da Academia Brasileira de Letras, no Rio de Janeiro.

As opiniões dos escritores, de maneira geral, acompanham os grandes movimentos da percepção crítica coletiva, que de início atribui a Machado um certo absenteísmo em relação às grandes questões sociais do seu tempo. Isso vem acompanhado da ênfase na dimensão humorístico-existencial da obra, no "escritor filósofo" referido por Bilac, no perscrutador da alma humana, e também na observação recorrente sobre o que muitos, por muito tempo, consideraram desinteresse do escritor pela natureza e pelas descrições dos ambientes em que insere suas personagens.

Essa desvinculação, ou vinculação problemática, do escritor em relação ao meio brasileiro se traduz também nas comparações recorrentes com Anatole France, Sterne e os humoristas ingleses. Neste último caso, a relação foi sugerida por Artur Barreiros na década de 1880 e fixada por José Veríssimo ainda nos anos 1890, tornando-se tópico quase incontornável para todos que se puseram a escrever sobre Machado de Assis no início do século xx.

O *humour* é o assunto principal do primeiro livro de crítica dedicado a Machado depois de sua morte, *Machado de Assis: algumas notas sobre o humour*. Nele, Alcides Maia, que neste volume comparece com uma evocação amorosa do mestre, contestava em 1912 a incompatibilidade entre o humorismo e o espírito brasileiro, procurando aproximar Machado do solo nacional.

Outro movimento importante de aproximação da experiência nacional é feito por Graça Aranha, que reuniu a correspondência entre Machado e Joaquim Nabuco, para a qual escreveu prefácio famoso, do qual se publica um excerto aqui. Nesse prefácio, Graça Aranha contrasta as figuras de Machado e Nabuco, enfatizando as trajetórias opostas que descreveram e opondo suas posturas existenciais: Nabuco, de origem aristocrática, empenhando sua vida na defesa dos escravos; Machado, de origem obscura, indo da plebe à aristocracia pela via do estudo e da elevação espiritual; Nabuco, homem de fé religiosa; Machado, homem marcado pela dúvida materialista.

Embora afirme a distância de Machado em relação ao "meio cósmico brasileiro" e aos "escritores tropicais", Graça Aranha projeta a assimilação nacional de Machado para o futuro: "Com o tempo a sua arte peregrina se tornará um patrimônio nacional e um acontecimento de orgulho coletivo".

No campo da biografia, acompanhamos nestes escritos a transformação da figura ática, clássica, afirmada por Joaquim Nabuco e cristalizada por Alfredo Pujol em sua biografia de 1917, na figura do brasileiro pobre e mestiço, que ganha força em meados da década de 1930, tendo seu marco na publicação do *Estudo crítico e biográfico* de Lúcia Miguel Pereira, de 1936.

Entre os escritores aqui reunidos, Humberto de Campos será o primeiro a associar, de maneira positiva, a singularidade de Machado à sua origem social e étnica. Isso em 1933, alguns anos antes da publicação dos estudos de Peregrino Júnior e Lúcia Miguel Pereira, que associam a grandeza do escritor a traços psicopatológicos e raciais. A amplificação máxima dos aspectos biográficos como fatores contrastivos e explicativos da obra seria feita por Monteiro Lobato, em tom hiperbólico, em páginas também reproduzidas aqui. Antônio Sales, por sua vez, revolta-se contra as licenças e exageros do biografismo, afirmando que "de Machado de Assis só nos interessa a sua obra de escritor de gênio e a sua vida de homem puro e digno".

Como se nota, são muitas as conversas cruzadas que se estabelecem entre escritores e críticos, que coletivamente vão construindo e reconstruindo figuras do escritor. Em meio a esse coro, destacam-se duas vozes poderosas e dissonantes: as de Lima Barreto e Mário de Andrade.

A propósito de um discurso do acadêmico Pedro Lessa, que desvinculava a obra de Machado de Assis do meio em que foi produzida e das particularidades do Rio de Janeiro e do Brasil, Lima Barreto escreve um artigo no qual demonstra conhecimento da obra de Machado, apresenta uma visão crítica sobre ela e, de quebra, faz uma espécie de profissão de fé pessoal sobre a indissociabilidade entre arte e sociedade. Eis o contra-argumento de Lima Barreto à defesa da universalidade das criaturas machadianas: "Um escritor cuja grandeza consistisse em abstrair fortemente das circunstâncias da realidade ambiente não poderia ser — creio eu — um grande autor. Fabricaria fantoches e não almas, personagens vivos".

Em espírito provocador, e investindo contra a glorificação muitas vezes vazia do escritor, arremata o artigo: "Para toda a gente é melhor glorificar em bruto do que admirar com critério. Sigo o partido de toda a gente e paz aos mortos". Trata-se obviamente de um fecho irônico para um artigo todo assentado na admiração produzida a partir da leitura crítica e criteriosa da obra de Machado.

Entre os textos deste volume, o de Mário de Andrade é o que melhor sintetiza e aprofunda o embate difícil dos escritores-modernizadores com Machado de Assis.

A opinião de Mário sobre Machado, que se formula em sua correspondência e em vários outros escritos da década de 1920, aparece com todas as suas contradições numa série de artigos publicados em 1939. No primeiro deles, declara sua admiração por Machado de Assis, mas afirma não conseguir amá-lo. Associado à Academia e à dicção lusitana, valorizador da técnica e do artifício, o que o colocava em terreno afim ao dos parnasianos, e com uma obra marcada pelas negativas, Machado aparecia para Mário principalmente como um problema, pedra no caminho do projeto de modernização nacional do qual foi um dos chefes de fila.

Mário vê Machado como um escritor contaminado pelo que chama de "a moléstia de Nabuco", mania brasileira de mimetizar os estrangeiros, especialmente franceses e alemães. Ao tomar para si o trabalho de "abrasileiramento do Brasil", era preciso superar aquilo que Machado teria feito — mimetizar estrangeiros —, de modo a passar da fase do mimetismo para a da criação: "então seremos universais, porque nacionais".

Os pontos de contato com as ideias de Machado também são muitos, embora pouco admitidos ou expressos por Mário. Essa ideia de um "nacionalismo universalista", por exemplo, tem muito em comum com as sugestões de Machado em "Instinto de nacionalidade". Entretanto, predominam a distância e a prevenção, como fica claro no ensaio conclusivo:

> Machado de Assis é um fim, não é um começo e sequer um alento novo recolhido em caminho. Ele coroa um tempo inteiro, mas a sua influência tem sido sempre negativa. Os que o imitam, se entregam a um insulamento perigoso e se esgotam nos desamores da imobilidade.

Pouco tempo depois da publicação dos artigos, escritos por ocasião das comemorações do centenário de nascimento, já com gravata e cinto afrouxados, Mário de Andrade explicita as razões de sua divergência pessoal com Machado de Assis em carta a Maurício Loureiro Gama:

> Nem lhe quero contar o martírio que foram pra mim esses três artigos porque, se adoro a obra de Machado de Assis como arte, pouco encontro nela como lição e simplesmente detesto o homem que ele foi. É natural que o deteste porque se há dois seres moral, intelectual, socialmente antagônicos somos ele e eu. Imagine pois os malabarismos intelectuais que fiz pra, sem me trair, dizer tudo isso dentro de uma intenção geral celebrativa e apologética. Não só esgotei as ideias como me sinto esfalfado moralmente, numa espécie de tristeza vaga.

O pronunciamento é emblemático da visão predominante na geração dos renovadores da literatura brasileira, que tomaram a literatura como expressão da vida e meio de combate contra estruturas sociais e concepções artísticas conservadoras, com as quais os modernistas identificavam Machado.

Com muito poucas exceções, os modernistas mais aguerridos e de primeira hora viveram a contradição entre destruir o passado — mas não completamente, já que não havia tanto a destruir num acervo literário relativamente recente —, e constituir uma tradição literária, o que precisaria ser feito sem contar com muitos antecedentes. Machado de Assis era a grande e óbvia exceção desse passado, figura incontornável mas incômoda, com uma obra propositiva e construtiva, constituída principalmente sobre negativas e ruínas.

Assim, os textos reunidos aqui podem ser lidos como sintomas da compenetração de toda uma geração pelo legado machadiano, em sentido semelhante ao proposto por Eliot no célebre ensaio "Tradição e talento individual", de 1922. Ali, Eliot afirma que a tradição não pode ser herdada, mas sim conquistada com um grande esforço que envolve o sentido histórico, que implica "a percepção não apenas da caducidade do passado, mas de sua presença", e que torna um escritor "mais agudamente consciente de seu lugar no tempo, de sua própria contemporaneidade".[1] A tradição, nos termos de Eliot, é menos aquilo que se transmite de indivíduo a indivíduo, mas um "conjunto orgânico", "sistemas em relação aos quais, e apenas em relação aos quais, as obras individuais da arte literária e as obras de artistas individuais possuem significação", conforme esclarece num ensaio posterior.[2]

Essa transformação de Machado de figura associada ao passado em presença é o grande desafio que se coloca aos escritores que sobreviveram a ele ou que vieram imediatamente depois dele.

1. ELIOT, T. S. "Tradição e talento individual". In: *Ensaios*. Tradução, introdução e notas de Ivan Junqueira. São Paulo: Art Editora, 1989, pp. 38-9.
2. Idem. "A função da crítica". In: *Ensaios de doutrina crítica*. 2ª ed. Tradução de Fernando de Mello Moser; prefácio de J. Monteiro-Grillo. Lisboa: Guimarães Editores, 1997, pp. 36-7.

Num rápido exame no Sumário deste livro, o leitor notará a concentração de textos em torno de 1908, ano da morte do escritor, e 1939, ano em que se comemorou o centenário de seu nascimento. De maneira geral, toda a década de 1920 foi marcada por um enorme e significativo silêncio sobre Machado de Assis.

Nas *Fontes para o estudo de Machado de Assis*, de Galante de Sousa, não há registro de nenhum estudo crítico importante nesse período. Em sua maioria, são artigos publicados em jornais e revistas, nos quais são retomadas questões anteriormente colocadas pela crítica — o *humour*, as figuras femininas, a timidez do escritor. No âmbito dos jornais, há um claro declínio na atenção a Machado. O acervo digital de *O Estado de S. Paulo*, por exemplo, registra apenas 126 textos que fazem alguma menção a Machado de Assis durante toda a década de 1920, ao passo que na década de 1910 registram-se 249, e na de 1930, 222.[3] Na obra de Galante de Sousa, que recenseou os textos dedicados ao escritor, há noventa entradas relativas ao período de 1922 a 1929, ao passo que apenas no ano de 1939 há o registro de 558 itens.[4]

O apoio nas datas comemorativas e o silêncio eloquente na década de 1920 mostram como a imagem fantasmagórica de Machado pairou sobre muitos escritores-chave do início do século xx, problematizando a ideia de um escritor com influência pequena, quando não negativa, sobre seus epígonos, conforme indicou Mário de Andrade na conclusão da sua dúbia homenagem a Machado. Em suas ênfases, subentendidos e silêncios, o conjunto aqui reunido permite mensurar melhor o impacto da presença machadiana entre escritores das gerações que o sucederam e que às duras penas buscaram integrá-lo e também se integrar a uma tradição literária.

3. A consulta foi feita pelo nome "Machado de Assis" no acervo digital de *O Estado de S. Paulo*, acessado em http:/acervo.estadao.com.br em 15 de dezembro de 2012.
4. Sobre o relativo ostracismo de Machado na década de 1920, ver o ensaio "Na década modernista", de Brito Broca, in: BROCA, Brito. *Machado de Assis e a política: mais outros estudos*. Prefácio de Silviano Santiago. São Paulo: Polis; Brasília: INL, 1983, pp. 194-203.

De 1908 a 1939, percorremos o difícil caminho de assimilação da figura e da obra machadianas. Os depoimentos indicam o corpo estranho que Machado de Assis foi na vida literária do seu tempo e dão ideia do ambiente literário do qual Machado passava a participar imediatamente depois da sua morte.

A assimilação de Machado de Assis nas primeiras décadas que se seguiram a sua morte assemelha-se a um processo de luto, lento e duradouro, ao final do qual o escritor foi sendo aos poucos incorporado ao cânone do século xx. Os epígonos enfrentavam no seu percurso de formação várias daquelas razões e desvios revisionários descritos por Harold Bloom em *Angústia da influência*, passando da desleitura (*Clinamen*), marcada pelo desvio e pela ironia do escritor mais jovem em relação ao seu precursor, pela *Dæmonization*, movimento que busca a construção de um sublime que se contrapõe ao do precursor, e, finalmente, pela *Apophrades*, entendida por Bloom como estágio de retorno dos mortos, em que há uma apropriação final do poeta anterior pelo posterior.[5]

Diferentemente do que propõe Harold Bloom, que teoriza sobre a constituição de uma tradição literária a partir do efeito criativo que um escritor possa ter sobre outros escritores, ou seja, principalmente da relação do epígono com seu antecessor, de uma relação entre individualidades, penso que estamos aqui diante de um fenômeno coletivo.

Retomando postulações de Hans Robert Jauss sobre o papel decisivo da recepção nas definições e redefinições de sentido de uma determinada obra ao longo do tempo, sabemos que as obras literárias são recebidas no contexto de um "horizonte de expectativas", formado pelo conhecimento e pelos pré-conceitos dos leitores a respeito da literatura em certo momento, bem como de seus códigos culturais e morais. Com isso, os sentidos atribuídos às obras passam a ser reconhecidos como necessariamente cambiantes, à medida que os horizontes se transformam (cultural, histórica, politicamente).

5. BLOOM, Harold. *Angústia da influência*: *uma teoria da poesia*. Rio de Janeiro: Imago, 1991.

Na quinta tese apresentada em *A história da literatura como provocação à teoria literária*, Jauss propõe que a teoria estético-recepcional permite não só apreender sentido e forma da obra literária no desdobramento histórico de sua compreensão: ela demanda também que se insira a obra isolada em sua "série literária", a fim de que se conheça sua posição e significado histórico no contexto da experiência da literatura. Nesse passo, que conduz de uma história da recepção das obras à história da literatura, como acontecimento, esta última revela-se um processo no qual a recepção passiva de leitor e crítico transforma-se na recepção ativa e na nova produção do autor — e eu diria que também na produção de outros escritores —, na medida em que as experiências são sempre marcadas pelas experiências dos antecessores. Visto de outra perspectiva, trata-se de um processo no qual uma nova obra — seja ela do mesmo autor, ou de outro autor — pode resolver problemas legados pela anterior, e até propor novos problemas, com implicações também sobre o modo como a obra primeira será lida.[6]

Também diferentemente de Eliot, que aborda o modo como a obra mais nova revisa as obras passadas, pensando na tradição como um processo que se desdobra numa única direção, Jauss sugere que a obra do passado também necessita de um trabalho produtivo de interpretação para que seja retirada ou permaneça fora de um museu imaginário e possa ser interpretada com os olhos do presente.[7]

Neste caso específico, isso implica pensar na existência de conexões entre a produção de Machado de Assis não só com os seus antecessores, mas também com seus sucessores. Assim, sabemos que a crítica machadiana, ao longo do século xx, inseriu Machado na série literária brasileira especificando o diálogo dele com seus antecessores — um diálogo que não estava evidente para os contemporâneos do

6. JAUSS, Hans Robert. *A história da literatura como provocação à teoria literária*. Tradução de Sérgio Tellaroli. São Paulo: Ática, 1994, pp. 43-4.

7. Idem. "Art History and Pragmatic History". In: *Toward an Aesthetic of Reception*. Tradução de Timothy Bahti; intr. Paul de Man. Minneapolis: Minnesota up, 1982, p. 75.

escritor. Críticos como Antonio Candido, Roberto Schwarz e John Gledson procuraram evidenciar os modos como Machado reescreveu situações e personagens criadas por seus antecessores, tais como Macedo e Alencar.[8]

Há de se considerar também que os sucessores não são receptáculos passivos da sua obra, mas leitores ativos que relegitimam e ressignificam a obra e a figura machadianas, agentes importantes para sua integração num novo sentido de tradição.

Trata-se, também, de pensar a formação do cânone literário brasileiro como processo amplo e dinâmico, de modo que a melhor compreensão da recepção de Machado pelos escritores do século xx, proposta aqui, torna-se importante não apenas para entender a maneira como esses escritores constituíram diálogo com o passado — a partir de certo momento percebendo Machado não como interrupção, quebra ou exceção —, mas também como contribuíram para a ressignificação da figura e da obra machadianas, tornando-as presentes.

8. Cf. CANDIDO, Antonio. *Formação da literatura brasileira: momentos decisivos, 1750-1880.* 12ª ed. Rio de Janeiro: Ouro sobre Azul, 2009; SCHWARZ, Roberto. *Ao vencedor as batatas: forma literária e processo social nos inícios do romance brasileiro.* 4ª ed. São Paulo: Duas Cidades, 1992; GLEDSON, John. "1872: 'A parasita azul' — ficção, nacionalismo e paródia". *Cadernos de Literatura Brasileira.* n. 23-24. São Paulo, Instituto Moreira Salles, 2008, pp. 163-218.

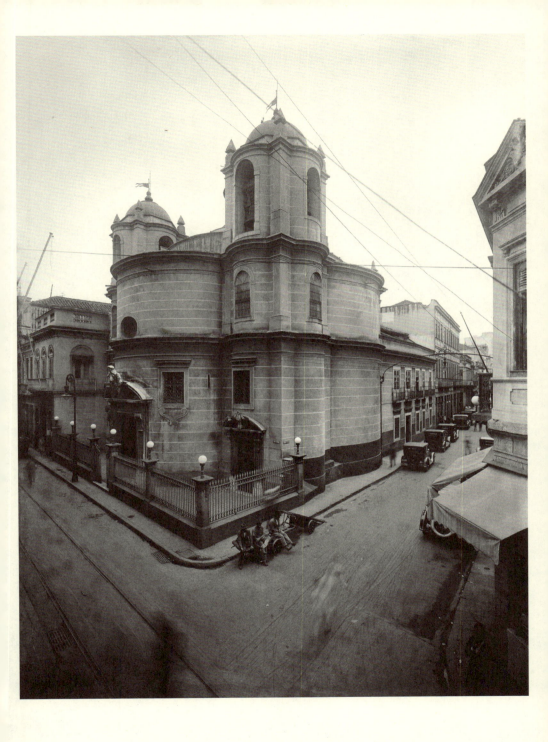

artigos

O ADEUS
DA ACADEMIA
Rui Barbosa

r.b.

RUI BARBOSA de Oliveira (Salvador, Bahia, 1849 – Petrópolis, Rio de Janeiro, 1923): Advogado, jornalista, jurista, político, diplomata, ensaísta, escritor, filólogo, jornalista, tradutor e orador. Notável orador e estudioso da língua portuguesa, foi membro fundador da Academia Brasileira de Letras (1897), ocupando a Cadeira número 10. Sucedeu Machado de Assis na presidência da instituição, de 1908 a 1919. Delegado do Brasil na II Conferência da Paz, em Haia (Holanda, 1907), notabilizou-se pela defesa do princípio da igualdade das nações. Principais obras: *O Papa e o Concílio* (1877); *Castro Alves* (1881); *Reforma do ensino secundário e superior* (1882); *Swift* (1887); *Cartas de Inglaterra* (1896); *Parecer e Réplica acerca da redação do Código Civil* (1904); *Discursos e conferências* (1907); *O Brasil e as Nações Latino-Americanas em Haia* (1908); *Anatole France* (1909); *Páginas literárias*, (1918); *Cartas políticas e literárias* (1919); *Oração aos moços* (1921); *Obras completas*, organizadas pela Casa de Rui Barbosa, 125 vols.

29 set. 1908

Designou-me a Academia Brasileira de Letras para vir trazer ao amigo que de nós aqui se despede, para lhe vir trazer, nas suas próprias palavras, num gemido da sua lira, para lhe vir trazer, o nosso "coração de companheiros".

Eu quase não sei dizer mais, nem sei que mais se possa dizer, quando as mãos que se apertavam no derradeiro encontro, se separam desta para a outra parte da eternidade.

Nunca ergui a voz sobre um túmulo, parecendo-me sempre que o silêncio era a linguagem de nos entendermos com o mistério dos mortos. Só o irresistível de uma vocação como a dos que me chamaram para órgão desses adeuses me abriria a boca ao pé deste jazigo, em torno do qual, ao movimento das emoções reprimidas se sobrepõe o murmúrio do indizível, a sensação de uma existência cuja corrente se ouvisse cair de uma outra bacia, no insondável do tempo, onde se formam do veio das águas sem manchas, as rochas de cristal exploradas pela posteridade.

Do que a ela se reserva em surpresas, em maravilhas de transparência e sonoridade e beleza na obra de Machado de Assis, di-lo-ão outros, hão de o dizer os seus confrades, já o está dizendo a imprensa, e de esperar é que o diga, dias sem conta, derredor do seu nome, da lápide que vai tombar sobre seu corpo, mas abrir a porta ao ingresso da sua imagem na sagração dos incontestados, a admiração, a reminiscência, a mágoa sem cura dos que lhe sobrevivem. Eu de mim, porém, não quisera falar senão do seu coração e de sua alma.

Daqui, deste abismar-se de ilusões e esperanças que soçobram ao cerrar de cada sepulcro, deixemos passar a glória na sua resplandecência, na sua fascinação, na impetuosidade do seu voo. Muito ressumbra sempre da nossa debilidade, na altivez do seu surto e na confiança das suas asas. As arrancadas mais altas do gênio mal se libram nos longes da nossa atmosfera, de todas as partes envolvida e distanciada pelo infinito. Para se não perder no incomensurável deste, para avizinhar a terra do firmamento, para desassombrar a impenetrabilidade da morte, não há nada como a bondade. Quando ela, como aqui, se debruça, fora de uma campa ainda aberta, já se não cuida que lhe esteja à beira, de guarda, o mais malquisto dos nomes, no sentimento grego, e os braços de si mesmo se levantam, se estendem, se abrem, para tomar entre si a visão querida, que se aparta.

Não é o clássico da língua; não é o mestre da frase; não é o árbitro das letras; não é o filósofo do romance; não é o mágico do conto; não é o joalheiro do verso, o exemplar sem rival entre os contemporâneos da elegância e da graça, do aticismo e da singeleza no conceber e no dizer; é o que soube viver intensamente da arte, sem deixar de ser bom. Nascido com uma dessas predestinações sem remédio ao sofrimento, a amargura do seu quinhão nas expiações da nossa herança o não mergulhou no pessimismo dos sombrios, dos mordazes, dos invejosos, dos revoltados. A dor lhe aflorava ligeiramente aos lábios, lhe roçava ao de leve a pena, lhe ressumava sem azedume das obras, num ceticismo entremeio de timidez e desconfiança, de indulgência e receio, com os seus toques de malícia a sorrirem, de quando em quando, sem maldade, por entre as dúvidas e as tristezas do artista. A ironia mesma se desponta, se embebe de suavidade no íntimo desse temperamento, cuja compleição, sem desigualdade, sem espinhos, sem asperezas, refratária aos antagonismos e aos conflitos, dir-se-ia emersa das mãos da própria Harmonia, tal qual essas criações da Hélade, que se lavraram para a imortalidade num mármore cujas linhas parecem relevos do ambiente e projeções do céu no meio do cenário que as circunda.

Deste lado moral da sua entidade, quem me dera saber exprimir, neste momento, o que eu desejaria. Das riquezas da sua inspiração na lírica, da sua mestria no estilo, da sua sagacidade na psicologia, do seu mimo na invenção, da sua bonomia no humorismo, do seu nacionalismo na originalidade, da sua lhaneza, tato e gosto literário, darão testemunho perpetuamente os seus escritos, galeria de obras-primas, que não atesta menos da nossa cultura, da independência, da vitalidade e das energias civilizadoras da nossa raça do que uma exposição inteira de tesouros do solo e produtos mecânicos do trabalho. Mas, nesta hora de entrada ao ignoto, a este contato quase direto, quase sensível com a incógnita do problema supremo, renovado com interrogações da nossa ansiedade cada vez que um de nós desaparece na torrente das gerações, não é a ocasião dos cânticos de entusiasmo, dos hinos pela vitória nas porfias do talento. A este não faltarão comemorações, cujo círculo se alargará com os anos, à medida que o rastro de luz penetrar, pelo futuro além, cada vez mais longe do seu foco.

O que se apagaria talvez se o não colhêssemos logo na memória dos presentes, dos que lhe cultivaram o afeto, dos que lhe seguiram os dias, dos que lhe escutaram o peito, dos que lhe fecharam os olhos, é o sopro da sua vida moral. Quando ele se lhe exalou pela última vez, os amigos que lho receberam com o derradeiro anélito contraíram a obrigação de o reter, como se reteria na máxima intensidade de aspirações dos nossos pulmões o aroma de uma flor cuja espécie se extinguisse, para o dar a sentir aos sobreviventes, e dele impregnar a tradição, que não perece.

Eu não fui dos que o respiraram de perto. Mas, homem do meu tempo, não sou estranho às influências do mal e do bem, que lhe perpassam no ar. Numa época de lassidão e violência, de hostilidade e fraqueza, de agressão e anarquia nas coisas e nas ideias, a sociedade necessita justamente, por se recobrar, de mansidão e energia, de resistência e conciliação. São as virtudes da vontade e as do coração as que salvam nesses transes. Ora, dessas tendências que atraem para a estabilidade, a pacificação e a disciplina, sobram exemplos no tipo desta vida, mal extinta e ainda quente.

Modelo foi de pureza e correção, temperança e doçura; na família, que a unidade e devoção do seu amor converteu em santuário; na carreira pública, onde se extremou pela fidelidade e pela honra; no sentimento da língua pátria, em que prosava como Luís de Sousa, e cantava como Luís de Camões; na convivência dos seus colegas, dos seus amigos, em que nunca deslizou da modéstia, do recato, da tolerância, da gentileza. Era sua alma um vaso da amenidade e melancolia. Mas a missão da sua existência, repartida entre o ideal e a rotina, não se lhe cumpriu sem rudeza e sem fel. Contudo, o mesmo cálice da morte, carregado de amargura, lhe não alterou a brandura da têmpera e a serenidade da atitude.

Poderíamos gravar-lhe aqui, na laje da sepultura, aquilo de um grande livro cristão: "Escreve, lê, canta, suspira, ora, sofre os contratempos virilmente", se eu não temesse claudicar, aventurando que as suas atribulações conheceram o lenitivo da prece. O instinto, não obstante, no-lo adivinha nas trevas do seu naufrágio, quando, na orfandade do lar despedaçado, cessou de encontrar a providência das suas alegrias e das suas penas, entre as carícias da que tinha sido a meeira da sua lida e do seu pensamento.

Mestre e companheiro, disse eu que nos íamos despedir. Mas disse mal. A morte não extingue: transforma; não aniquila: renova; não divorcia: aproxima. Um dia supuseste "morta e separada" a consorte dos teus sonhos e das tuas agonias, que te soubera "pôr um mundo inteiro no recanto" do teu ninho; e, todavia, nunca ela te esteve mais presente, no íntimo de ti mesmo e na expressão do teu canto, no fundo do teu ser e na face das tuas ações. Esses catorze versos inimitáveis, em que o enlevo dos teus discípulos resume o valor de toda uma literatura, eram a aliança de ouro do teu segundo noivado, um anel de outras núpcias, para a vida nova do teu renascimento e da tua glorificação, com a sócia sem nódoa dos teus anos de mocidade e madureza, da florescência e frutificação de tua alma. Para os eleitos do mundo das ideias a miséria está na decadência, e não na morte. A nobreza de uma nos preserva das ruínas da outra. Quando eles atravessam essa passagem do invisível, que os conduz à região da verdade sem mescla, então é que entramos a sentir o começo do seu reino, o reino dos mortos sobre os vivos.

Ainda quando a vida mais não fosse que a urna da saudade, o sacrário da memória dos bons, isso bastava para a reputarmos um benefício celeste, e cobrirmos de reconhecimento a generosidade de quem no-la doou. Quando ela nos prodigaliza dádivas como a do teu espírito e a da tua poesia, não é que lhe deveremos duvidar da grandeza, a que te acercaste primeiro do que nós, mestre e companheiro. Ao chegar da nossa hora, em vindo a de te seguirmos um a um no caminho de todos, levando-te a segurança da justiça da posteridade, teremos o consolo de haver cultivado, nas verdadeiras belezas da tua obra, na obra dos teus livros e da tua vida, sua idealidade, sua sensibilidade, sua castidade, sua humanidade, um argumento mais da existência e da infinidade dessa origem de todas as graças à onipotência de quem devemos a criação do universo e a tua, companheiro e mestre, sobre cuja transfiguração na eternidade e na glória caiam as suas bênçãos, com a da pátria, que te reclina ao seu seio.

Fonte desta edição:
BARBOSA, Rui. "O adeus da Academia. Discurso na câmara ardente do escritor, na sede da Academia Brasileira de Letras, ao partir o enterro, a 30 de setembro de 1908", *Ensaios literários*. Seleção e prefácio de Américo Jacobina Lacombe. Rio, 1949, pp. 193-7. In: BARBOSA, Rui. *O adeus da Academia a Machado de Assis*. Rio de Janeiro: Casa de Rui Barbosa, 1958.
Publicações do discurso em jornal:
A Imprensa, Rio de Janeiro, 2 out. 1908; *Correio da Manhã*, Rio de Janeiro, 2 out. 1908; *Jornal do Brasil*, Rio de Janeiro, 2 out. 1908; *Jornal do Commercio*, Rio de Janeiro, 2 out. 1908; *O País*, Rio de Janeiro, 2 out. 1908.

Outro texto do autor a respeito de Machado de Assis:
BARBOSA, Rui. *Machado, Herculano e Rio Branco*. Rio de Janeiro: Org. Simões, 1950.

PALESTRA
Artur Azevedo

a.a.

ARTUR Nabantino Gonçalves de **AZEVEDO** (São Luís, Maranhão, 1855 – Rio de Janeiro, Rio de Janeiro, 1908): Jornalista, poeta, contista e teatrólogo. Figurou, ao lado do irmão Aluísio, no grupo fundador da ABL, onde criou a Cadeira número 29, que tem como patrono Martins Pena. Fundou publicações literárias, como *A Gazetinha*, *Vida Moderna* e *O Álbum*. Colaborou em *A Estação*, ao lado de Machado de Assis, e no jornal *Novidades*. Escreveu principalmente sobre teatro em *O País*, no *Diário de Notícias* e em *A Notícia*. Multiplicava-se em pseudônimos: Elói o Herói, Gavroche, Petrônio, Cosimo, Juvenal, Dorante, Frivolino, Batista o trocista, e outros. Principais obras de teatro: *Amor por anexins* (1872); *A pele do lobo* (1877); *A almanjarra* (1888); *A Capital Federal* (1897); *Confidências* (1898); *O jagunço* (1898). Poesias: *Sonetos* (1876); *Rimas* (1909). Contos: *Contos possíveis* (1889); *Contos fora de moda* (1894); *Contos efêmeros* (1897); *Contos cariocas* (1928).

O País, 30 set. 1908

H á tempos encontrei numa livraria da rua S. José um folheto impresso em 1861, na famosa tipografia do Paula Brito; intitulava-se *Queda que as mulheres têm para os tolos*, e o texto era traduzido do francês por Machado de Assis.

Levei comigo o folheto, não curioso de conhecer aquela singularidade do coração feminino, que não era uma novidade para mim; mas desejoso de ler alguma coisa escrita por Machado de Assis, em que houvesse defeitos de linguagem.

Perversidade inútil; o autor do Brás Cubas já possuía, aos vinte e dois anos, a mesma pena com que ultimamente escreveu o doloroso romance *Memorial de Aires*. Apenas desta vez não a ensopou em tinta, senão em lágrimas.

O meu querido Artur Barreiros bem disse que Machado de Assis era escritor de nascença.

*

Calculem como devo estar comovido diante do cadáver do companheiro, amigo e mestre com quem durante trinta e quatro anos me encontrei quase todos os dias, sob o mesmo teto! Calculem que mundo de recordações e de saudades desperta esse grande morto no meu espírito e no meu coração!

Pois bem, não o choro, não quero chorá-lo, porque a morte foi um alívio para aquele corpo torturado e aquela alma dolorida. Há quanto tempo o mestre, que dantes falava de tudo, e de tudo sorria, não falava senão da morte, e não sorria mais... De vez em quando um fato público, de sensação, parecia reanimá-lo e despertar a sua antiga *verve* de cronista; houve mesmo ocasiões em que ele começou a fazer deliciosos folhetins falados; mas isso pouco durava: o seu infortúnio era um déspota, e o mestre amado não tinha um coração que esquecesse.

A sua esposa, quando saiu de casa caminho do cemitério, deixou ali outro cadáver: o dele, o galvanizado pelo espírito mais forte, pela vontade mais formidável que tenho conhecido.

*

E como era triste comparar o Machado de Assis dos últimos tempos com o de outrora, alegre, cheio de vivacidade, eternamente rapaz, dizendo um bom dito a propósito de tudo, e rindo, rindo sempre.

Reparem que a qualidade predominante em toda a sua obra é o bom humor: encontra-se o riso no fundo de todos os seus livros, embora ele o quisesse disfarçar, porque estava convencido de que o riso não lhe ficava bem. Se Machado de Assis não fosse um tímido, ninguém com mais impetuosidade nem com mais brilhantismo teria atacado de frente os ridículos da sociedade. Bastava para isso que ele escrevesse como falava. O melhor, talvez, da sua obra ficou inédito, e para conhecê-lo seria preciso ouvi-lo, mas ouvi-lo antes que aquela viuvez inesperada e terrível o deixasse sozinho no quarto da sua morta,

"Loucamente abraçando a sombra dela",

como no soneto imortal de Luís Delfino.

Mas o que escreveu, o que deixou nos seus livros, constitui, ainda assim, o melhor do nosso patrimônio literário. É um legado precioso, um tesouro que devemos carinhosamente guardar e transmitir aos nossos filhos com todas as recomendações para que continuem a estimá-lo — tanto mais que com a aurora de ontem, iluminando aquela madrugada de morte, começou a imortalidade para Machado de Assis.

—A. A.

Fonte desta edição:
AZEVEDO, Artur. [A.A.] "Palestra". *O País*, Rio de Janeiro, 30 set. 1908. Republicado em: *A Manhã*, "Autores e Livros", Rio de Janeiro, 19 out. 1941, vol. I, p.163.

Outros textos do autor a respeito de Machado de Assis:
AZEVEDO, Artur [Elói, o Herói]. "De palanque". *Diário de Notícias*, Rio de Janeiro, 22 nov. 1885.

AZEVEDO, Artur [Elói, o Herói]. "Croniqueta". *A Estação*, Rio de Janeiro, 15 out. 1886.

AZEVEDO, Artur [Elói, o Herói]. "Croniqueta". *A Estação*, Rio de Janeiro, 31 jan. 1892; Cf. Anexo em: GUIMARÃES, Hélio de Seixas. *Os leitores de Machado de Assis: o romance machadiano e o público de literatura no século 19*. São Paulo: Nankin/Edusp, 2004; 2ª ed., 2012, pp. 337-9.

AZEVEDO, Artur. [A. A.]. "Machado de Assis". *O Álbum*, Rio de Janeiro, n. 2, jan. 1893; "Homenagem a Machado de Assis. Uma série de páginas pouco divulgadas do grande escritor brasileiro — A biografia do autor de *Dom Casmurro*, por Arthur Azevedo". *A Batalha*, Rio de Janeiro, 2 abr. 1939; "Machado de Assis — De Artur Barreiros e Artur Azevedo". *Dom Casmurro*, Rio de Janeiro, 20 maio 1939; Cf. Anexo em: GUIMARÃES, Hélio de Seixas. *Os leitores de Machado de Assis: o romance machadiano e o público de literatura no século 19*, pp. 361-5.

AZEVEDO, Artur [Elói, o Herói]. "Croniqueta". *A Estação*, Rio de Janeiro, 15 dez. 1897.

AZEVEDO, Artur. [A. A.]. "Dom Casmurro". *O País*, "Palestra", Rio de Janeiro, 18 mar. 1900, p.1; Cf. Anexo em: GUIMARÃES, Hélio de Seixas. *Os leitores de Machado de Assis: o romance machadiano e o público de literatura no século 19*, pp. 369-70.

AZEVEDO, Artur [Elói, o Herói]. "Croniqueta". *A Estação*, Rio de Janeiro, 31 maio 1901, p.10.

AZEVEDO, Artur. [A. A.]. "Palestra". *O País*, Rio de Janeiro, 22 abr. 1908.

AZEVEDO, Artur. [A. A.]. "Palestra". *O País*, Rio de Janeiro, 9 jun. 1908.

AZEVEDO, Artur. "Palestra". *O País*, Rio de Janeiro, 2 out. 1908; *Dom Casmurro*, Rio de Janeiro, 20 maio 1939, p.9.

AZEVEDO, Artur [A. A]. "Três pedidos (cena histórica)". "Teatro a Vapor". *O Século*, Rio de Janeiro, 7 out. 1908. Cf. a seção "Cenas Machadianas" neste volume.

A ÚLTIMA VISITA
Euclides da Cunha

e.c.

EUCLIDES Rodrigues Pimenta **DA CUNHA** (Cantagalo, Rio de Janeiro, 1866 – Rio de Janeiro, Rio de Janeiro, 1909): Escritor, jornalista, ensaísta, historiador e engenheiro militar. Estudou na Escola Politécnica e na Escola Militar da Praia Vermelha. Ingressou no jornal *A Província de São Paulo*, hoje *O Estado de S. Paulo*. Em 1897, tornou-se correspondente de guerra e cobriu a Guerra de Canudos, base para a escrita de *Os Sertões*. Em 1903, foi eleito para a Academia Brasileira de Letras. No ano seguinte, viajou para o Amazonas, onde escreveu obras de denúncia. Em 1906, trabalhou no gabinete do Barão de Rio Branco, no Rio de Janeiro. Tentou assassinar Dilermando de Assis, amante de sua esposa, Ana Emília Ribeiro, porém foi morto por ele. Obras: *Os Sertões* (1902); *Relatório da Comissão Mista Brasileiro-peruana do Alto Purus* (1906); *Castro Alves e seu tempo* (1907); *Peru versus Bolívia* (1907); *Contrastes e confrontos* (1907); *À margem da história* (1909).

Jornal do Commercio, 30 set. 1908

N a noite em que faleceu Machado de Assis, quem penetrasse na vivenda do poeta, em Laranjeiras, não acreditaria que estivesse tão próximo o desenlace da sua enfermidade. Na sala de jantar, para onde dizia o quarto do querido mestre, um grupo de senhoras — ontem meninas que ele carregava nos braços carinhosos, hoje nobilíssimas mães de família — comentavam-lhe os lances encantadores da vida e reliam-lhe antigos versos, ainda inéditos, avaramente guardados nos álbuns caprichosos. As vozes eram discretas, as mágoas apenas rebrilhavam nos olhos marejados de lágrimas, e a placidez era completa no recinto, onde a saudade glorificava uma existência, antes da morte.

No salão de visitas viam-se alguns discípulos dedicados, também aparentemente tranquilos.

E compreendia-se desde logo a antilogia de corações tão ao parecer tranquilos na iminência de uma catástrofe. Era o contágio da própria serenidade incomparável e emocionante em que ia a pouco e pouco extinguindo-se o extraordinário escritor. Realmente, na fase aguda de sua moléstia, Machado de Assis, se por acaso traía com um gemido e uma contração mais viva o sofrimento, apressava-se em pedir desculpas aos que o assistiam, na ânsia e no apuro gentilíssimo de quem corrige um descuido ou involuntário deslize. Timbravam em sua primeira e última dissimulação: a dissimulação da própria agonia, para não nos magoar com o reflexo da sua dor. A sua infinita delicadeza de pensar, de sentir, e de agir, que no trato vulgar dos homens se exteriorizava em timidez embaraçadora e recatado retraimento, transfigurava-se em fortaleza tranquila e soberana.

E gentilissimamente bom durante a vida, ele se tornava gentilmente heroico na morte...

Mas aquela placidez aguda despertava na sala principal, onde se reuniam Coelho Neto, Graça Aranha, Mário de Alencar, José Veríssimo, Raimundo Correia e Rodrigo Otávio, comentários divergentes. Resumia-os um amargo desapontamento. De um modo geral, não se compreendia que uma vida que tanto viveu as outras vidas, assimilando-as através de análises sutilíssimas, para no-las transfigurar e ampliar, aformoseadas em sínteses radiosas — que uma vida de tal porte desaparecesse no meio de tamanha indiferença, num círculo limitadíssimo de corações amigos. Um escritor da estatura de Machado de Assis só devera extinguir-se dentro de uma grande e nobilitadora comoção nacional.

Era pelo menos desanimador tanto descaso — a cidade inteira, sem a vibração de um abalo, derivando imperturbavelmente na normalidade de sua existência complexa — quando faltavam poucos minutos para que se cerrassem quarenta anos de literatura gloriosa...

Neste momento, precisamente ao enunciar-se este juízo desalentado, ouviram-se umas tímidas pancadas na porta principal da entrada.

Abriram-na. Apareceu um desconhecido: um adolescente, de dezesseis a dezoito anos no máximo. Perguntaram-lhe o nome. Declarou ser desnecessário dizê-lo: "Ninguém ali o conhecia; não conhecia por sua vez ninguém; não conhecia o próprio dono da casa, a não ser pela leitura de seus livros, que o encantavam. Por isso, ao ler nos jornais da tarde que o escritor se achava em estado gravíssimo, tivera o pensamento de visitá-lo. Relutara contra esta ideia, não tendo quem o apresentasse: mas não lograra vencê-la. Que o desculpassem, portanto. Se não lhe era dado ver o enfermo, dessem-lhe ao menos notícias certas de seu estado".

E o anônimo juvenil — vindo da noite — foi conduzido ao quarto do doente. Chegou. Não disse uma palavra. Ajoelhou-se. Tomou a mão do mestre; beijou-a num belo gesto de carinho filial. Aconchegou-o depois por algum tempo ao peito. Levantou-se e, sem dizer palavra, saiu.

À porta José Veríssimo perguntou-lhe o nome. Disse-lho.

Mas deve ficar anônimo. Qualquer que seja o destino desta criança, ela nunca mais subirá tanto na vida. Naquele momento o seu coração bateu sozinho pela alma de uma nacionalidade. Naquele meio segundo — no meio segundo em que ele estreitou o peito moribundo de Machado de Assis — aquele menino foi o maior homem de sua terra.

Ele saiu — e houve na sala há pouco invadida de desalentos uma transfiguração.

No fastígio de certos estados morais concretizam-se às vezes as maiores idealizações.

Pelos nossos olhos passara a impressão visual da Posteridade...

Fonte desta edição:
CUNHA, Euclides da. "A última visita". *Jornal do Commercio*, 30 set. 1908.
Transcrições: *Renascença*, Rio de Janeiro, set. 1908, n. 55, p. 98; *Minas Gerais*, Belo Horizonte, 3 out. 1908; *A República*, Natal, 10 out. 1908; *Pacotilha*, Maranhão, 17 out. 1908; *A República*, Fortaleza, 17 out. 1908; *Correio de Notícias*, Uruguaiana, Rio Grande do Sul, 19 nov. 1908; *Revista da Academia Brasileira de Letras*, Rio de Janeiro, mar. 1926, n. 51, vol. xx, pp. 222-5; *Dom Casmurro*, Rio de Janeiro, 24 dez. 1938; *O Diário*, Belo Horizonte, 23 abr. 1939; *Diário da Manhã*, Recife 18 jun. 1939; *Jornal do Commercio*, Rio de Janeiro, 21 jun. 1939; *A Tribuna*, Santos, 21 jun. 1939; *Revista do Brasil*, 3. fase, Rio de Janeiro, jun. 1939, n. 12, pp. 125-7; *Vida Literária*, Rio de Janeiro, jun. 1939, ano I, n. 6, p. 25; *A Manhã*, "Autores e Livros", Rio de Janeiro, 28 set. 1941, vol. I, p. 99; *Província de São Pedro*, Porto Alegre, mar. 1947, n. 8, pp. 160-1; PEREIRA, Astrojildo. *Machado de Assis: ensaios e apontamentos avulsos*. Organizador: Martin Cezar Feijó. 3ª ed. Brasília: Fundação Astrojildo Pereira, 2008, com o dvd *A última visita*.

Outro texto do autor a respeito de Machado de Assis:
CUNHA, Euclides da. "Carta a Regueira Costa". *Diário de Pernambuco*, Recife, 25 out. 1908. Cf. a seção "Cartas" neste volume.

A MORTE DE MACHADO DE ASSIS
Carlos de Laet

c.l.

CARLOS Maximiliano Pimenta **DE LAET**
(Rio de Janeiro, Rio de Janeiro, 1847–
Rio de Janeiro, Rio de Janeiro, 1927):
Jornalista, professor, poeta, cronista
e crítico. Foi o fundador da Cadeira número
32 da Academia Brasileira de Letras, que
tem como patrono Araújo Porto Alegre.
Escreveu crítica de poesia e de costumes,
artigos sobre literatura e história também
na *Tribuna Liberal* e no *Jornal do Brasil*.
Eleito presidente da Academia Brasileira
em 1919, na vaga de Rui Barbosa, exerceu
três mandatos até 1922, quando renunciou.
Deixou poucas obras publicadas, dentre
as quais: *Poesias* (1873); *Em Minas*
(1894); *Antologia nacional*, em
colaboração com Fausto Barreto (1895);
*Os bacharéis em Letras pelo Imperial
Colégio Pedro II e Ginásio Nacional* (1897);
A descoberta do Brasil (1900); *A imprensa*
(1902); *Duas pérolas literárias* (1907);
O frade estrangeiro e outros escritos,
organizado e prefaciado por Múcio Leão
(1953); *Polêmica de Carlos de Laet com
Constâncio Alves* (1957).

Jornal do Brasil, 1º out. 1908

Desejara não escrever sobre o caro morto. Outros já o têm feito. Outros ainda o farão melhor. Em sua glória, aliás, e definitiva colocação no panteon literário, nada pode influir o meu juízo nestas páginas efêmeras da imprensa, amanhã já dispersa, e que com razão têm sido comparadas aos antigos oráculos de Dodona, lançados em folhas de carvalho, com pretensões a dirigirem os povos, e logo tomados pelo vento e por ele arrastados ao limbo do olvido. Mas ninguém faz como quer. Insensivelmente se me volve o espírito para a câmara ardente onde, no seu esquife enflorado, se embarca o velho amigo, caminho da eternidade.

Eu não ignorava que Machado de Assis estava enfermo; e só me admirava a resistência daquele débil organismo, quando bem a cheio no coração o sabia ferido, desde que de súbito o colheu a irreparável desgraça — a perda da mulher, em quem mais do que em nenhuma cabia o doce epíteto de "consorte".

Dolorido ainda não há muito o víamos aí pela rua, ou na Livraria Garnier; mas singularmente se enganava quem o supunha vivo. Nem sempre se agoniza no leito. "Agonia" é luta, luta com a morte, que afinal sempre entoa o canto da vitória. O pobre Machado agonizava de pé, e ocultando na sua impassibilidade de moderno estoico os tremendos combates que lá por dentro se lhe travavam.

Quando quem escreve estas linhas começou a entender de literatura, já o nome de Machado de Assis era apontado como de exímio cultor das letras. Sua obra poética, primeiro ensaiada em jornais e revistas, ia tomando vulto e formava volumes. Suas crônicas, seus contos, suas novelas repetidamente acusavam o lavor de um artista da palavra. De vez em quando apareciam no teatro algumas das suas tentativas dramáticas, e todas deixavam a impressão de um talento mesurado, eurítmico, isto é, em que, por principal mérito de forma, houvesse o sentimento de comedido e decoroso, no sentido em que o tomava a estética dos clássicos.

Porque ele o era, um clássico verdadeiro, no tocante à forma, no minucioso estudo da língua, e no escrupuloso cuidado com que se apartava de quanto se lhe afigurasse dissonância.

Espírito assim conformado, claro está que não se podia alar em grandes surtos aos extremos em que por vezes o rigor da crítica apanha os geniais desvairos de um Shakespeare no drama, de Hugo no tentame lírico, ou de Hoffmann no conto. O famoso *"ne quid nimis"*[9] achou no glorioso extinto impecável observante. Sabe-se que os termômetros comuns podem marcar desde os grandes frios, mais gélidos ainda que o próprio gelo, até a cálida temperatura em que a água se faz vapor; mas, por perfeita que seja a graduação, só aproximativas se revelam as indicações do instrumento. Nos extremos, então, muito é possível errar a observação termométrica. Quando, porém, para as temperaturas médias, dos aposentos ou dos corpos humanos, a coluna está preparada de modo que só funciona entre próximos limites, não é difícil apanhar com justeza diferenças mínimas, em décimos de grau. O termômetro estético do nosso Machado era um desses aparelhos de precisão, impróprios para as temperaturas violentas

9. *"Ne quid nimis"*: Expressão latina que significa "Nada em excesso".

das paixões, mas admiravelmente calibrado para indicar e traduzir, com máxima exação, toda a gama das modalidades psíquicas entre dados limites, que aliás são os comuns na vida social.

A religião e a política — eis as duas causas por que mais se apaixonam os homens; e nunca ninguém as viu discutir pelo extinto chefe literário. É que isso, e com razão, lhe parecia uma luta, e ele absolutamente não se propunha lutar. Seu campo de ação ele o delimitara na expressão dos afetos brandos ou na crítica impessoal dos costumes — crítica em que jamais se demasiava, não direi até à ferroada, porém, mesmo até à picada de alfinete. As personagens mais ridículas e censuráveis, nos contos e escritos de Machado, nunca tanto o são que deixem de ser socialmente aceitáveis. Se fora a charge uma "publicação a pedido", nenhum dos criticados acharia motivo para um processo por injúria.

Temperamentos assim tímidos e moderados não é raro que descaiam na fraqueza ou pusilanimidade: mas tal não sucedia com o nosso querido morto. Sua *"eurythmia"* (peço licença de voltar ao termo tão bem feito para dizer a minha ideia), a sua *eurythmia* estética prolongava-se no terreno moral. Incapaz de censurar com veemência um abuso, ele também o era de baixar à lisonja. Em suas relações oficiais sabia guardar conveniências, mas não se vergava a elas. Impoluto, impoluível no tocante a interesses pecuniários, tão absurdo lhe fora um conchavo, uma culposa complacência, quanto um solecismo ou uma vulgaridade estilística. Sabe-se que o arminho tem à lama horror instintivo, asseio que se exagera contando-se que, se acaso se mancha, logo morre de nojo. Daí aqueles altivos brasões dos Rohan da Bretanha, onde figura o arminho com a legenda — *"Potius mori quam foedari"*. Antes morrer que manchar-me. Soberbo lema de fidalgos; e que sem deslize da verdade também se pudera insculpir sobre a lápide deste honrado homem do povo, tão fidalgo, ele também na imaculável probidade.

Modesto nas suas origens, porque começou a trabalhar como simples operário tipógrafo, ele cresceu até às alturas em que o vimos, não por um desses abalos sísmicos com que frequentes vezes emergem celebridades, como no oceano

Pacífico se improvisam ilhas; e antes a compararíamos, a fama literária do extinto amigo, àquelas outras formações madrepóricas, que, lentas e lentas, se vão erguendo do abismo, pelo trabalho acumulado de muitos anos. O que fora recife, alteia-se finalmente exornado de plantas, que um dia serão árvores, desatando-se em flores e frutos de bênção.

Quando se fez a Academia de Letras, realizada em meio da República essa criação aristocrática, ante a qual tinha recuado a democracia zombeteira do Império, se um por um se tomassem os votos para a escolha do chefe, creio que ninguém discreparia na escolha de Machado. Simpático aos mais velhos, porque com eles tinha vivido, ou de pouco os precedera; benquerido dos novos, para quem sempre usava de benevolência, escusando senões e propiciando tentativas —, Machado foi o cabeça unanimemente aceito pela indisciplinada grei dos homens de letras. Ninguém lhe tinha que exprobar um ataque ou perdoar uma invectiva.

Quem isto escreve, entrou para a Academia sem saber como. Ouviu dizer que foi sua inclusão no douto grêmio obra de um confrade com quem outrora havia mantido peleja, e talvez demasiado viva, o sr. dr. Lúcio de Mendonça. Se o boato é verdadeiro, só pode redundar em prol do imparcial confrade, que talvez errou, mas supondo fazer justiça a um adversário. Humilde lidador da imprensa, o escrevedor destas linhas ali tão deslocado se acha como, por exemplo, um soldado raso, todo empoeirado das suas marchas e do seu trabalho de sapa, entre donairosos generais, que em sábias manobras ideiam batalhas incruentas. Mas dos motivos por que acredita estar ali condecorado, sobressai o ter como pares alguns brasileiros de incontestado mérito. Era Machado o primeiro desses.

Impossível seria que em vida quase septuagenária, através da administração e das letras, ele não houvesse, muito sem o querer, gerado antipatias, não direi inimizades, e provocado indébitas agressões. Lá pelos intermúndios burocráticos não sei o que tenha ocorrido. Aqui nos literários, época houve em que Machado foi objeto de rijos e porfiosos assaltos... Mas nunca respondeu. A brincar com ele, uma vez eu lhe disse que ainda o havia de obrigar a ter comigo uma polêmica.

Não faça tal, respondeu-me a gaguejar ligeiramente, que os partidos não seriam iguais: isto para você seria uma festa, uma missa cantada na sua capela, e para mim uma aflição...

Nunca verdadeiramente privei com Machado de Assis, mas de uma vez se me desvendou o homem íntimo e pelo seu lado meigamente afetivo. Estava eu a conversar com alguém na rua Gonçalves Dias, quando de nós se acercou o Machado e dirigiu-me palavras em que não percebi nexo. Encarei-o surpreso e achei-lhe demudada a fisionomia. Sabendo que de tempos em tempos o salteavam incômodos nervosos, despedi-me do outro cavalheiro, dei o braço ao amigo enfermo, fi-lo tomar um cordial na mais próxima farmácia e só o deixei no bonde das Laranjeiras, quando o vi de todo restabelecido, a proibir-me que o acompanhasse até a casa.

Tão insignificante fineza, que ninguém passaria ao primeiro transeunte, pareceu grande coisa àquela natureza retraída, mas amorável. Procurou-me de propósito para mo agradecer e, na longa conversação que então travamos, descobriu-me o coração ulcerado pela recente morte da "sua Carolina". Após uma crise de lágrimas, ele me deixou profundamente entristecido: triste por vê-lo assim malferido, triste pela convicção de que para tal golpe não havia bálsamo possível.

Ao tempo em que, por vezes, nos encontrávamos em festas, tinha o Machado uma frase feita, para designar a sua discreta desaparição, sem rumor nem despedidas: "Vou raspar-me à francesa". Talvez por isto me parece que às pompas do oficialismo ele preferira que mais depressa o levassem para junto de um túmulo querido... Mas não censuro, antes aplaudo o ato do governo com essas honras excepcionais a um homem que nada foi na política e que não deixa filhos nem parentes poderosos.

"Vale." Tem saúde — diziam os romanos aos mortos bem-amados, fórmula absurda porque só aplicável aos vivos. "*Xaire*." Regozija-te — exclamavam os gregos, e sem razão maior. No cristianismo, que não é só a mais pura, porém a mais bela das sínteses filosóficas, quão melhor nos exprimimos com o nosso "adeus!".

Ele é uma prece, uma suprema recomendação do viajor ao grande Espírito de amor e misericórdia. Adeus, irmão e amigo!

Fonte desta edição:

LAET, Carlos de. "A morte de Machado de Assis". *Jornal do Brasil*, Rio de Janeiro, 1º out. 1908. Também em: *A Manhã*, "Autores e Livros", Rio de Janeiro, 28 set. 1941.

Outros textos do autor a respeito de Machado de Assis:

LAET, Carlos de. [pseudônimo Sic]. "Crônica da Semana". *O Cruzeiro*, Rio de Janeiro, 7 abr. 1878.

LAÉTE, Karlus de. "Karta ke, kontra o semifonetismu du sidadão Medeirus, au sidadão Maxadu Dasis dirije um emperradu etimolojista, ô fonetista radikal". *Jornal do Brasil*, Rio de Janeiro, 30 maio 1907; *Anuário do Colégio Pedro II*, Rio de Janeiro, 1947-1948, pp.155-8.

LAET, Carlos de. "Machado de Assis". *Jornal do Brasil*, Rio de Janeiro, 1º out.1908; *Dom Casmurro*, Rio de Janeiro, 20 maio 1939; *O Diário*, Belo Horizonte, 18 jun. 1939; *A Manhã*, "Autores e Livros", Rio de Janeiro, 28 set. 1941, pp.103-4.

LAET, Carlos de. "Um soneto a Machado de Assis", 1921. *A Manhã*, "Autores e Livros", Rio de Janeiro, 28 set. 1941, p.128. Cf. a seção "Poemas" neste volume.

O GRANDE MORTO
Osório Duque-Estrada

o.d-e.

Joaquim **OSÓRIO DUQUE-ESTRADA**
(Pati do Alferes, Vassouras, Rio de Janeiro,
1870 – Rio de Janeiro, Rio de Janeiro,
1927): Crítico, professor, ensaísta,
poeta e teatrólogo. Em 1887, começou
a colaborar na imprensa, como auxiliar
de José do Patrocínio na campanha da
Abolição. Viveu em Minas Gerais de 1893
a 1896, onde redigiu o *Eco de Cataguases*.
Vários de seus trabalhos foram reunidos
em *Crítica e polêmica* (1924). É o autor
da letra do Hino Nacional. Segundo
ocupante da Cadeira número 17 na ABL,
foi eleito na sucessão de Sílvio Romero
e recebido por Coelho Neto em outubro
de 1916. Publicou, entre outras: *Alvéolos*
(1887); *A aristocracia do espírito* (1899);
Flora de maio, poesia (1902); *O Norte,
impressões de viagem* (1909); *Anita
Garibaldi, ópera-baile* (1911); *Dicionário
de rimas ricas* (1915); *A Abolição, esboço
histórico* (1918); *Crítica e polêmica* (1924).

Correio da Manhã, 1º out. 1908

Uma dura verdade pode ser invocada por quem quiser explicar o insucesso das vocações literárias na nossa terra: a população brasileira é, na avultada proporção de 70%, composta de analfabetos; os outros 30%, insignificante minoria, não têm o hábito da leitura, ou não sabem ler com discernimento e não compreendem, sequer, a obra do gênio.

O nosso meio, eivado de um *smartismo* cretino que cuida mais do corpo do que do espírito e atola-se na imbecilidade de admirar e preferir tudo quanto é fútil e vazio, mal pode assimilar a espiritualidade de um estilista e de um psicólogo, babando-se ainda hoje o mais lorpamente que é possível diante do rançoso lirismo de um visconde de Araguaia e dos romances de *enredo*, de velha retórica piegas e açucarada de algumas mediocridades a que a admiração dos parvos vai levantando estátuas, tanto nesta capital como nos Estados.

É talvez, por essa razão, que ainda não se avaliou bem o peso da catástrofe que acaba de enlutar o país com a morte desse formidável batalhador das letras, legítima glória da nossa raça, que se chamou em vida Machado de Assis.

Meia dúzia de intelectuais compreendeu e amou a obra do mestre querido, e bem se pode avaliar da grandeza do astro agora desaparecido pelo consenso unânime de uma classe que, dividida sempre por ódios, despeitos e rivalidades, às vezes irreconciliáveis, jamais deixou de reconhecê-lo mestre e de proclamá-lo com orgulho o maior vulto da intelectualidade brasileira.

Em verdade, ninguém lhe disputou esse posto, e há cerca de trinta anos que Machado de Assis exercia entre nós o generalato das letras. Camilo Castelo Branco e Eça de Queirós dedicavam-lhe uma profunda admiração. Toda uma brilhante constelação de poetas e de escritores inspirou-se na sua obra, refletiu o fulgor diamantino da sua luz, porque Machado de Assis foi um desses *homens-sínteses* de que fala Hyppolite Taine, organizações privilegiadas que refletem toda a mentalidade de uma época. Foi o astro maior, o centro de todo um sistema planetário. Cada página de seus livros cintila de espiritualidade. Coerente com toda a sua vida de artista e de filósofo, mostrou-se ainda nos últimos momentos um resignado e um estoico, porque, como já observou alguém, nunca o preocupou a parte material da sua personalidade. Euclides da Cunha contou-me compungido que o Mestre lhe pedira desculpas quando havia apenas iniciado a narração da sua moléstia.

A uma senhora que o fora ver, alegando delicadamente a saudade como pretexto da sua visita, respondeu que também ele *já sentia saudades da vida...*

Compungiram a todos os admiradores de Machado de Assis as notícias dessas frases pronunciadas quase à beira do túmulo, desprendendo-se como os últimos lampejos de um sol que forceja ainda por iluminar o horizonte. Pesava mais nele o espírito do que o corpo, e é essa a distinção capital entre os indivíduos superiores e os inferiores, principalmente as mulheres que só se ocupam do segundo.

A carcaça do herói vai apodrecer em breve na restituição com que a fatalidade a incorpora de novo ao lodo originário; o espírito, porém, não perecerá, porque há de ficar refulgindo com eternos e deslumbradores clarões na obra intensa de vida e de sinceridade que ele nos deixou — obra formidável e rutilante que consegue refletir, em cada uma das suas páginas, todo o brilho de uma constelação...

Não posso fixar nestas linhas saudosas, nem mesmo nos estreitos limites de uma síntese, os traços gerais dessa obra que despertou ininterrompidamente o pasmo de três gerações sucessivas e que há de perdurar, sem dúvida, como o mais alto e o mais imperecível monumento da nossa Literatura.

Basta ler a obra-prima das nossas letras — *Memórias póstumas de Brás Cubas* — para se avaliar da envergadura do espírito que concebeu e fixou na língua de Camões a incomparável beleza dessas páginas imortais.

Quincas Borba, Dom Casmurro, Várias histórias, A mão e a luva, Crisálidas, Falenas, Americanas, Contos fluminenses, Histórias sem data, Relíquias de Casa Velha, Histórias da meia-noite, Esaú e Jacó, Ressurreição, Helena, Iaiá Garcia, além de uns quinze ou vinte volumes mais e, ainda por cima, a avultada produção anônima que espalhou pela imprensa durante um período de quarenta anos, formam a prodigiosa bagagem literária do mais notável e mais fecundo de todos os nossos escritores.

Das qualidades máximas que o distinguiam como cultor da forma, como artista e como psicólogo, deixou Artur Barreiros gravada em traços indeléveis uma apreciação que traduz o consenso dos contemporâneos e é, ao mesmo tempo, um perfil quase que fotográfico do grande Mestre.

Quem trabalhou como Machado de Assis, que, a par de funcionário público dos mais competentes e exemplares, legou à pátria uma dezena de monumentos impereciveis, proclamadores de uma glória que tanto eleva o nome do Brasil; quem foi, como ele, o primeiro homem de letras da nossa terra, sem que, durante o longo período de meio século, ousasse alguém disputar-lhe essa supremacia; quem foi o mestre querido e amado de três gerações literárias, em que avultaram sempre as águias do pensamento nacional; quem se chamou, em suma, José Maria Machado de Assis deve ter de toda a população fluminense a glorificação suprema que só se concede a esses heróis iluminados de gênio que são o orgulho de um povo e, mais do que isso, a glória de uma raça.

O autor de *Brás Cubas* há de ter o seu monumento em uma das mais formosas avenidas desta capital; mas é preciso que não fique só nessa homenagem, promovida apenas por iniciativa natural dos seus companheiros de letras, a apoteose que o Brasil inteiro deve levantar ao mais extraordinário dos seus escritores.

É preciso que todas as classes da nossa sociedade se associem às manifestações que vão ser tributadas ao grande Mestre e que a morte de Machado de Assis seja assinalada, pelo menos, por um dia de luto nacional na nossa terra.

Deveria ser adotada no Brasil, em relação a Machado de Assis, a proposta de Dumas Filho feita à Academia Francesa por ocasião dos funerais de Victor Hugo: "que todo francês que soubesse ler e escrever trajasse luto nos dias de aniversário da morte do grande poeta".

Não temos ainda, como a França, esse culto pelas memórias veneráveis. É tempo, porém, de pregar entre nós essa religião de civismo e de amor que tanto dignifica e consola.

A memória de Machado de Assis é uma memória sagrada.

Fonte desta edição:
DUQUE-ESTRADA, Joaquim Osório. "O grande morto", *Correio da Manhã*, Rio de Janeiro, 1º out. 1908.

Outros textos do autor a respeito de Machado de Assis:
DUQUE-ESTRADA, Joaquim Osório. "Registro Literário". *Correio da Manhã*, Rio de Janeiro, 16 set. 1912.
DUQUE-ESTRADA, Joaquim Osório. "Registro Literário". *Jornal do Brasil*, Rio de Janeiro, 6 out. 1926.

MACHADO DE ASSIS
Araripe Júnior

a.j.

Tristão de Alencar **ARARIPE JÚNIOR** (Fortaleza, Ceará, 1848 – Rio de Janeiro, Rio de Janeiro, 1911): Jornalista, advogado, crítico literário, político, magistrado, contista e romancista. Fundou a Cadeira número 16 da ABL, cujo patrono é Gregório de Matos. Formou com Sílvio Romero e José Veríssimo a trindade crítica da época positivista e naturalista. Escreveu diversos artigos em jornais e revistas, como a *Gazeta da Tarde*, a *Gazeta de Notícias* e *A Semana*. Obras, entre outras: *Contos brasileiros* (1868); *Cartas sobre a literatura brasileira*, ensaio (1869); *O ninho de beija-flor*, romance (1874); *Luizinha*, romance (1878); *O reino encantado: crônica sebastianista*, romance (1878); *O retirante* (1878); *José de Alencar*, ensaio (1882); *Gregório de Matos*, ensaio (1893); *Movimento literário de 1893*, ensaio (1896).

Jornal do Commercio, 4 out. 1908

m 1898,[10] portanto há dez anos, escrevia eu, num ensaio publicado na *Revista Brasileira*, as seguintes palavras acerca do escritor que se extinguiu no dia 29 do mês passado:

> Tipo acabado do homem de letras, beneditino da arte, Machado de Assis constitui, no Brasil, um dos raros exemplos de poeta e romancista que, resistindo ao meio e vencendo as hostilidades do próprio temperamento, fiel à vocação, conseguiu completar uma vida e uma carreira.

A esse tempo, não haviam ainda saído dos prelos *Dom Casmurro*, *Esaú e Jacó*, nem esse suavíssimo poema wagneriano da saudade chamado *Memorial de Aires*. Foi nesse poema que o poeta sonhou, despedindo-se da Terra, dos seus amores íntimos, das suas afeições literárias e da própria capacidade de ter saudades, diluindo, outrossim, o coração, que constituía a víscera principal da arte estranha

10. O ensaio a que se refere Araripe, "Machado de Assis", foi publicado em 1895, não no ano indicado pelo autor.

dos seus livros, no ambiente em que vivera, onde se formara e que, amando-o como planta excêntrica de uma flora todavia original, não poucas vezes reverteu contra o escritor a ironia que, nele, era um sorriso acremente edulcorado de interrogações céticas, transformando-o no sumo corrosivo de frutos tropicais, muita vez mortíferos.

Quando se divulgaram as *Memórias póstumas de Brás Cubas*, quem escreve estas linhas teve o grande prazer de declarar, nos *Lucros e Perdas* (1885), revista mensal dada à estampa em colaboração com Sílvio Romero, que esse livro era o mais esquisito de quantos se têm publicado em língua portuguesa.

Coincidia com o aparecimento d'"O alienista", o conto mais terrível de descoroçoamento humano que saiu da pena de Machado de Assis, da qual vertiam, por essa época, frases à Swift, deste feitio, postas na boca de um suicida: "Deus é um invejoso", a "felicidade, um par de botas".

Contudo, a alma cândida que tolerava lampejos infernais, como os que refuzilam no "Último capítulo", fulgurações diabólicas que lhe atravessavam a imaginação, quando a tristeza dos dias aziagos ferrava-lhe os dedos crispados na nuca e o constrangia a debruçar-se sobre o abismo das ruindades da Terra; essa alma terna, blandiciosa e delicada viveu algumas vezes ausente da pátria, do próprio temperamento, porque semelhante temperamento, suscetível de certas irritações, de onde brotaram, aliás, páginas admiráveis, era o da rola aflita que precisava daquele sossego florestal, ribeirinho, macio, capitoso, embalsamado, que os arminhos de uma consciência espantadiça exigiam como penhor da plena eflorescência da vida, coisa vaga, deambulatória, cheia de espasmos de ansiedade, quando se mete a filosofar, jucunda, menos transitória, prazenteira, se, afastada do ruído das ambições pedestres, deflui e depois derrama-se em perpétua comunhão com as harmonias da natureza.

Escrevendo, neste instante, sobre o grande extinto, surge-me, diante dos olhos, vivo, lúcido, dolente, o Machado de Assis que eu encontrei um dia na Livraria Garnier.

Ele tinha publicado o *Quincas Borba*. Esta obra me impressionara com a mesma intensidade que as *Memórias póstumas de Brás Cubas*. Na *Gazeta de Notícias*, então, eu havia escrito quatro artigos, três sobre as tendências gerais do livro e um especialmente dedicado à análise do personagem principal, sob o título de "Ideias e sandices do ignaro Rubião", um tolo, herdeiro do dinheiro de um avisado e curador do cão de um falecido Quincas Borba, que acertara dar-lhe a sua fortuna.

Naqueles três primeiros artigos se aludia à castidade da pena do autor, que nunca se dera aos dislates descritivos dos casos passionais e equivocamente pornográficos da escola então em voga.

E. Zola regia como senhor feudal os domínios do romance; e ferreteava a sociedade francesa, exagerando as suas abominações sexuais. Bourget, Marcel Prévost, Rod, Guy de Maupassant exerciam sobre os salões *smarts*, conforme se diria hoje, a fascinação das coisas proibidas, por meio de um estilo fluorescente, graças ao qual, substituindo os pregadores elegantes e alternando a devoção deliquescente das viscondessinhas catitas e petulantes do *Rosário de Maria*, faziam essa gente engolir lagartas de fogo e licores pútridos, como ensinamentos de moral, pela lição das coisas, entre uma missa orquestrada por Métra ou Strauss e uma saturnal de caridade no cinematógrafo Lumière.

Ora, nos romances de salão de Machado de Assis, não se admitiam esses vícios neronianos. Nem a sociedade fluminense os conhecia ainda, senão em círculo restritíssimo.

No *Quincas Borba*, há uma Sofia um tanto espeloteada, com sua pontinha de histerismo, casada com um sr. Palha. E como a Machado de Assis sempre repugnou o culto da *careta*, bem como o *tique* literário do sensualismo, essa Sofia, que é uma mulher extremamente bela e muito interessante pelo físico, atravessa o romance incólume dos equívocos costumeiros nesse gênero de personagens.

Nos citados artigos, ocupara-me do casal Palha.

Machado de Assis, encontrando-me, disse:

— Até quando pretende você dar-me pancada?

Fiquei assombrado. No meu trabalho, tudo ressumava a mais franca e sincera retribuição do gozo literário que as páginas do livro tinham-me levado à alma.

O que seria? O meu bom amigo sorria amargamente.

Convenci-me, pois, de que, nos artigos, alguma coisa escapara, inconscientemente, que o magoou, razão por que deixei inédito o último artigo, que seria oportuno publicar agora.

Voltando a casa, reli o meu trabalho e encontrei o seguinte trecho, no segundo artigo:

> As mulheres do autor de *Quincas Borba* são, em regra, incolores, sem expressão.
>
> O motivo deste defeito acha-se na estrutura do talento de quem as imaginou. Os grandes pintores do gênero feminino foram sempre eméritos conquistadores, como Boccaccio, Shakespeare, Dumas pai etc., ou insignes mexeriqueiros, como Brantôme, Saint-Simon, Balzac. Para bem retratar mulheres, é indispensável senti-las ao pé de si e cheirar-lhes o pescoço, ou brigar com elas, intervindo e perturbando os seus negócios.
>
> Machado de Assis, asceta dos livros e retraído ao gabinete, não as invadiu por nenhum destes aspectos; e, por isso, as suas heroínas não despedem de si esse *odorem feminae*, que se aspira ainda nos tipos mais angélicos de Shakespeare, como, por exemplo, Desdêmona. Outro tanto não sucede relativamente aos seus tipos masculinos, que são fortemente acentuados.

Fora, sem dúvida, esse período que suscetibilizara o nosso grande autor.

No primeiro encontro que tivemos, depois disto, liquidamos a partida.

Lobriguei, no decurso da conversa, o motivo decisório da interpretação que o magoara. Machado de Assis tudo tolerava; menos que o supusessem ingênuo. Por sinal que, uma vez, interpelando-o sobre o seu schopenhauerismo, vi-lhe um fuzil nos olhos, estranho, quase agressivo, porque eu o tinha apertado com um argumento de otimista, o que, seguramente, me teria magoado também, se eu fosse suscetível de enfezar-me com a opinião filosófica, para mim indiferente, de quem quer que seja, sobre a vida futura, os destinos do mundo, a natureza da alma, a existência de um deus e de um diabo, as condições da Terra, já não digo daqui a um milhão de anos, mas daqui a dois mil anos.

E querem saber o que me disse o autor de *Memorial de Aires?*

—Tudo! meu amigo, tudo! Menos viver como um perpétuo empulhado!

—Pois, meu caro mestre—retorqui-lhe—, *il naufragare in questo mare di svillaneggiamento* (empulhação) *m'è dolce*.

Ele riu-se incredulamente.

Quanto à crítica ao *Quincas Borba*, chegamos a perfeito acordo.

Expliquei-lhe meu pensamento. Sabia das suas rígidas virtudes domésticas e do seu amor entranhado pela esposa, da sua dedicação ardente ao lar, e que os encantos desse dueto bastavam para encher-lhe de luz azulada a alma, de parceria com a poesia, com a arte, que tanto pregava.

Longe de mim a ideia, menos delicada, de considerá-lo um empulhado nesse assunto, tanto mais quanto, noutras ocasiões, lhe referira caso idêntico de alma muito enérgica e executiva, bem vizinha de mim pelo parentesco ascendente, sobre a qual nunca falava sem profunda comoção e lágrimas nos olhos.

Como, pois, podia eu quebrar tais sentimentos, para aludir pejorativamente, como se se tratasse de alguma *bigoterie* mal-amanhada, lembrando-me de Sofia?

Ora, há uma cena, em *Quincas Borba*, que se passa, se não me falha a memória, durante um passeio do casal Palha na Tijuca. Sofia era extremamente bela e sedutora; Palha, um jagodes de marca maior, mas que sabia levar a vida. Os dois estavam ainda no período melífluo do casamento.

Cai a liga da perna de Sofia. O que faz Palha? Ele, que mais tarde havia de se tornar um clássico patife de marido, tipo *good average*, oferece-se para endireitar-lhe a liga, Sofia coloca o pé, *cambré* e abotinado, na ponta de um banco de jardim; Palha ajoelha-se e cuidadosamente suspende a fímbria do vestido, descobrindo um palminho de perna acetinada e rechonchuda que lhe fez água à boca. Fincou os olhos rafeiros nos da mulher, que estava distraída, abotoou a liga e não sei (não estou bem lembrado disso) se fez um gesto de oscular aquela deliciosa perna, muito sua, indisputavelmente sua, em usufruto firmado pelo sacramento tridentino. Recolheu o olhar; recolheu o beijo; e, naquele dia, as coisas, ao que parece, não passaram disso.

Eis o limite até onde chegara o sensualismo do nosso romancista.

Afirmei-lhe que fora esta cena de pérfido refluxo sensual da natureza a determinante do meu juízo crítico, o qual, lançado ao correr da pena, não fora, talvez, redigido com a devida e conveniente correção.

No que dizia respeito ao pouco colorido dos tipos femininos, compreende-se que não era lícito dizer outra coisa.

Os romances da primeira maneira eram influenciados por Octave Feuillet. Destes tipos cloróticos, não cuidava. Os admiráveis perfis de mulher que se encontraram depois, em *Esaú e Jacó* e no *Memorial de Aires*, estavam nas linhas do pensamento do autor. Não eram ainda nados.

Ora, o jogo dos paradoxos literários, empregado nas *Memórias póstumas e no Quincas Borba*, era tão cerrado, que asfixiaria qualquer mulher que tentasse emergir de entre os vultos estranhos necessários à trama do livro. Foi o que sucedeu. Só o sensualismo poderia tê-las salvado no meio desse mar revolto de pessimismo, que já considerei uma vez um recurso de estilo, muito original, de que o romancista usou, e até abusou, truncando a vida real para dar relevo aos seus personagens, verdadeiros *souffre-douleurs* das torturas filosóficas do autor.

Heroínas propriamente feminis não podiam, portanto, coexistir naquele meio, com os ascetas da vida paradoxal descritos nas obras acima apontadas.

Todavia, em *Quincas Borba* passa fugitivamente essa Sofia, que leva a sua complacência até à curva de uma perna, que só ao marido faz aguar a boca.

Não era da massa de que Dante fabricou a Francesca, a ardente *figliuola de messer Guido da Polenta*; nem o corretor Palha tinha aspecto sequer desse Paolo, que leu o Galeoto para interromper num beijo *tutto tremante* a fatal leitura e morrer, logo depois, à maneira dos costumes trágicos do medievo.

Sofia, boa mulher, apenas um poucochinho espeloteada, era, afinal, não a amante, mas a mulher de um Paolo, corretor, prosaico e assaz canalha.

O signatário destas linhas pensou, sem embargo disso, por ilusão de simpatia e boa vontade, que o incolor de que havia acusado Machado de Assis se remiria, mais adiante, publicando o romancista as *Memórias de Sofia*; e, dadas as explicações que vão acima, nunca o topava sem que lhe perguntasse como ia o romance de Sofia.

Machado de Assis sorria, retorquindo alguma vezes com um — "veremos", outras: — "talvez seja incongruente".

Era incongruente; e, nessa evasiva, o autor do *Memorial de Aires* denotava o mais completo senso artístico e acabada cultura literária.

O *tutto tremante* de Paolo não era coisa que se permitisse a Palha, um marido pulha: nem a liga da perna rechonchuda de Sofia era matéria que se pudesse ampliar na larga antinomia do amor extraconjugal.

A esposa de Palha, portanto, através de um romance, só daria para o estudo de uma hetaira de amores epidérmicos, sem nenhuma singularidade que justificasse as indiscrições de um escritor consciencioso.

Não lhe falei mais nisto, senão poucos dias antes da sua enfermidade.

A heroína de *Esaú e Jacó*, cuja psicologia, na simplicidade da exposição, é uma das mais complicadas que conheço, a da dualidade do amor, que se não resolve nunca, pela razão muito simples da lei similar de que dois átomos coexistem mas não podem existir ao mesmo tempo ocupando o mesmo ponto do espaço; bem como essa adorabilíssima Fidélia, do *Memorial de Aires*, a qual, não sabemos se pela bondade de que se veste e naturalmente se adorna, faz chorar ou rir de contentamento e de adoração familiar; esses dois tipos de mulheres encantadoras seriam suficientes, como compensação, para remir todas as lacunas que porventura se encontram nos romances de Machado de Assis, relativamente a mulheres, não digo sensuais, mas cheias de escorpiões no coração e de flutuações abomináveis na inteligência.

Fonte desta edição:

ARARIPE JÚNIOR, Tristão de Alencar. "Machado de Assis". *Jornal do Commercio*, [Rio, 1º de outubro de 1908] Rio de Janeiro, 4 out. 1908, *apud Obra crítica de Araripe Júnior*, vol. IV, 1901-1910. Edição dirigida por Afrânio Coutinho; prefácio de Thiers Martins Moreira. Rio de Janeiro: Ministério da Educação e Cultura, Casa de Rui Barbosa, Centro de Pesquisas, 1966, pp. 277-84.

Outros textos do autor a respeito de Machado de Assis:

ARARIPE JÚNIOR, Tristão de Alencar [Oscar Jagoanharo]. "Falenas, versos de Machado de Assis". *Dezesseis de Julho*, Rio de Janeiro, ano II, n. 28, 6 fev. 1870; *Obra crítica de Araripe Júnior*, vol. V, 1911 e anexos, pp. 219-224

ARARIPE JÚNIOR, Tristão de Alencar. "Quincas Borba". *Gazeta de Notícias*, Rio de Janeiro, 12 e 16 jan. 1892; Cf. Anexo em: GUIMARÃES, Hélio de Seixas. *Os leitores de Machado de Assis: o romance machadiano e o público de literatura no século 19*. São Paulo: Nankin/Edusp, 2004; 2ª ed., 2012, pp. 331-7.

ARARIPE JÚNIOR, Tristão de Alencar. "Ideias e sandices do ignaro Rubião". *Gazeta de Notícias*, Rio de Janeiro, 5 fev. 1893; Cf. Anexo em: GUIMARÃES, Hélio de Seixas. *Os leitores de Machado de Assis: o romance machadiano e o público de literatura no século 19*, pp. 366-8.

ARARIPE JÚNIOR, Tristão de Alencar. "Machado de Assis". *Revista Brasileira*, Rio de Janeiro, ano I, tomo I, jan.-fev.-mar. 1895, pp. 22-8; *Obra crítica de Araripe Júnior*, vol. III, 1895-1900.

SAUDADES
Júlia Lopes de Almeida

j.l.a.

JÚLIA Valentina da Silveira **LOPES DE ALMEIDA** (Rio de Janeiro, Rio de Janeiro, 1862 – Rio de Janeiro, Rio de Janeiro, 1934): Contista, romancista, cronista, teatróloga, poeta, tradutora, jornalista. Publicou em 1888 seu primeiro romance, *Memórias de Marta*, em folhetins de *O País*. Com intensa atividade na imprensa, sua produção literária inclui contos, teatro, crônica e literatura infantojuvenil. Entre suas principais obras, estão os romances: *A família Medeiros* (1893); *Memórias de Marta* (1899); *A viúva Simões* (1897); *A falência* (1901); *A intrusa* (1908); *Correio da roça*, romance epistolar (1913); *A casa verde* (1932) com o marido Filinto de Almeida, publicado originalmente no *Jornal do Commercio* em 1898; os contos de *Traços e iluminuras* (1887); as crônicas *Eles e Elas* (1910); os contos infantis *História da nossa terra* (1907); *A árvore*, com Afonso Lopes de Almeida (1916); as peças *A herança* (1909); *Quem não perdoa, Doidos de amor, Nos jardins de Saul* (*Teatro*, 1917).

O País, 6 out. 1908

O primeiro romancista brasileiro de quem ouvi ler trabalhos, quando eu ainda apenas soletrava, foi Machado de Assis. O primeiro escritor que pessoalmente conheci em minha vida, e a quem apertei a mão com o alvoroço de uma admiração de criança imaginosa, foi Machado de Assis; a primeira vez que dancei em um salão de cerimônia, foi com Machado de Assis. Eu era uma menina espigada e alegre, cujos vestidos mal tocavam o chão, ele andava pelos seus quarenta anos, acedendo em dançar, por gentileza, para com a dona da casa. Ao levantar-me da cadeira para dar-lhe o braço, eu tremia. Que iria eu dizer ao poeta de tão lindos versos?

E se, além de não atinar com o que dissesse, ainda errasse na dança? Não errei, e ao influxo da sua simpatia, da maneira por que se fez simples para ser compreendido por mim, achei que dizer e rimo-nos muito.

Eu tinha voltado cansada dos funerais e sentara-me à varanda do meu quarto, recordando essas coisas a olhar para o céu nebuloso e para as altas copas das mangueiras queridas. A noite avizinhava-se com uma grande tristeza.

Àquela hora deveriam estar chegando ao cemitério. Eu não tinha tido coragem de ir até lá, mas queria acompanhar o morto em pensamento, aquele bom homem que eu nunca vira senão com um sorriso de simpatia e um modo afável e em cujas páginas li tanta coisa encantadora e inolvidável.

Eu revia mentalmente certas passagens dos seus livros — era um modo de rezar pelo poeta — quando, no fundo do meu espírito, esboçou-se um quadro que logo se esvaeceu. Ficou entretanto alguma coisa dessa visão interior e rápida. Era isto:

Sob um céu azul de primavera, que diluía em claridades doces o ouro forte do sol, aparecia um pequenino trecho de cemitério; nesse pequeno canto de terra havia uma árvore velha, de ramagens finas e duas colunas truncadas de um túmulo, fortemente enlaçados pela hera, símbolo da constância no amor. Desse velho túmulo, de estilo grego, li em sílabas entrecortadas e já denegridas o nome do mestre por quem andamos de luto. Sentada à beira do mármore, uma mulher de trinta anos lia um livro de versos. Era um livro dele. Nada mais? Nada mais.

Sei que a visão escultural do quadro me foi sugerida pelo fino espírito ateniense do nosso escritor e pelas qualidades afetivas do seu coração, representando o estilo do túmulo o da sua prosa inconfundível, e os braços flexiosos, mas inflexíveis da hera, o seu amor eterno.

De toda essa cena, que não foi confeccionada pela reflexão, e se me apresentara no espírito subitamente, como uma vista cinematográfica em uma câmara escura, emanava-se a significação consoladora de que daqui a muitos anos, tantos que os mármores do seu túmulo (ainda nessa hora não fechados) já estejam carcomidos; as letras do seu nome, em parte apagadas, e a hera, que sobe lentamente, tenha revestido as duas colunas, partidas com seus abraços eternos, ainda os seus livros serão lidos com o maior recolhimento, por espíritos delicados que procurem aproximar-se dele através da vertiginosa distância de muitos e muitos anos passados...

A essa hora estariam fazendo o primeiro discurso à beira da cova do finado escritor. Não sei se a pedra sob que ele dorme, tem ou não arquitetura, e nem isso embaraçaria a minha imaginação. Assim como, na doutrina dos antigos, a alma dos mortos penetrava em tudo, revestindo as coisas inertes com a expressão do seu sentimento, assim, desse túmulo imaginário, me pareceu emanar-se a doce ironia do velho autor brasileiro.

Que a terra lhe seja leve, como leve foi a sua pena no aludido mal.

* * *

É sabido que os dias correm para a morte como as águas de um rio correm para o mar; todavia, parecemos contar com a eternidade deste curso, tal a surpresa que sempre o seu fim nos causa! Por que não teriam os primeiros poetas fabulistas dado à morte uma feição pura e suave que espancasse o terror que todos os homens, talvez mesmo, todos os animais, têm por ela? Por que acrescentar essa impressão de susto, materializando-lhe a imagem em um esqueleto álgido e branco, sem regaço para um sono, sem lábios para um beijo, sem voz para uma cantiga embaladora como as das pobres mamãs, junto aos berços dos filhos pequeninos?

Por que terem dado à filha do Sono e da Noite dedos descarnados em vez de mãos macias com que cerrasse pálpebras cansadas e gestos hirtos e implacáveis, em vez de aspecto acolhedor e brando? Toda a imaginação tem infantilidades: por que agravar a nossa, com fantasmas quiméricos, mas, nem por isso, menos impressionadores?

Ao menos a crença grega deu à figura da morte uma forma humana harmoniosa. Tânatos, irmão gêmeo do Sono e seu companheiro inseparável, tinha braços para embalar no esquecimento das coisas as criaturas que ia arrancando à vida. Assim, à ideia tenebrosa de cessar de existir, à impressão aflitiva de ir sozinho para o desconhecido, não associava o homem o pavor de uma visão material execrável.

Seria ridículo, bem sei, supor que a figura da morte, tal qual a pintam, de foice afiada nas mãos, ossos alvejantes e secos, órbitas vazias, pudesse de algum modo aumentar o medo que ela só por si nos causa, se todos nós não soubéssemos quanto é tremenda a força das puerilidades...

Digam, embora, que a gente não morre, senão uma vez, a verdade é que o terror do último momento diminuiria, se nos lembrássemos que, em cada fase da nossa vida, fica enterrado um pouco de nós mesmos, que nunca mais ressuscita! A infância, a mocidade, modos de ser e modos de sentir, que se transformam, são mortes sucessivas no decorrer da existência, mas que nem por isso nos preparam com mais calma para a outra, a definitiva, cuja aproximação faz a todo indivíduo consciente sentir *saudades da vida*, como ao bondoso mestre Machado de Assis...

Fonte desta edição:
ALMEIDA, Júlia Lopes de. "Saudades". *O País*, Rio de Janeiro, 6 out. 1908.

Republicado em:
Dom Casmurro, Rio de Janeiro, 20 maio 1939, p.14; *A Manhã*, "Autores e Livros", Rio de Janeiro, 28 set. 1941, pp.106-7.

MACHADO DE ASSIS E SUA OBRA LITERÁRIA[11]
Oliveira Lima

11. "Conferência na Sorbonne, em 3 de abril de 1909, publicada no livro *Machado de Assis et son œuvre littéraire* e divulgada em versão portuguesa em *O Estado de S. Paulo* e no *Jornal do Commercio* do Rio de Janeiro, 9 de julho de 1909."

o.l.

Manuel de **OLIVEIRA LIMA** (Recife, Pernambuco, 1867 – Washington, Estados Unidos, 1928): Escritor, crítico literário, diplomata, bibliófilo, historiador, jornalista. Membro fundador da Academia Brasileira de Letras. Colaborou em jornais de Pernambuco e de São Paulo. Principais obras: *Aspectos da literatura colonial brasileira* (1896); *O reconhecimento do Império* (1902); *No Japão* (1903); *Pan-Americanismo* (1907); *D. João VI no Brasil* (1909); *Machado de Assis et son œuvre littéraire* (1909); *O movimento da Independência* (1922); *Memórias: estas minhas reminiscências* (1937).

3 abr. 1909

Os imponentes funerais que a população do Rio de Janeiro promoveu em setembro último por ocasião do passamento do grande escritor de quem aqui viemos hoje respeitosamente, piedosamente, celebrar a memória, cara como deve ser a toda a raça latina por ele ilustrada além-mar, denotam um estado de cultura deveras adiantado entre o povo brasileiro, pois que aqueles funerais não foram somente oficiais, ou por outra pouco tiveram de oficiais. Não que o governo tivesse deixado de colaborar com todas suas pompas civis e o maior luzimento militar. Tratava-se, aliás, do presidente da Academia Brasileira, que é quase um estabelecimento do Estado.

A nota predominante e particularmente comovente foi, porém, fornecida pela espontânea adesão, pela participação efetiva e pressurosa dos estudantes, dos professores, dos funcionários, dos negociantes, dos industriais, do que se chama com razão o mundo intelectual e bem assim do que alguns chamam sem razão o mundo não intelectual, esquecidos de que a inteligência assume numerosos aspectos e se vale até de disfarces, não constituindo a expressão literária sua manifestação única.

Ninguém mais se surpreenderia de tal homenagem do que o próprio Machado de Assis, que em vida jamais a procurou, o que torna esta tanto mais lisonjeira para o seu renome como honrosa para os que a prestaram, dando assim mostra de apreciar no seu justo valor o merecimento de um escritor que não parecia exatamente destinado a ser tão bem compreendido pela multidão. Eis por que digo que a homenagem abona os que se lhe associaram com semelhante fervor.

Verdade é que nós outros, do ofício, o sagráramos mestre, mas eu pessoalmente haveria jurado que sua influência, conquanto ultrapassando marcadamente uma roda de homens de letras e de artistas, não transpunha os limites de um largo círculo de pessoas cultas, ou se o preferis, lidas. Eu acreditava, e quanto estimo ter-me enganado!, que a sua glória não brilhava para o vulgo.

Começa porque Machado de Assis não era o que se pode denominar um escritor patriótico: exteriormente, intencionalmente patriótico, bem entendido. Era-o contudo na alma pois, como ele próprio escrevia a propósito de José de Alencar, "há um modo de ver e de sentir, que dá a nota íntima da nacionalidade, independente da face externa das coisas". E ajuntava ser Racine, "que só fez falar a antigos, o mais francês dos trágicos franceses": mas será porventura também o mais popular?

Não é de surpreender no Brasil a popularidade retumbante e duradoura de Gonçalves Dias, de Casimiro de Abreu, de Castro Alves, dos nossos poetas magnos da escola romântica. Além de que se dirigiam de preferência à sensibilidade em vez de fazê-lo à inteligência de que traduziam, com uma ternura esquisita, as mágoas do coração a que ninguém é alheio, decantaram eles adrede, com acentos muito embora sinceros, tocantes e incomparáveis, as belezas da natureza brasileira, a doçura do viver brasileiro, as ilusões, as esperanças e os devaneios da alma brasileira. É portanto justo que seus compatriotas os hajam recompensado gravando na memória suas mais famosas composições.

Qualquer brasileiro vos recitará sem hesitação a "Canção do exílio", ou "Minh'alma é triste", ou as "Vozes d'África".

Um poeta de fino espírito observava-me um dia com justeza que ler algumas dessas estrofes, em que se desfiam as maravilhas do céu do Brasil, equivalia a juntar o melhor comentário escrito à gravura do livro de Emanuel Liais, que reproduz em cores esse firmamento suntuosamente estrelado donde se desprendem a volúpia da imaginação e a embriaguez do amor.

Machado de Assis, se bem que poeta, era outra coisa. Tinha-se libertado dos liames mais estreitos do nacionalismo, que frequentes vezes toca no nativismo e também invade os versos, e elevara-se a uma concepção mais geral, digamos o termo, humana da vida, sem por isso deixar de ser essencialmente nacional. Nos caracteres que desenhou não aspirou talvez a tanto; mas o fato é que eles se tornaram sintéticos sob o seu lápis, o que é o melhor meio de chegarem a universais. Nos seus contos e nos seus romances é o enredo curto e fácil, para não dizer esguio e pálido. Esta falta de vigor da contextura aparecia porém no seu caso, não tanto um artifício, como um atrativo, visto primar ele em envolvê-la toda com a túnica sedosa da sua filosofia discreta e recobri-la com o manto de corte elegante do seu estilo límpido e impecável.

Reparo que acabo de mencionar, sem querer, as qualidades primordiais deste escritor, que seria notável em qualquer literatura e que muito assimilara das literaturas estrangeiras, de Sterne a Renan e de Heine a Anatole France. Tais qualidades são a agilidade na composição, a medida na ironia, a harmonia no conjunto. Com semelhantes dotes, combinados segundo uma receita de que ele possuía o segredo, fez-se inimitável, posto que provocando numerosos imitadores, prova certa e até indiscutível de superioridade. Não degenerou ele próprio em imitador, apesar do seu estudo aprofundado dos modelos.

Pode-se ser um pintor prendado com originalidade e talento e trair-se claramente a influência dos mestres. A discussão creio estar encerrada na matéria. Rubens estudou longamente na Itália a maneira composta e nobre dos artistas da península e não foi por isso menos flamengo na sua exuberância. Fromentin escreveu sobre os grandes pintores flamengos e holandeses páginas admiráveis pela animação e pela verdade e que, negação do claro-escuro, não são menos luminosas do que as suas telas do Saara.

Acontece outro tanto com os escritores. Machado de Assis foi um leitor assíduo dos melhores autores do seu idioma e de outros idiomas. Estimava imenso os clássicos portugueses e muito especialmente admirava Almeida Garrett, de cuja linguagem a sua, de uma grande pureza, se aproximava pela simplicidade voluntária e pela graça circunspecta. Do mesmo modo que seu predecessor, que foi o mais ilustre dos românticos portugueses, ele se não dobrava escrupulosamente a formas obsoletas ou a regras antiquadas, mas conservava em seu espírito de novidade o sentimento da disciplina que impedia essa tendência de transbordar e levava-o a cinzelar seu estilo com a delicadeza de um ourives que fosse, não somente um artífice, mas também um artista. Foi todavia manejando pacientemente seu buril que ele alcançou aquela sua perfeição relativa — não quero dizer absoluta, que não era complicada nem alindada, nunca o sendo as coisas belas, que devem apresentar a limpidez e a regularidade do cristal, a simplicidade geométrica e a precisão química.

O estilo de Machado de Assis adquirira por fim um acabado extraordinário, sem que parecesse jamais pretensioso, menos ainda precioso, e sem que o espírito de detalhe prejudicasse no mínimo a unidade da concepção. O autor é tachado de frequentemente hesitante: quanto às ideias, porque quanto à linguagem, fluente sempre ao mesmo tempo que sóbria, escritor algum de raça portuguesa conhecia melhor o idioma vernáculo e dele sabia servir-se com superior maestria, no momento literário que coincidiu com a sua morte.

Essa hesitação, empregada muito por propósito e muito por temperamento, tornara-se com efeito um hábito seu e não raro lhe serviu de recurso: ficou-lhe mesmo como um característico da sua maneira, aumentando-lhe o encanto e não ofendendo por conseguinte a forma. Decorria ela da sua filosofia, expressão pela qual entendo o medo de ver e de compreender o universo, definição que é antiga e me parece porventura vulgar, mas assaz precisa para resumir o que seja filosofia. O autor esforçava-se por enxergar este universo através de uma ironia cética e tranquila, escondendo quanto podia suas inquietações e descobrindo por vezes uma ponta de emoção, que tratava também de dissimular, porque acima de tudo aspirava a parecer impessoal. Se o não conseguia, a razão primeira está em que o escritor provinha diretamente da época mais pessoal das letras, que foi a época romântica.

Esqueciam facilmente os que o viam trabalhar com porfia e produzir ainda que sem azáfama até seus últimos momentos — o derradeiro dos seus livros apareceu poucas semanas antes da sua morte — que Machado de Assis era em literatura um antepassado. Seus primeiros versos e sua primeira prosa datam de quase meio século. Num dos seus romances pondera ele que há solteirões na política, que são aqueles que alcançam a idade mais que ingrata sem terem conhecido a beatitude dos casados... com uma pasta. Não era este o seu caso na vida literária, pois que cedo encontrara o êxito e desposara moço a fama.

Se o escritor não envelhecera como tal, é porque, em vez de pertencer a uma escola, representava tão somente, e fundamentalmente, a sua individualidade, a qual fica tendo um lugar à parte nos nossos fastos literários, distinguindo-se de qualquer outra. A circunstância de ter sido tomada por modelo prova mais a sua dessemelhança das personalidades contemporâneas, visto que se não copiam as imitações: não lhes compete tão grande honra.

À força de querer ser impessoal, a saber, de não querer aparentemente escravizar sua subjetividade à sua obra, antes compondo-a com elementos objetivos, Machado de Assis como que se tornou indefinido no tempo, deixando seus personagens de pertencer a uma época determinada, de ser o resultado direto e circunscrito de tal época. Falta no geral uma ligação íntima entre o mundo dos atores da pequena comédia humana criada pela sua imaginação e a data escolhida para sua atividade. Entretanto, se alguns personagens acham-se pintados a meias-tintas, a exemplo de tantos que atravessam a existência apagados e quase despercebidos, outros há, mais em evidência, que traem simplesmente a psicologia humana sem recorrerem à modalidade de uma época.

Por acaso Harpagão, Alceste, o sr. Jourdain, Tartufo, na literatura francesa, são caracteres próprios ao século XVII? Dominaria o espírito de Molière uma preocupação de sincronismo, ou pelo contrário os tipos do seu teatro imortal de empréstimo, para surgirem no palco, as casacas bordadas, os bofes de rendas e as cabeleiras frisadas do grande século, do mesmo modo que teriam envergado a sobrecasaca negra e o chapéu alto das nossas gerações?

Os personagens de Machado de Assis usam as vestimentas dos nossos dias exatamente como poderiam, sem anacronismo, usar as de um outro século. A humanidade é de resto uniforme sob seus vários aspectos, idêntica através da evolução da moda: feliz daquele que consegue fixar-lhe os traços gerais, pois que as feições locais apenas dissimulam o fundo comum e universal. O Timão de Shakespeare tanto pode ser de Londres como de Atenas: aqui ou ali será sempre o desiludido da lisonja, assim como a sua Cleópatra, o menos egípcia possível, é sobretudo a grande amorosa da legenda que os historiadores à cata de novidades não alcançam destruir.

Ocasiões e não raras havia — deixai-me repetir — em que Machado de Assis não era tão impessoal quanto o pretendia ser. Pode mesmo dizer-se que em muitos pontos depara-se-nos uma estreita correlação entre a sua obra e a sua personalidade. Brás Cubas, por exemplo, de que escreveu as memórias póstumas — artificio literário muito da sua predileção e que se pode ter como uma manifestação mais da índole frequentemente pessoal da sua obra — Brás Cubas, digo, é ele próprio sem tirar nem pôr. Não é a sua filosofia que se acha aí descrita por alguém "já desafrontado da brevidade do século, como uma filosofia desigual, agora austera, logo brincalhona, coisa que não edifica nem destrói, não inflama nem regela, e é todavia mais do que passatempo e menos do que apostolado?".

Assim também, na descrição do casal Aguiar, do seu último livro — *Memorial de Aires*, desta vez ainda memórias — concordaram todos em reconhecer o seu lar honesto e feliz, donde a companheira querida de uma longa existência comum de afeição e de trabalho desaparecera não havia muito, com ela desaparecendo a confidente, dos pensamentos, das tristezas e das alegrias do homem e do escritor. Eis por que palavras recolhe Aires no seu diário íntimo as impressões trazidas de uma festa de família em casa dos Aguiar, por ocasião das suas bodas de prata:

> Não podiam ser melhores. A primeira delas foi a união do casal. Sei que não é seguro julgar por uma festa de algumas horas a situação moral de duas pessoas. Naturalmente a ocasião aviva a memória dos tempos passados e a afeição dos outros como que ajuda a duplicar a própria. Mas não é isso. Há neles alguma coisa superior à oportunidade e diversa da alegria alheia. Senti que os anos tinham ali reforçado e apurado a natureza, e que as duas pessoas eram, ao cabo, uma só e única. Não senti, não podia sentir isto logo que entrei, mas foi o total da noite.

Machado de Assis sofria muito da sua viuvez, mas como possuía num alto grau o pudor do sofrimento, apenas deixava entrever toda a extensão da sua solidão moral. Esse pudor gerava nele uma verdadeira repugnância a exibir sua dor, e é muito por tal razão que lhe emprestou nessa ocasião o disfarce literário A sombra deste disfarce foi-lhe dado esboçar com liberdade o doce perfil da ausente, a criatura boa e dedicada de quem ele se recordava cada dia sem o proclamar em altas vozes, achando um meio de derramar sua saudade e depor sua piedosa oferenda sem tentar a comédia de uma apoteose.

Permiti a este propósito uma nota pessoal. A publicação de *Esaú e Jacó*, a história desses gêmeos hostis pelos seus gestos diferentes e pelo seu amor comum, coincidiu, quase, com o falecimento da esposa de Machado de Assis. Escrevendo-me, já depois de a ter perdido, para agradecer-me um artigo que eu publicara sobre o romance, ele não podia furtar-se a evocar aquela que não lera mais a crítica, e fazia-o nestes termos de uma emoção contida e no entanto profunda: "Minha mulher, se pudesse ter lido o artigo, sentiria o mesmo que eu; mas nem sequer leu o livro, posto me dissesse que o leria segunda vez; apenas leu algum trecho, o que me foi confirmado por uma de suas amigas, a quem ela o confessou como prova do estado em que se achava".

A partir do dia em que ela desapareceu, sua memória querida acompanhou-o, absorveu-o. Deixou de viver pelo sentimento para o resto do mundo, melhor dito, associou seu sentir à esperança do além-túmulo. A vida intelectual levou mais tempo a extinguir-se nele. Não cessou de trabalhar, sendo-lhe mesmo o trabalho literário um consolo e uma necessidade, que foi causa das suas últimas alegrias, pois que a própria tristeza tem seus gozos.

Sob o título sugestivo de *Relíquias de Casa Velha*, reuniu algumas páginas antigas que, entre as dispersas, mais lhe agradavam, e dedicou a coleção àquela a quem "essas" páginas eram familiares. Em seguida redigiu o diário do diplomata aposentado que trazia a ironia na retina: expressão sua sobre o personagem que poderia perfeitamente ser aplicada ao autor com relação à ironia que o distinguia, fina sem ser maldosa, mais superficial do que incisiva e, no entanto, verdadeira, de preferência indulgente mas certeira, que percebia sempre o lado ridículo das coisas mas somente o expunha com uma zombaria sorridente e amável.

É deveras para lastimar que, ao lado do diário imaginário do conselheiro Aires, não tivesse Machado de Assis legado o seu próprio, o verídico; tanto mais quanto a observação é dele, a propósito dos papéis velhos condenados ao fogo por aquele precavido homem de sociedade, "que a gente traz na cabeça outros papéis velhos que não ardem nunca nem se perdem por malas antigas". Um capítulo de memórias deixado por ele e denominado "O velho Senado" é de natureza a avivar mais este pesar. Trata-se de um bosquejo delicado e ao mesmo tempo impressivo do Senado do Império em 1860, ao tempo da mocidade do jornalista, assembleia em que se agrupavam parlamentares dos primeiros tempos, da Constituinte tempestuosa; defensores da maioridade do jovem monarca em ódio a uma regência enfraquecida pela discórdia civil, e os benjamins dessa oligarquia esclarecida e grave que era a nossa câmara alta de então.

"Aqueles homens" — reproduzo suas palavras:

que eu via ali juntos, todos os dias, [...]. Tinham feito ou visto fazer a história dos tempos iniciais do regímen, e eu era um adolescente espantado e curioso. Achava-lhes uma feição particular, metade militante, metade triunfante, um pouco de homens, outro pouco de instituição. Paralelamente, iam-me lembrando os apodos e chufas que a paixão política desferira contra alguns deles e sentia que as figuras serenas e respeitáveis que ali estavam agora naquelas cadeiras estreitas não tiveram outrora o respeito dos outros, nem provavelmente a serenidade própria. E tirava-lhes as cãs e as rugas, e fazia-os outra vez moços, árdegos e agitados. Comecei a aprender a parte do presente que há no passado, e vice-versa. Trazia comigo a oligarquia, o golpe de Estado de 1848, e outras notas da política em oposição ao domínio conservador, e ao ver os cabos deste partido, risonhos, familiares, gracejando entre si e com os outros, tomando juntos café e rapé, perguntava a mim mesmo se eram eles que podiam fazer, desfazer e refazer os elementos e governar com mão de ferro este país.

Alguns debuxos individuais desse "Velho Senado" são admiráveis e não resisto a citá-los em parte. Vede por exemplo o marquês de Itanhaém, o antigo tutor do imperador, a quem a idade tornava menos assíduo às sessões,

mas ainda assim era-o mais do que cabia esperar dele. Mal se podia apear do carro, e subir as escadas; arrastava os pés até à cadeira que ficava do lado direito da mesa. Era seco e mirrado, usava cabeleira e trazia óculos fortes. Nas cerimônias de abertura e encerramento agravava o aspecto com a farda de senador. Se usasse barba, poderia disfarçar o chupado e engelhado dos tecidos. A cara rapada acentuava-lhe a decrepitude; mas a cara rapada era o costume de outra quadra, que ainda existia na maioria do Senado.

Parecem ressoar nessas páginas "os efeitos de sons guturais que tornavam mais penetrante e irritante a palavra rápida, fina e cortante" de Zacarias, esse mestre consumado do sarcasmo. Esquecidos há que são relembrados, como Ribeiro, o visconde do Rio Grande, "filósofo e filólogo, que não falava nunca, mas tinha junto a si, no tapete, encostado ao pé da cadeira, um exemplar do dicionário de Moraes, sendo comum vê-lo consultar um e outro tomo, no correr de um debate, quando ouvia algum vocábulo que lhe parecia de incerta origem ou duvidosa aceitação".

O grande escritor compensou de algum modo a lacuna da sua obra — lacuna tanto mais sensível quanto todos concordam em deplorar a raridade extrema das memórias na nossa literatura — deixando confiada ao seu excelente amigo, o homem de talento e de coração que é o sr. José Veríssimo, a tarefa de publicar sua correspondência. O sr. José Veríssimo pedira-lhe muita vez que escrevesse suas memórias, mas penso que Machado de Assis hesitava não tanto em razão da sua modéstia — não se concebe uma tão exagerada modéstia em quem possui a consciência do seu valor — quanto da sua circunspecção. Não gostava de abrir-se inteiramente, quero dizer, não lhe agradava patentear o âmago do seu pensamento. Guardava para si mesmo alguma coisa, fosse por polidez, fosse por altivez, pois que esse tímido tinha a dignidade do orgulho — o orgulho que ele uma vez qualificou de irradiação da consciência — e esse humorista recuava sempre diante da ideia de ferir os outros.

Que vos não surpreenda a contradição de semelhantes termos. A timidez não exclui o vigor da alma, e este cético a aninhava sob seus modos um pouco embaraçados e seu aspecto quase acanhado. Zelava até apaixonadamente algumas opiniões, digamos alguns artigos de fé — a probidade literária, a independência do espírito, a nobreza do seu trabalho profissional, como também permaneceu constantemente fiel às suas admirações intelectuais e às suas afeições. Entretanto não tinha, por assim dizer, amigos íntimos, se bem que estivesse longe de afetar o conhecido "ar distante" de Merimée, um dos seus ídolos literários. Renan era outro, pelo estilo e também pelo ceticismo otimista que num pequeno encantador ensaio o nosso escritor confrontou com a melancolia pessimista da sisuda e boa Henriqueta, ao evocar-lhe a ternura egoísta e o robusto espírito de sacrifício.

Deixei há pouco escapar a palavra cético. É uma expressão cômoda, que se emprega a cada passo e que aliás corresponde a alguma coisa de preciso. Pode-se deixar de ser mais ou menos cético quando se assistiu a muitos acontecimentos, quando se participou em muita coisa, e é quase impossível suceder diversamente em nossos dias, por menos intensa que a alguns corra a vida? Um crítico inglês escrevia recentemente sobre John Morley, por ocasião da sua última publicação: "Encarou crenças em demasia para se deixar desconcertar pelas mais novas: acompanhou o curso de movimentos em demasia na história para se deixar iludir por miragens". Lembrai-vos de tudo quanto Machado de Assis viu durante seu meio século de atividade.

Estreara-se nas letras aproximadamente em 1860, quando o Império atingia a sua florescência, assegurada a paz interior, próspera a agricultura, desenvolvido o comércio. Os últimos românticos decantavam seus amores melancólicos que já não encontravam eco nesse meio acalmado e utilitário. Machado de Assis, então, compôs versos, e na verdade mui belos. Não se é impunemente jovem e sensível, e ele o ficou da alma. Esses primeiros versos já apresentavam contudo um inequívoco aspecto intelectual além da sua forma cuidada e da sua rara delicadeza, a qual mais tarde se converteu por vezes numa graça ligeiramente amaneirada. O amor, é fato, não mais bastava ao seu lirismo: fazia-se-lhe mister a vibração do cérebro ao mesmo tempo que a do coração. Lamartine e Musset não eram mais os únicos a nutrir seu estro, que carecia do estimulante macabro de Edgar Poe ao mesmo tempo que do condimento imaginativo de Henri Heine.

Também fez poesia política: estava-se no tempo dos *Châtiments*. No seu primeiro escrínio de poesias — *Crisálidas* — que data de 1864, o destino da Polônia e do México, representantes naquela época dos povos escravizados e das nações esmagadas, levanta naturalmente sua indignação e inflama esse sentimento liberal, que palpita no coração de todo brasileiro. Nesse instante justamente surgia entre nós a guerra estrangeira, provocada pelo Paraguai. Machado de Asais ressentiu como qualquer outro a febre patriótica desses dias de ansiedade, seguidos de dias de delírio. Encontra-se o reflexo nalgumas páginas de *Iaiá Garcia*, em que se faz justiça às nossas virtudes militares em frente do perigo; mas a impressão mais duradoura que ele conservou desses tempos não foi, penso, uma impressão belicosa. Pelo menos nunca o ouvi testemunhar simpatia à guerra, nem prestar homenagem ao espírito de conquista.

Se bem que a sua obra a não traduza, ele guardava uma recordação mais comovida das lutas de tribuna e de imprensa, pacíficas posto que acerbas e violentas, entre os que queriam retardar e os que queriam precipitar a abolição da escravidão. De 1871 a 1888 foi feita a questão máxima, sobre que se edificavam as combinações políticas, o problema absorvente da existência nacional, que erguia e derrubava ministérios e concedia alternativamente a vitória aos partidos e grupos em franca e infatigável hostilidade. Sabeis de que forma rápida, calma e digna se realizou a reforma por excelência: nada faz mais honra à nossa história e melhor abona nossa cultura.

A literatura, entretanto, passava por uma transformação mais na sua evolução. A musa nacional havia sido patriótica e guerreira com Tobias Barreto, filantrópica e apaixonada de equidade social com Castro Alves, ambos sob a influência de Victor Hugo. Acabou, porém, por cansar-se dos grandes voos e pôs-se a cultivar a forma com esmero. Foi o triunfo da arte pela arte. A placidez parnasiana imperou, com ocasionais reminiscências sentimentais e excursões no domínio científico. Leconte de Lisle, Sully-Prudhomme, Coppée, Heredia apareciam como modelos: foram os deuses do novo Olimpo.

Machado de Assis não teve dificuldade em acompanhar esta mudança, para a qual já se achava preparado; mas encontrou na prosa, melhor ainda do que na poesia, o ensejo e o instrumento mais próprios para exercitar seus talentos literários. Foi um cronista delicioso, no tempo em que florescia a crônica, sucedendo ao folhetim, e a tal ponto se dedicou a esse gênero que num dos seus romances a vida conjugal é comparada a uma crônica, porque não carece, na sua explicação, senão de fidelidade e de algum estilo.

Estilo não lhe faltava a ele com certeza e seu progresso foi gradual e notável até atingir o grau de sedução que todos concordavam em lhe reconhecer. Para percebê-lo basta reler cronologicamente sua obra. Ver-se-á como o escritor chegou a expelir os artifícios, de começo visíveis, a despir toda a convenção, a eliminar os lugares-comuns sem recorrer às extravagâncias, a alcançar uma ausência de pretensão aliada a uma procura do belo na simplicidade que são arte da melhor. A impressão vale a que se teria numa exposição de modas retrospectivas, passando de uma saia de anquinhas do mais gracioso estofo Pompadour, a uma túnica grega de dobras harmoniosas, velando o suficiente para destacar a natureza; de uma imaginosa cabeleira empoada à Luís XVI, aos negros bandos lisos das virgens helênicas.

O espírito do cronista possuía o sainete ateniense. Dir-se-ia a medida de Henry Fouquier suavizando a veia zombeteira de Alphonse Karr, e ostentando um enlevo todo pessoal, que nenhum outro escritor denunciou entre nós, derivado de um modo peculiar a ele só de considerar os acontecimentos, de não parecer surpreendido por estes, de explicá-las mediante proposições dubitativas, com arremedos de cautela, hipóteses engenhosas, interrogações curiosas, em duas palavras com uma fantasia e uma finura fascinantes.

O conto é para o romance o que é a crônica para o ensaio: um escorço, com o qual se obtém efeito admirável. Machado de Assis primou no conto: ninguém no Brasil o emparelhou. Não são as suas narrativas condensadas, vigorosas e dramáticas como as de Guy de Maupassant: seu gênio literário, nutrido embora de lógica, não se caracterizava pelo arrojo. Poderíamos antes compará-los, se o paralelo que se quer estabelecer se não esquivasse antes por outras feições, a composições no gênero das de Alphonse Daudet, acusando, em vez do relevo da pintura a óleo, a fluidez do pastel, com um toque de emoção que anima o colorido e lhe faz a tonalidade mais doce e acariciadora.

Para a espécie de talento de Machado de Assis, o conto oferece uma vantagem: a de ser mais curto, o que significa um andamento mais rápido e uma ação mais condensada O enredo não ameaça perder-se nas observações acessórias, mesmo na análise direta, e tanto a ironia como a emoção ficam assim muito mais à superfície. O romance não obstante foi o seu terreno de eleição — não a novela de intriga como já vos preveni, mas o romance psicológico, de uma psicologia social sem afetação e verdadeira sem brutalidade, que vos empolga e domina pelo seu desenvolvimento ondeante, sem vos impor suas deduções demasiado sábias e demasiado inexoráveis. Essa psicologia, se é sóbria, é também viva, esforçando-se embora por não parecer muito o que é na realidade, tratando de não resultar tediosa, tendo ares de proceder por distração, inteiramente à sua vontade, motejando das opiniões em vez de dissecar corações.

As primeiras novelas de Machado de Assis trazem o cunho romântico na sua maneira mais do que na sua essência. São de um romanesco muito intercalado de bom senso, e de uma preocupação de espiritualidade que o naturalismo já tempera a cada passo. Há nelas indícios de Feuillet e de Merimée. Apenas nas mais recentes, quero dizer, a partir de *Brás Cubas* que data de 1879, os conflitos agudos e violentos de almas cedem o campo aos contrastes cotidianos de sentimentos, aos cambiantes psicológicos, às simples divergências de vistas, que bastam para encher suas páginas como bastam aliás para encher a existência.

Desde sua estreia no gênero, no prefácio mesmo da sua primeira tentativa — *Ressurreição* —, declarava ele visar tão somente ao romance de análise. "Não quis fazer romance de costumes; tentei o esboço de uma situação e o contraste de dois caracteres; com esses simples elementos busquei o interesse do livro". Os dois caracteres em presença ou melhor em oposição são os de Lívia, a jovem viúva amante e confiada no seu transporte imaginativo, e Félix, o médico suspicaz no seu sentimento amoroso e, no íntimo, desprezando as mulheres tanto quanto Monsieur de Camors.

Seus personagens cada vez menos categóricas, cada vez mais em meias-tintas que os não impedem de se destacar, acabam por se não agitar com o convencionalismo da arte: movem-se com a naturalidade da vida e permanecem apesar disso gravados na memória como antigos conhecimentos. Não podendo, com grande pena minha, evocar um grande número nesta ocasião, apontarei como um exemplo Aires, o diplomata metódico nos seus hábitos e nos seus sentimentos, a quem os ministérios e os salões roubaram a espontaneidade mas que conservou seu senso comum, que se observa e se poupa e parece um egoísta porque se não sacrifica, consistindo porém sua caridade em não sacrificar os outros.

Apontarei ainda José Dias, o homem dos superlativos — "um modo de dar feição monumental às ideias, e não as havendo, servir a prolongar as frases" —, o parasita que se não contenta com o seu lugar à mesa mas que se instalou na casa, onde se tornou útil e por fim necessário pela sua discrição, seus pequenos talentos domésticos, a sinceridade que põe na sua hipocrisia forçada, a naturalidade e a dignidade com que pratica, mais do que sofre, sua dependência.

Quase trágica é a história desse Rubião, herdeiro inesperado dos bens e das doutrinas de um filósofo tresloucado, mergulhando voluptuosamente na ociosidade sentimental, deixando-se roubar a torto e a direito — um dos seus exploradores, Camacho, o jornalista doutrinário, é um tipo inolvidável — e acabando por se afundar na miséria e no delírio das grandezas.

Em seus personagens femininos abunda geralmente a vontade. Desde Helena até Fidélia, passando por Estela — a vítima da altivez, do pudor e da dedicação, são mulheres de razão clara e forte, que apenas denunciam moralmente o seu sexo porque sabem exercer a arte da dissimulação a qual, de resto, pode muita vez ser uma virtude. "A dissimulação é um dever" — lê-se no seu romance *Helena*, que data de 1876 — "quando a sinceridade é um perigo."

A dissimulação é virtuosa mesmo na Sofia de *Quincas Borba*, faceira que por falta de temperamento e uma porção de considerações sociais não procura o pecado, mas que se abandonaria se fosse muito instada; despeitada de o não ser por quem ela desejaria bem, e, senão indiferente às homenagens, pois que é mulher até as pontas dos cabelos e portanto vaidosa, surda pelo menos ao apelo dos outros; perguntando afinal a si mesma um belo dia, ou melhor num dia chuvoso, por que motivo repeliram todos os seus adoradores — "pergunta sem palavras que lhe correu assim pelas veias, pelos nervos, pelo cérebro, sem outra resposta mais que a agitação e a curiosidade". O sentido psicológico do autor intervém aqui para explicar:

Se me perguntardes por algum remorso de Sofia, não sei que vos diga. Há uma escala de ressentimento e de reprovação. Não é só nas ações que a consciência passa gradualmente da novidade ao costume, e do temor à indiferença. Os simples pecados de pensamentos são sujeitos a essa mesma alteração, e o uso de cuidar nas coisas afeiçoa tanto a elas, que, afinal, o espírito não as estranha, nem as repele.

Dir-se-ia, e com razão, diante da reserva com que são desenhados todos os seus caracteres femininos, respeitáveis quase sem exceção, e a julgar também pelo conjunto da sua obra, de um humorismo sem grosseria como sem maldade, que Machado de Assis viveu muito na intimidade intelectual dos escritores ingleses. De fato, segundo há sido frequentemente notado, tinha ele um fraco pelos humoristas britânicos do século XVIII, Sterne, Fielding e Swift, e bem assim pelos romancistas do século XIX, Dickens, Eliot e Thackeray. Admirava muito Shakespeare, considerando-o uma árvore colossal e frondosa, de florescência maravilhosa, tipo de força e de beleza; mas era de preferência àqueles outros que iam suas melhores simpatias, porquanto ressentia todo o seu enternecimento diante da vida, aliás buscando, como eles, esconder tal sentimento sob a máscara de uma ironia sempre alerta, mas nunca cruel. O seu sarcasmo, ainda que tenha sido diversamente tratado como uma manifestação amarga, era antes da natureza do atribuído a um dos personagens do seu primeiro romance: "benévolo e anódino, sabendo misturar os espinhos com as rosas".

Este escritor esmerado era também um dos homens mais bem-criados que eu tenho conhecido. A urbanidade aparecia em Machado de Assis constitucional e espontânea, quero dizer, que o seu primeiro impulso dava sempre como resultado um movimento polido. Ao contrário de tantos outros, da melhor sociedade, ele não era obrigado a um esforço sobre si mesmo para não ferir ou melindrar outrem, pois que lhe era por assim dizer orgânica aquela faculdade de uma cortesia superior: constitui um dom da natureza muito mais do que um produto da educação. Para julgar os acontecimentos tinha invariavelmente uma frase espirituosa, mas dos homens em geral fazia abstração como indivíduos.

Pela boca de um dos seus personagens, ensinou Machado de Assis que o valor dos homens se mede de diferentes modos, mas que o meio mais seguro é o de valer pela opinião dos outros. Não seria ele em todo caso que se encarregaria disso, pelo menos com um propósito contrário. Não asseguro que ele não pensasse mal de alguns dos seus semelhantes, mas por princípio de ninguém dizia mal. Quando muito, sublinhava, repetindo-o com seu ligeiro gaguejar e um fino sorriso nos seus olhos coado pela luneta, um juízo menos azedo que tivesse ouvido e sem que concordasse. Entretanto, quanta malícia não espuma nalgumas das suas observações, quanta ironia não morde nalguma das suas frases, todas lançadas despreocupadamente, como que a esmo. Escutai esta, por exemplo: "Nem tudo se perde nos bancos; o mesmo dinheiro, quando alguma vez se perde, muda apenas de dono".

Sua extrema polidez derivava de uma indulgência que estava longe de ser cinismo; que era, pelo contrário, uma tolerância feita em partes iguais de bondade e de dúvida. A bondade estava-lhe na alma: a dúvida adquirira-a acotovelando as coisas e as pessoas, observando o mundo, ou melhor, os mundos que conheceu, pois que a sociedade da sua mocidade, de 1860, variara inteiramente ao tempo da sua maturidade, e a de 1888 parece distante de sessenta anos pelo menos comparada com a sociedade de hoje.

Venha ver o Rio nas suas galas novas — escrevia-me ele para Caracas há quatro anos. — Custar-lhe-á reconhecê-lo. É uma metamorfose de surpreender, mesmo a quem, como eu, viu sair a borboleta.

Surpreso estava e ao mesmo tempo encantado, pois que era muito grande o amor que professava por essa cidade do Rio, incomparavelmente formosa, de onde ele nunca saiu e da qual tão inteligentemente sondou a alma e tão finamente adivinhou as molas ocultas. Se as páginas descritivas falecem singularmente na sua obra, sobre a qual se não projeta a mais leve sombra de uma paisagem brasileira, urbana ou rural, é que a natureza, rústica, domesticada ou a ataviada, o não prendia quase: pelo menos não há mostras de que exercesse influência sobre os seus sentidos. Se por acaso era forçosa uma referência desse gênero, formulava-a, como se a natureza se animasse aos seus olhos ao ponto de assumir um aspecto humano. Cito em abono e ao azar esta frase de Quincas Borba: "Nisto, a chuva cessou um pouco, e um raio de sol logrou romper o nevoeiro—um desses raios úmidos que parecem vir de olhos que choraram".

A visão moral era a única a fixar-se na sua retina. As florestas de almas, as paisagens de corações absorviam sua atenção não obstante ou talvez por causa da importância exagerada atribuída pelos românticos indianistas brasileiros à sensação vívida do meio indígena. A alma indígena, entretanto, descerrara-lhe seus mistérios e servira de feliz inspiração ao seu estro, do que faz fé a sua coleção de poesias—*Americanas*—, de 1875. Pode dizer-se que o indianismo nada produziu entre nós de mais terno e de mais comovente do que esses quadros dos primeiros tempos da nossa vida colonial.

> Mas amor que entranha n'alma
> E a vida sói acabar,
> Amor é de todo o clima,
> Bem como a luz, como o ar.

Assim reza um dos poemas daquela coleção. As mulheres indígenas que aí são cantadas sentem o amor do mesmo modo exatamente que as de raça europeia. Potira ostenta o pudor arisco das primeiras mártires cristãs e Niani a paixão sombria de uma infanta abandonada.

A licença poética facultava-lhe tais aproximações psicológicas que a prosa, mais severa, lhe vedava, pois que as criações das suas novelas, se podem convir indistintamente a fases diferentes de uma mesma época, pertencem realmente ao seu meio, isto é, são inteiramente locais. O Brasil todo chorou em Machado de Assis um mestre da nossa língua portuguesa, e com efeito, desde os grandes líricos. Gonçalves Dias à frente, e depois do poderoso e delicado José de Alencar, o pintor da existência indígena e da existência civilizada, da vida das cidades e da vida dos campos—o qual, na frase do escritor que celebramos, compôs com a diversidade dos costumes, das zonas e dos tempos a unidade nacional da sua obra — ninguém entre nós conquistou a mesma autoridade e exerceu a mesma influência sobre a opinião ou, melhor dito, o gosto esclarecido do público. O autor de *Brás Cubas* aparece-nos contudo como o menos provinciano dos nossos escritores.

Contos fluminenses — o equivalente, em França, seria *Contos parisienses* — chamavam-se os primeiros que ele compôs, e fluminenses ficaram todos sendo. Esses tipos que ele esboçou, esses caracteres de que ele registrou a evolução, notando com uma arte maravilhosa os pormenores que parecem insignificantes ao vulgo, mas que nunca o são para o analisador — as coisas insignificantes tendo todas seu valor e sua importância e constituindo no seu caso o objeto de uma ciência a mais positiva —, pertencem a uma sociedade de ideias mais largas ou pelo menos mais concludentes, de hábitos mais doces e de relações mais fáceis.

O autor reputa essa sociedade — e faz com que partilhemos sua opinião — excessivamente interessante, porquanto nada lhe é indiferente do seu desenvolvimento. Não pretende que ela seja extraordinária; contenta-se com o que ela é, achando tema suficiente de sugestão. No *Quincas Borba* se diz que a vida se compõe de quatro ou cinco situações, que as circunstâncias variam e multiplicam aos nossos olhos, e no *Memorial de Aires* se encontra a mesma ideia exposta nas seguintes palavras: "A vida, entretanto, é assim mesmo, uma repetição de atos e meneios, como nas recepções, comidas, visitas e outros folgares; nos trabalhos é a mesma coisa. Os sucessos, por mais que o acaso os teça e devolva, saem muita vez iguais no tempo e nas circunstâncias; assim a história, assim o resto".

Machado de Assis empregou decerto muito mais sensibilidade no estudo do moral feminino que no do moral masculino. Para começar, era pouca sua estima pela vaidade dos homens, se bem que ele a explique com relação ao amor por uma forma engenhosa: "Em pontos de aventura amorosa, achei homens que sorriam, ou negavam a custo, de um modo frio, monossilábico, etc., ao passo que as parceiras não davam por si, e jurariam aos Santos Evangelhos que era tudo uma calúnia. A razão desta diferença é que a mulher entrega-se por amor, ou seja o amor-paixão de Stendhal, ou o puramente físico de algumas damas romanas, por exemplo, ou polinésias, lapônias, cafres, e pode ser que outras raças civilizadas; mas o homem—falo do homem de uma sociedade culta e elegante—, o homem conjuga a sua vaidade ao sentimento. Além disso (e refiro-me sempre aos casos defesos), a mulher, quando ama outro homem, parece-lhe que mente a um dever, e portanto tem de dissimular com arte maior, tem de refinar a aleivosia; ao passo que o homem, sentindo-se causa da infração e vencedor de outro homem, fica legitimamente orgulhoso, e logo passa a outro sentimento menos ríspido e menos secreto—essa boa fatuidade que é a transpiração luminosa do mérito.

Descendendo em linha reta e por sucessão imediata do romantismo, um pouco paladino por conseguinte da mulher, Machado de Assis nunca se deixou embalar pela ilusão das reabilitações tão caras ao sentimentalismo da escola. Escutêmo-lo zombar das tristezas de Menezes, no mais antigo dos seus romances: "Vivia ele maritalmente com uma pérola que pouco antes encontrara no lodo. Na véspera descobrira em casa vestígios de outro amador de pedras finas. Estava certo da infidelidade da amante; pedia conselho".

O escritor, bem o vedes, está todo em embrião nas suas produções mais remotas: em seus primeiros contos já ressoa a nota delicada e espiritual dos últimos, assim como nos seus romances de estreia se nos depara a pesquisa minuciosa e simpática da alma humana que distingue os mais modernos. É natural que tivesse havido alteração no estilo, o qual adquiriu constantemente novos dotes até se tornar impecável; mas de princípio mesmo, na sua fase romanesca, esse estilo nunca foi retórico nem difuso. Tê-lo-ia empatado o bom gosto, predicado fundamental do escritor e que lhe era natural, se não bastasse para salvá-lo dos piores defeitos da escola, o cunho todo pessoal da sua obra, que a torna por assim dizer única na nossa literatura.

Já foi qualificada de distinção, essa faculdade literária do bom gosto, que Machado de Assis revelou possuir em tão alto grau, e que, sem o converter num moralizador, fez dele um moralista. Sua obra, sã e honesta, é o documento palpável de que a vida pode ser considerada mesmo no que diz respeito às relações sexuais, sem que seja necessário ou útil descambar na imoralidade. Nos tipos femininos procriados pela sua imaginação, existe sempre uma reserva, para empregar o termo exato, um pudor, que não representa por certo um obstáculo ao seu ardor sentimental — Raquel, Lívia, Iaiá Garcia são perfeitos tipos de amorosas —, mas que se mantêm num decoro que é de resto uma regra da vida felizmente ainda bastante observada. O decoro não obsta, pois, que caracteres tão delicados sejam traduzidos com fidelidade, a par da decência.

Machado de Assis não blasonava contudo de conhecer as mulheres. *Ressurreição*, seu primeiro ensaio de romance, encerra mesmo a seguinte frase de suspicaz psicologia: "Não basta ver uma mulher para a conhecer, é preciso ouvi-la também; ainda que muitas vezes basta ouvi-la para a não conhecer jamais". Aliás, ele se não gabava de coisa alguma, não afixando espécie alguma de pretensão e sendo no fundo um tímido. Foi mesmo esta timidez que o impeliu de dar mais liberdade à sua fantasia, que, pelo que mostram suas poesias, estava muito longe de ser acanhada, e até nalguns contos e nalgumas crônicas não trepidou em usar com desenvoltura o disfarce de outras épocas e de outras civilizações.

A poesia, é claro que não poderia dispensar a fantasia, e os seus versos denotam uma fantasia que, sem ser descabelada, antes comedida, é todavia perturbadora pois que bole com todos os problemas da vida e da morte nos seus aspectos complexos e na sua solução única. É o que num transporte comovido ele denominou o "mundo da lua" — "esse desvão luminoso e reservado do cérebro, que não é senão a afirmação desdenhosa da nossa liberdade espiritual". No romance, o autor intencionalmente se circunscreveu ao planeta terrestre, e mesmo a um pontozinho deste planeta.

Suas criações femininas, em particular, provêm do meio fluminense. São produtos legítimos da capital essas mulheres a quem ele frequentemente dotou de um orgulho casto e de um coração sagaz, de quem a reserva constitui uma virtude, sem por isso serem menos sedutoras, porque tal reserva não exclui inteligência, do mesmo modo que noutras, raras em sua obra, a malícia tampouco se separa da inteligência. "Esta senhora — escrevia sobre d. Cesária o conselheiro Aires em seu diário — se não tivesse fel talvez não prestasse; eu nunca a vejo sem ele, e é uma delícia... há ocasiões em que a graça de d. Cesária é tanta que a gente tem pena de que não seja verdade o que ela diz, e facilmente lho perdoa".

Posto que usando de delicadeza para com todas as idades, a velhice especialmente lhe merecia um terno respeito. Que criatura adorável não é essa d. Carmo, mulher do Aguiar, ou antes sua própria mulher, que "possui o dom do falar e viver por todas as feições, e um poder de atrair as pessoas, como terei visto em poucas mulheres, ou raras. Os seus cabelos brancos, colhidos com arte e gosto, dão à velhice um relevo particular, e fazem casar nela todas as idades!".

Serão porventura menos encantadoras as suas moças? Bastaria como exemplo em contrário essa linda Capitu, a rapariguinha de espírito precoce que, num adorável idílio infantil, tão simples e entretanto tão atraente, guia, aconselha e domina já, por meio da sua decisão perspicaz, o menino de vontade mais fraca que mais tarde ela enganará, mergulhando nos dele os seus olhos de "ressaca" — "olhos que traziam não sei que fluido misterioso e energético, uma força que arrastava para dentro, como a vaga que se retira da praia nos dias de ressaca".

O despertar do amor em Bentinho, suas consequentes surpresas, a sensação do primeiro beijo, a consciência do seu sentimento, tudo se acha descrito com uma leveza de toque e um grão de malícia que são de uma arte consumada. O romance psicológico surge aí aos nossos olhos, sem falhas, com seus inquéritos esquadrinhadores, se bem que sem esforço algum aparente, como se se tratasse de uma série de raciocínios fáceis, ao alcance de toda a gente e de que toda a gente seria capaz, entretanto tão habilmente deduzidos e conduzidos com tal mestria, que justamente os mais argutos são os que parecem de uma lógica mais folgada.

Uma observação que logo se impõe, ao reler-se a obra completa de Machado de Assis — uns quinze volumes, pois que ele se não prodigalizou — é que nos últimos livros desapareceu de todo a preocupação dos incidentes fora do comum: não digo dos singulares ou dramáticos, porque destes se conservou sempre o escritor cuidadosamente à distância, contentando-se com ver correr a vida na sua vulgaridade e tranquilidade habituais. Estava certo de encontrar nesta vida corriqueira matéria ampla de observação, como a havia de meditação na sua espécie de diálogo, com a imaginação, quando as ideias, segundo exprime uma das suas belas frases, abrem as asas e entram a batê-las de um lado para outro, assim mostrando que querem sair.

Dir-se-ia que os personagens femininos de Machado de Assis denotam mais sagacidade e mais energia que os masculinos, ainda que o escritor se não haja mostrado inflexivelmente descarinhoso para o seu sexo. Estácio e Jorge, por exemplo, são antes modelos de retidão e de lisura. Somente, em dadas ocasiões, conseguem eles menos dominar seus sentimentos. Como aproximá-los de uma Iaiá Garcia, a criança viva e esperta que, de repente, mercê de um segredo adivinhado, atinge a puberdade moral, pois que nela desabrocha subitamente o sentimento do amor, e não somente verifica estremecer aquele que julgava detestar, como decide tê-lo para si sem partilha, disputando-o na outra afeição, recalcada mas que pode de novo rebentar, envolvendo-o na trama da sua meiguice picante, e conquistando-o pela força exclusiva do seu temperamento.

Machado de Assis não se esforçava por ocultar uma ternura particular pelas viúvas jovens: Lívia e Fidélia foram sua primeira e sua última criação. Não se pode dizer que o perturbasse a alma das meninas — acabamos de citar criações que desmentiriam tal asserção — mas parecia que ele de antemão se escusava de procurar caracteres excepcionais, achando no geral nos corações moços demasiada ingenuidade e resistência em extremo débil à paixão. Ao contrário, nunca se fatigava de observar a luta do sentimento novo contra o sentimento passado, e parecia mesmo se comprazer em deixar levar de vencida a saudade pela esperança, o que é uma forma assaz bela e assaz feliz do compreender a vida. "A vida", escreveu ele uma vez pela pena autobiográfica de Dom Casmurro, "é tão bela que a mesma ideia da morte precisa de vir primeiro a ela, antes de se ver cumprida."

Pessimismo, e do mais negro, tem sido contudo notado, e até com frequência, na ironia de Machado de Assis. Quer-me porém antes parecer que a velha distinção, tão formal, entre otimismo e pessimismo, faz uma vez mais bancarrota. O escritor não pertence exclusivamente a qualquer das duas escolas: nem é Demócrito, nem Heráclito. De resto a transação faz parte da sua natureza. Não escreveu ele um dia que "o céu e a terra acabam conciliando-se; eles são quase irmãos gêmeos, tendo o céu sido feito no segundo dia e a terra no terceiro"?

O que sobretudo ele é deriva de si próprio, constitui sua individualidade inconfundível, na qual se deixa ver um fundo de melancolia orgânica que, sem chegar completamente ao amargor, algumas vezes desabrocha num sorriso — esse sorriso de que fala o autor, que aponta nos nossos lábios quando aprovamos intimamente alguma coisa que está de acordo com nossa alma — e outras vezes numa lágrima que apenas umedece a pálpebra e não vem acompanhada de soluço, visto que, consoante sua observação relativa a um dos seus personagens, a intensidade está mais no sentimento do que na expressão.

Sua melancolia era um tanto o resultado da hipocondria, essa flor que ele descreveu "amarela, solitária e mórbida, de um cheiro inebriante e sutil". A hipocondria conta, no entanto, seus gozos: existe mesmo uma volúpia do aborrecimento, que o autor considera "uma das sensações mais sutis desse mundo e daquele tempo". Por outro lado o seu otimismo era frequentemente parente do cinismo, bem entendido na acepção filosófica do termo, cujo espírito remonta à moral socrática e corresponde à glorificação da virtude pela renúncia ao vício. É fato que Brás Cubas deduzia de certas reflexões que o vício não raro serve de estrume à virtude, o que o não impedia porém de estimar a virtude como uma flor odorífera e saudável.

Na verdade, Machado de Assis alcançara, por meio de uma evolução assaz longa, o equilíbrio perfeito da sensibilidade, cujo reflexo se encontra como num espelho de fino cristal no seu estilo pacientemente trabalhado, mas na aparência corrente, claro e natural. Suas primeiras produções ligavam-se estreitamente ao romantismo, não tanto o primitivo, de sentimentos hiperbólicos — deste acham-se vestígios no conto "Frei Simão", bastantes mesmo nos primeiros romances, sobretudo em *Helena* — mas o romantismo da última fase, mais convencional do que excessiva, em que o autor triunfa pela sua fatalidade muito mais do que pelo seu arrebatamento.

Virgília, a senhora da sociedade amante de Brás Cubas, de quem fora quase noiva, já não ama porém com ardor: em ambos expirara o romanesco. Amava com certeza, mas o seu sentimento era feito de ociosidade e de volúpia: havia que reacendê-lo dia depois de dia, e afinal se extingue sem tragédia. Tornamos a encontrá-la viúva, afetuosa e meiga, à cabeceira do amante envelhecido e moribundo, como a melhor recordação distante da sua vida e um bom pensamento em ação, lançando assim um desmentido imediato ao pessimismo do solteirão desocupado e cismador.

Já no tempo em que os seus casais de amorosos costeavam o abismo, teimando em não lobrigar lá no fundo "mais do que um reflexo da abóbada celeste", enxergava ele as coisas diversamente: a ironia rompia a crosta literária, e tanto sorria dos artifícios do sentimento como dos da linguagem. "O ridículo", ponderava o romancista nos seus começos, "é uma espécie de lastro que a alma leva ao penetrar no oceano da vida. Algumas há que fazem toda a navegação com esta única carga". Exercendo-se às custas de semelhantes almas, a ironia foi que o sustentou, o distinguiu e o exalçou: ela ressumbra de toda a sua obra, da qual constitui o fundo permanente e sólido, posto hesite em abandonar-se, se recupere, se observe e ensaie toda sua faceirice antes de se manifestar.

Pelo seu extraordinário talento de escritor e pela sua profunda dignidade literária, pela unidade da sua vida inteiramente devotada ao culto da beleza intelectual e pelo prestígio que irradiavam sua obra e sua personalidade, Machado de Assis, se bem que o menos ruidoso dos homens, o menos disposto a se pôr em evidência, chegara a ser tido e respeitado como o primeiro entre seus pares, o mais ilustre dos homens de letras de seu país, o chefe, se é que esta expressão corresponde em caso tal à ideia, de uma literatura nova, mas que já possuía suas tradições e sobretudo preza suas glórias. Ele se não mostrava com efeito ávido de louvaminhas, nem mesmo, preso aos seus hábitos, saía fora do seu círculo, posto fosse um excelente conversador, espirituoso e, o que mais é, atento.

Sua vida podia ser mais regrada e tranquila depois que deixara o escritor o jornalismo militante, pois que começara, como qualquer outro, pela crônica parlamentar, os ecos do dia e a crítica dramática.

Passava-se a manhã no labor literário, na simpática casa do Cosme Velho onde Machado de Assis foi tão feliz e tão desventuroso, onde compôs suas obras-primas, viu expirar sua esposa e ele próprio sentiu chegar a morte, tendo a consciência deste chamado e mantendo a perfeita lucidez do seu espírito.

Sua memória ficará por longo tempo, para sempre, espero, associada a essa garganta verde e fresca aberta entre as montanhas graníticas, onde árvores imensas formam com sua folhagem um dossel eterno e fontes cristalinas sussurram deslizando. É um dos sítios mais umbrosos e mais pitorescos — o que não é dizer pouco onde tamanha abundância existe — do Rio de Janeiro, e o único, talvez, que não passou ainda por grande transformação, onde a arte se tem abstido de embelezar a natureza, onde conservam sua atualidade as velhas estampas que representam aquele risonho local frequentado por tafuis cavaleiros e cabeças vistosas.

Durante o dia era certo na sua repartição, pois que o escritor pertencia à tribo numerosa dos empregados públicos: assíduo porém, pontual e zeloso como raros, desempenhando suas funções com uma gravidade e uma consciência que a sua ironia denominaria patéticas, indiferente por dever de ofício às mudanças de partido. Não que fosse insensível — longe disso — às coisas de interesse nacional.

Pensava nelas mais e com um sentimento mais intenso do que o deixava acreditar, mas as brigas de grupos à caça das posições e os desaguisados de concorrentes políticos desafiavam sua malícia e excitavam facilmente sua zombaria. "A reconciliação eterna, entre dois adversários eleitorais, devia ser exatamente um castigo infinito" — notava no diário íntimo o seu conselheiro Aires. "Não conheço igual na *Divina Comédia*. Deus, quando quer ser Dante, é maior que Dante."

Ao cair da tarde, depois das quatro, encontrava-se invariavelmente o autor em casa do seu antigo editor, na livraria Garnier, onde tem sua sede um círculo, diria um cenáculo se não fosse franco a todas as opiniões e aberto a todas as ideias. Estes *five o'clocks* intelectuais já se tornaram mesmo uma tradição, pois que datam de meio século. Machado de Assis, que lhes ficou de todo tempo fiel, serviu de traço de união entre épocas diferentes e gerações literárias também diferentes. Numa das suas crônicas refere-se ele aos amiudados encontros que ali tivera outrora com José de Alencar, quando, sentados os dois, frente à rua, tratavam desses assuntos de arte e de poesia, de estilo e de imaginação, que valem todas as canseiras deste mundo.

Passava-se isto no estreito armazém do tempo do império. Há mais espaço... e mais cadeiras no novo e magnifico estabelecimento. O que somente não variou foi a natureza das conversações. Comentam-se sempre as coisas do país e as do estrangeiro; discutem-se coisas políticas e de preferência coisas literárias; trocam-se muitos juízos e alguns paradoxos; horas todas encantadoras, e para mim inolvidáveis. Machado de Assis demorava-se mais do que qualquer outro, não tendo por costume voltar para casa antes das seis ou sete. Gracejávamos com ele, ao dispersarmo-nos, ao vê-lo buscar pretextos para subir e descer a rua do Ouvidor.

Uma vez por semana, excetuadas as férias, presidia as sessões da Academia, que decorrem com a placidez proverbial dessas companhias, salvo por ocasião da discussão sobre a reforma da ortografia — questão que tem a propriedade de levantar em toda a parte discussões apaixonadas, provavelmente porque ninguém conhece exatamente essa parte da gramática.

A noite passava-a geralmente em casa de amigos de longa data, vizinhos de campo se poderia quase dizer, por tal forma parece o Cosme Velho, à noite, distante das luzes e da algazarra da cidade. Palestrava-se, jogava-se o voltarete e nos últimos tempos o *bridge*, tocava-se, e na sociedade da gente moça deparava-se-lhe o manancial de bom humor e de animação para o dia imediato. Indo de um a outro grupo com o seu ar discreto e sua polidez refinada precisamente porque era espontânea, Machado de Assis evitaria em todo o caso muito ao sério sentar-se no canapé, pois que nutria a respeito deste móvel ideias peculiares. Via bem que faz aliar a intimidade e o decoro, mas não lhe era possível deixar de ajuntar: "Dois homens sentados nele podem debater o destino de um império, e duas mulheres a graça de um vestido; mas, um homem e uma mulher só por aberração das leis naturais dirão outra coisa que não seja de si mesmos".

Foi assim que envelheceu mantendo essa dignidade austera que, segundo ele, é toda a graça do ancião, pois que, em suas palavras, a velhice ridícula é talvez a mais triste e a mais baixa surpresa da natureza humana. A velhice solitária pesava-lhe, porém, como um fardo. No seu horror de ser banal e na sua preocupação de ser cortês, chegara ao ponto de perguntar a si mesmo — tal impressão foi-me comunicada por um dos seus amigos mais dedicados — se se não tornara indiferente ou até aborrecido aos outros, se não vivera já bastante pela inteligência para dever ceder o campo aos novos, e se não produzira durante um espaço de tempo demasiado longo para não fazer sombra a outros?

A velhice! Foi com mágoa que ele extraiu sua filosofia ao fazer correr da pena de Dom Casmurro as reflexões seguintes, depois que este personagem edificou uma casa inteiramente idêntica àquela em que tinham deslizado sua infância e sua mocidade, assim restabelecendo o cenário da quadra mais feliz da sua existência:

> O meu fim evidente era atar as duas pontas da vida, e restaurar na velhice a adolescência. Pois, senhor, não consegui recompor o que foi nem o que fui. Em tudo, se o rosto é igual, a fisionomia é diferente. Se só me faltassem os outros, vá; um homem consola-se mais ou menos das pessoas que perde; mas falto eu mesmo, e esta lacuna é tudo. O que aqui está é, mal comparando, semelhante à pintura que se põe na barba e nos cabelos, e que apenas conserva o hábito externo, como se diz nas autópsias; o interno não aguenta tinta. Uma certidão que

me desse vinte anos de idade poderia enganar os estranhos, como todos os documentos falsos, mas não a mim. Os amigos que me restam são de data recente; todos os antigos foram estudar a geologia dos campos-santos. Quanto às amigas, algumas datam de quinze anos, outras, de menos, e quase todas creem na mocidade. Duas ou três fariam crer nela aos outros, mas a língua que falam obriga muita vez a consultar os dicionários, e tal frequência é cansativa.

Se Machado de Assis viu chegar a morte com certo pavor, é porque tinha repugnância à degradação física e amava demasiado a beleza das coisas para encarar com estoicismo o sofrimento, que traz quase sempre a decadência. Foi-lhe poupada esta miséria. Sua agonia foi cruel mas curta, e até o último suspiro ele conservou a agilidade do espírito que foi sua faculdade essencial e de que seu estilo constituía a imagem. Escapou ao estremecimento de verificar em si mesmo essa coisa terrível que um escritor britânico denominou, com a propriedade da língua inglesa, a esclerose intelectual, e que vem a ser o endurecimento progressivo das artérias da inteligência e da sensibilidade.

Muito pelo contrário, procriou ele belos livros até o remate. Somente, ao remeter-me o último da série, escrevia-me, menos de dois meses antes da sua morte: "Mas este livro novo é deveras o último. Agora já não tenho forças nem disposição para me sentar e começar outro: estou velho e acabado". E, quando se julgou literariamente gasto, considerou terminada sua tarefa, e tarefa para ele queria dizer a vida. Esta chegara a significar-lhe o que ele um dia definira um tumulto que não é a vida e um silêncio que não é a quietação. Não se poderia conceber para um artista morte mais propícia!

Duas palavras ainda... Já travamos conhecimento com a filosofia de Machado de Assis, ou mais precisamente com a filosofia de Brás Cubas, cujas memórias, verdadeiramente d'além campa, são a obra-prima literária do autor e a fotografia da sua alma: não digo, notai bem, da sua existência, porque a parte anedótica é de pura imaginação; apenas a parte psicológica possui caráter pessoal. Nenhum dos seus livros é realmente escrito com tanta vivacidade, e nenhum encerra tamanho pessimismo, sobretudo um sentimento tão penetrante das injustiças da sorte, uma visão de aspecto lamentavelmente cômico das coisas misturada com uma ternura inquieta de Pierrot. A morte da mãe comove-o por exemplo mais por aquela impressão de iniquidade social do que pela própria aflição filial: "Quê?" — exclama Brás Cubas — "Uma criatura tão dócil, tão meiga, tão santa, que nunca jamais fizera verter uma lágrima de desgosto, mãe carinhosa, esposa imaculada, era força que morresse assim, trateada, mordida pelo dente tenaz de uma doença sem misericórdia? Confesso que tudo aquilo me pareceu obscuro, incongruente, insano...".

Se há amargor nesta filosofia — e qual é o humorismo que o não contém? — a razão principal está em que ela provém do outro mundo, sincera e franca, pois liberta de prejuízos e de contemporizações. "Talvez espante ao leitor", escrevia Brás Cubas nas *Memórias póstumas*,

> a franqueza com que lhe exponho e realço a minha mediocridade; advirta que a franqueza é a primeira virtude de um defunto. Na vida, o olhar da opinião, o contraste dos interesses, a luta das cobiças obrigam a gente a calar os trapos velhos, a disfarçar os rasgões e os remendos, a não estender ao mundo as revelações que faz à consciência; e o melhor da obrigação é quando, à força de embaçar os outros, embaça-se um homem a si mesmo, porque em tal caso poupa-se o vexame, que é uma sensação penosa, e a hipocrisia, que é um vício hediondo. Mas, na morte, que diferença! Que desabafo! Que liberdade! Como a gente pode sacudir fora a capa, deitar ao fosso as lentejoulas, despregar-se, despintar-se, desafeitar-se, confessar lisamente o que foi e o que deixou de ser! Porque, em suma, já não há vizinhos, nem amigos, nem inimigos, nem conhecidos, nem estranhos; não há plateia. O olhar da opinião, esse olhar agudo e judicial, perde a virtude, logo que pisamos o território da morte; não digo que ele se não estenda para cá, e nos não examine e julgue; mas a nós é que não se nos dá do exame nem do julgamento. Senhores vivos, não há nada tão incomensurável como o desdém dos finados.

Paris, 3 de abril de 1909.

Fonte desta edição:
LIMA, Oliveira. "Machado de Assis e sua obra literária", 3 abr. 1909. In: *Estudos literários*. Reunidos e selecionados por Barbosa Lima Sobrinho. Rio de Janeiro: Departamento de Imprensa Nacional, 1975, pp. 37-61.

Versão original:
Conferência na Sorbonne, a 3 de abril de 1909, publicada no livro *Machado de Assis et son œuvre littéraire* (Paris: Louis-Michaud, 1909). Traduções publicadas na imprensa: *O Estado de S. Paulo*, São Paulo, 9 jul. 1909; *Jornal do Commercio*, Rio de Janeiro, 9 jul. 1909.

MACHADO DE ASSIS. A COMEMORAÇÃO DE ONTEM. O DISCURSO DE OLAVO BILAC

Olavo Bilac

o.b.

OLAVO Braz Martins dos Guimarães **BILAC** (Rio de Janeiro, Rio de Janeiro, 1865 – Rio de Janeiro, Rio de Janeiro, 1918): Jornalista, poeta, cronista, inspetor de ensino. Um dos fundadores da Academia Brasileira de Letras, criou a Cadeira número 15, que tem como patrono Gonçalves Dias. Jornalista combativo, envolveu-se em muitos episódios no início da República, o que lhe rendeu prisões. Na seção "Semana" da *Gazeta de Notícias*, substituiu Machado de Assis, trabalhando ali durante anos. Obras: *Poesias* (1888); *Crônicas e novelas* (1894); *Contos pátrios (para as crianças)*, com Coelho Neto (1904); "Hino à Bandeira" (1906); *Tratado de versificação* (1910); *Dicionário de rimas* (1913); *Ironia e piedade*, crônicas (1916); *Tarde*, poesia (1919).

Gazeta de Notícias, 30 set. 1909

oucas palavras, poucas e carinhosas, devem ser ditas aqui, para que em tudo a comemoração seja digna do comemorado.[12] Seria uma ofensa à memória do Mestre qualquer manifestação que destoasse da sobriedade encantadora e do recato severo que governaram a sua vida artística e a sua vida íntima, a sua teoria literária e o seu estilo. O culto deve ser sempre adequado ao nume: bulhento e borbulhante para os que tiveram ou têm o amor da adoração pomposa — e simples e pensado, e mais

12. Por iniciativa da Academia Brasileira de Letras, realizou-se a 29 de setembro de 1909 uma cerimônia em homenagem a Machado de Assis, quando do primeiro aniversário de sua morte. Inaugurou-se uma placa de bronze na casa em que faleceu o grande escritor, à rua do Cosme Velho, e houve uma romaria à sua sepultura, no cemitério de São João Batista. Quatro bondes especiais conduziram várias pessoas à casa de Machado, entre as quais os membros da ABL Rui Barbosa, Sousa Bandeira, José Veríssimo, Filinto de Almeida, Artur Jaceguai, Mário de Alencar, Afonso Celso e Olavo Bilac. Para inaugurar a placa, a cortina foi descerrada por Rui Barbosa, presidente da Academia. E Olavo Bilac, orador oficial, pronunciou o discurso aqui apresentado.

tecido de ternura e de respeito do que de entusiasmo, para aqueles cuja sublimidade reside mais na solidez do que no brilho, mais na verdade do que na aparência, mais na harmonia temperada e justa do que no exaltamento nem sempre fecundo. Quando se dirige a certos homens, ainda a mais ardente admiração há de ser calma e racionada, se quiser honrar o seu objeto. Machado de Assis temia acima de tudo o barulho e a cintilação das palavras vazias, que tanto agradam aos espíritos fúteis. A sua face triste e suave, o seu modo natural, a brandura da sua palavra e do seu gesto, a modéstia dos seus gostos, a moderação dos seus juízos, a sua filosofia que condenava como crimes as cegueiras da paixão, e o seu estilo que repudiava como vícios os exageros retóricos — tudo nele aconselhava e pedia, não o aplauso frenético, mas a afeição sincera e a consideração inteligente; tudo nele parecia dizer: não me admireis; amai-me, e compreendei-me...

Amaram-no com extremada ternura os seus íntimos; compreenderam-no e compreendem-no os seus companheiros e discípulos, os seus irmãos em arte, aqueles que, pelo hábito de pensar e de escrever, podem sentir e entender o inigualável tesouro de ideias e de expressões que se encerram nos seus livros, monumento perene votado à glória da língua vernácula. Não o compreendeu ainda todo o seu país, porque ele foi de algum modo um homem superior à sua época e ao seu meio; mas essa compreensão unânime há de vir com o tempo, com o aperfeiçoamento progressivo e fatal dos homens, com a fixação definitiva de uma cultura geral que já começa a afirmar-se. Então, o Mestre será admirado, com a admiração consciente e precisa que a sua obra requer; e a história da nossa civilização há de guardar com orgulho esse formoso legado, esses livros em que o ceticismo vive de par com a piedade, em que a misericórdia pela miséria humana tempera o amargor da ironia, em que a descrença é adoçada pela bondade, e em que as ideias, meigas ou duras, de tolerância ou de revolta, sempre se vestem de uma forma pura e nobre, simples e majestosa, aliando a força à graça, a energia ao bom gosto.

A cerimônia de hoje é íntima. É a romaria dos primeiros fiéis. É a primeira peregrinação dos que assentam as bases do culto. E é a homenagem da família literária ao chefe que perdeu.

Um dia, descrevendo a austera figura de Spinoza, em um soneto de rara beleza, Machado de Assis mostrou-nos o filósofo, grave e solitário, no seu retiro de lida e pensamento, apartado das vãs ambições e das cobiças grosseiras, cativo apenas do mundo interior das suas ideias:

Soem cá fora agitações e lutas,
Sibile o bafo aspérrimo do inverno,
Tu trabalhas, tu pensas, e executas,

Sóbrio, tranquilo, desvelado e terno,
A lei comum, e morres, e transmutas
O suado labor no prêmio eterno.

Inspirou e ditou estes versos uma afinidade real entre dois espíritos de eleição. Sem o temperamento combativo do sombrio Spinoza, o nosso grande escritor teve a mesma dignidade de vida, a mesma abnegação modesta, a mesma escravização ao domínio exclusivo das ideias — e o mesmo gosto da solidão, que em certos homens não é timidez nem orgulho, mas somente a tristeza de quem se reconhece diverso do comum das gentes, e fadado a viver, se não ignorado, ao menos mal entendido dos seus contemporâneos.

Como não recordar esses versos, na visita que hoje fazemos à casa do escritor filósofo, um ano depois da extinção da sua vida?

Aqui viveu Machado de Assis vinte e quatro anos de trabalho sem trégua e de pensamento incessante. Neste quieto recanto da cidade, longe de "agitações e lutas", fugindo à curiosidade pública, ao louvor da multidão, à popularidade fácil, e à sedução brilhante mas estéril da política — dividiu ele o melhor da sua existência, vinte e quatro anos da sua maturidade fecunda, entre o gozo recatado da sua felicidade doméstica e o gozo igualmente discreto da sua arte. Aqui sonhou, aqui pensou, aqui edificou a sua glória. Noite alta, entre estas folhagens amigas, que resguardavam zelosamente o ninho do seu afeto e a oficina do seu pensamento, brilhava o clarão da lâmpada que alumiava a sua operosa vigília. Conheciam-no bem estas árvores, estas flores, e as aves que o saudavam ao romper da manhã; todas as coisas inanimadas e todos os seres inocentes deste poético retiro conheciam e amavam aquele austero poeta e aquele meigo beneditino, voluntariamente clausurado na tarefa paciente e no sonho criador. Aqui experimentou ele, com a satisfação de ser amado e com as agruras dos padecimentos físicos, o prazer de tratar o idioma que prezava tanto, as torturas da análise interior, os sobressaltos e angústias da criação literária, a febre a um tempo deliciosa e cruel da composição, e a ânsia dos que correm atrás da perfeição esquiva... Daqui saíram muitos dos seus melhores livros, vasta cadeia de primores, coroada por essa flor de saudade e amargura, por esse amável *Memorial de Aires*, onde, sob o véu de uma ficção romanesca, a alma viúva e ferida do escritor celebra na virtude e na ventura de um lar modelo a antiga ventura e a antiga virtude do seu próprio lar enlutado. Aqui, por vinte e quatro anos, ele trabalhou, pensou, executou a lei comum, e morreu e transmutou "o suado labor no prêmio eterno...".

E aqui vem, hoje, a Academia Brasileira trazer-lhe a expressão comovida do seu respeito e da sua saudade. Perdendo o Mestre, não perdemos o exemplo constante, a viva lição, o modelo nobre que ele sempre nos foi. Há de acompanhá-lo na morte o mesmo afeto que lhe dedicamos em vida. Aqui vimos, e viremos; e aqui virão, quando tivermos desaparecido, aqueles que nos sucederem. Já três de nós, depois de Machado de Assis, no escasso prazo de um ano, desertaram também, levados pela morte, o seio da Companhia. Mas toda a nossa força reside na continuidade moral da nossa missão. Não nos sucedemos apenas: também nos continuamos; mudam-se os nomes, mas fica o ideal que os encadeia:— há de perdurar na Academia, exemplar e consoladora, a memória do Mestre. E há de o tempo morder e devorar esta placa de bronze; e hão de as soalheiras e as chuvas arruinar e aluir esta casa;—mas, se um horroroso cataclismo social não dispersar esta nossa raça, e não aniquilar a língua que falamos, a nossa romaria de hoje terá sido o início de uma glória perpétua.[13]

13. Assim se encerra o texto no jornal: "Realizada esta inauguração, seguiram todas as pessoas que a ela assistiram para o cemitério de S. João Batista, onde depositaram grande quantidade de flores no túmulo do saudoso homem de letras".

Fonte desta edição:

BILAC, Olavo. "Machado de Assis. A comemoração de ontem. O discurso de Olavo Bilac". *Gazeta de Notícias*, Rio de Janeiro, 30 set. 1909, p. 2.

Transcrições:

Jornal do Recife, Recife, 8 out. 1909; "Machado de Assis. Inauguração de uma placa de bronze, comemorativa, na casa em que faleceu o escritor — 29-9-1912 [sic]". In: BILAC, Olavo. *Últimas conferências e discursos*. Rio de Janeiro: Livraria Francisco Alves, 1924, pp. 15-19; *Revista da Academia Brasileira de Letras*, Rio de Janeiro, mar. 1926, n. 51, vol. XX, pp. 226-230; *O Diário*, Belo Horizonte, 14 maio 1939; *Dom Casmurro*, Rio de Janeiro, 20 maio 1939, p. 13; *Roteiro*, São Paulo, 21 jun. 1939; *A Manhã*, "Autores e Livros", Rio de Janeiro, 12 out. 1941, vol. I, p. 156; *Província de São Pedro*, Porto Alegre, mar. 1947, n. 8, pp. 161-3.

Outros textos do autor a respeito de Machado de Assis:

BILAC, Olavo. "Crônica Livre". *O Comércio de São Paulo*, S. Paulo, 20 out. 1895.

BILAC, Olavo. "Livros Novos". *A Cigarra*, Rio de Janeiro, n. 25, 24 out. 1895.

BILAC, Olavo [B.]. "Registro". *A Notícia*, Rio de Janeiro, 26 e 27 nov. 1904, p. 2; Cf. Anexo em: GUIMARÃES, Hélio de Seixas. *Os leitores de Machado de Assis: o romance machadiano e o público de literatura no século 19*. São Paulo: Nankin/ Edusp, 2004; 2ª ed., 2012, pp. 339-400.

BILAC, Olavo. "Registro". *A Notícia*, Rio de Janeiro, 1º out. 1908; *O Pharol*, Juiz de Fora, 4 out. 1908.

BILAC, Olavo. "Crônica", *Gazeta de Notícias*, Rio de Janeiro, 4 out. 1908, p. 5; *Almanaque Brasileiro Garnier*, Rio de Janeiro, 1910, pp. 319-22; *Estante Clássica da Revista de Língua Portuguesa*, vol. II, Machado de Assis. Rio de Janeiro, jan. 1921, pp. 5-9; "Acabara o suplício...". *Dom Casmurro*, Rio de Janeiro, 20 maio 1939, p. 10; *O Diário*, Belo Horizonte, 18 jun. 1939; "A morte piedosa". *A Manhã*, "Autores e Livros", Rio de Janeiro, 28 set. 1941, vol. I, p. 110.

BILAC, Olavo. "Eça e Machado de Assis". Registro. *Dom Casmurro*. Rio de Janeiro, 20 maio 1939, p. 15 [De *A Notícia*, 5 out. 1908].

MACHADO DE ASSIS, PÁGINAS DE SAUDADE
Mário de Alencar

m.a.

MÁRIO Cochrane **DE ALENCAR**
(Rio de Janeiro, Rio de Janeiro,
1872 – Rio de Janeiro, Rio de Janeiro,
1925): Advogado, poeta, jornalista,
contista e romancista. Filho mais novo
de José de Alencar, colaborou em vários
órgãos da imprensa. A amizade com
Machado intensificou-se a partir de
1898, quando Mário passou a frequentar
a redação da *Revista Brasileira*.
Encontravam-se diariamente na Livraria
Garnier e, após a morte de Carolina,
a 20 de outubro de 1904, Mário
de Alencar tornou-se o confidente mais
próximo de Machado. Na Academia
Brasileira de Letras, é o segundo
ocupante da Cadeira número 21,
cujo patrono é Joaquim Serra. Obras:
Lágrimas (1888); *Versos* (1902); *Ode
cívica ao Brasil* (1903); *Dicionário
de rimas* (1906); *Alguns escritos* (1910);
O que tinha de ser (1912); *Se eu fosse
político* (1913); *A Semana* (1914); *Catulo
da Paixão Cearense: sertão em flor* (1919);
Contos e impressões (1920).

Alguns escritos, 1910

omecei a escrever estas páginas algumas horas antes de morrer Machado de Assis; retomei-as um mês depois, e pelo tempo adiante, sem outro pensamento que o de fazer falar a saudade. Vão como saíram, um pouco desconexas, conforme é o caráter delas, de páginas soltas. Não cuidei de escrever sobre a obra do escritor, senão do homem, contando as impressões da nossa convivência de alguns anos. Era inevitável por isso falar também de mim; mas estou que o fiz o estritamente necessário e ninguém achará que pretendi pôr-me em realce à conta da lembrança do meu grande amigo.

28 DE SETEMBRO DE 1908

Venho da casa de Machado de Assis. Lá estive todo o dia de sábado, ontem e hoje, e agora estou sem ânimo de continuar a ver-lhe o sofrimento; tenho receio de assistir ao fim que eu desejo não tarde. Eu, seu amigo e seu admirador grande, desejo que ele morra, mas não tenho coragem de o ver morrer. O meu pensamento está com ele, e escrever sobre ele agora é um modo de acompanhá-lo, de velar carinhosamente a seu lado nos últimos instantes em que possa ainda aquele nobre e alto espírito pousar no frágil corpo trabalhado.

Ele ignora o horrível mal que o vai devastando; porém sofre; e o que ele temia era o sofrimento físico, que anula o valor moral e afeia e entorpece a criatura. Ouvi-lhe uma vez estas palavras acerca de Artur de Oliveira: — Levou tempo a morrer de uma moléstia grave. Uma moléstia grave não se contenta de uma merenda ligeira, à ponta de uma mesa; não, ela quer comer sentada e a fartar, e devagarinho, saboreando.

Não lhe perdoou essa ironia o acaso, mestre ou inimigo de ironias. Era fina e justa a imagem, e a sorte, para mostrar que o era, deu-lhe uma moléstia grave por companheira inseparável dos seus últimos dias. Não bastava que ele sofresse na alma; e eu sei quanto ele sofreu, desde que ficou só no mundo, há cinco anos. Ouvia-lhe as falas íntimas e posso afirmar que lhe fiquei conhecendo a feição de bondade que ele trazia talvez velada para o mundo.

Era essencialmente bom e puro, de uma delicadeza e sensibilidade que não podia, por mais que o quisesse, acomodar-se à rudeza das coisas e dos homens. Essa mesma delicadeza e sensibilidade o fez tímido e aparentemente fraco, a ele que foi um forte. Contradição da natureza, que tão bem se exprimiu no genial humor de toda a sua obra. Os que só conhecerem o escritor não adivinharão o homem, e os que só tiverem lido superficialmente o homem e o escritor entenderão que houve nele duas figuras distintas e opostas, que entretanto não eram nem distintas nem opostas, senão uma só figura, que se velava ou descobria voluntariamente, pelo respeito de si mesma e o receio de não parecer sincera, aos olhos dos outros.

A beleza foi a sua inspiradora e guia, a beleza divina, que é a perfeição moral e plástica; repousada para a atitude que forma a estátua e medida para a eternidade contra a ação do tempo, que é como um vento forte — onde lhe embaraçam o caminho com o excessivo, aí tudo ele abate e destrói. Capaz de ser terno com abundância de coração,

Machado de Assis escondeu no escritor a ternura do homem, e na intimidade do afeto reservava a manifestação do seu sentimento à eloquência do gesto sóbrio. Certa maneira de apertar a mão equivalia nele a um grito de alma; o seu olhar sabia suprir toda a piedade e simpatia que a voz temia dizer, fugindo à ênfase de convenção ou à palavra banal.

Era por instinto e por estudo um elegante na alma e na inteligência. Jamais lhe surpreendi o gosto da maledicência; mais propenso a dizer e pensar o bem que o mal, não o dizia logo, sem a certeza de o dizer acertado, para não desmoralizar o bem que dissesse. Do mal que pensava, todo ou quase todo provinha da suspicácia, própria de um tímido e de um experimentado que sabe discernir e raciocinar o sofrimento.

Tinha o espírito forrado de uma filosofia forte, que lhe dera a própria vida e a cultura. Sabia que o que é, é porque tem de ser. Compreendia a maldade e a bondade, admirava o idealismo da regeneração humana, entendendo a sua inutilidade e ineficácia; não tinha nenhuma forma de religião e admitia e respeitava todas as religiões. Tudo era expressão humana, e não lhe cabia senão olhar e comentar os homens. Não os acusava, reproduzia-os; e à natureza má opunha o sorriso inteligente, que é o gesto adequado à beleza, melhor que as lágrimas indiscretas. Era um puro, nobre e grande artista, superior às modalidades de escolas. Com o decorrer do tempo, agora que vai acabar a presença corpórea do escritor, crescerá a admiração da sua obra e ficará para sempre. Valeu-lhe sobretudo, para a fazer tão igual, um gosto instintivo que, dirigindo-lhe a cultura, na mesma cultura se apurou e se firmou, evitando-lhe o erro em pontos de arte e estilo.

30 DE OUTUBRO DE 1908

É morto Machado de Assis. Morreu há um mês, poucas horas depois de escritas estas linhas com que eu procurava consolar-me da saudade dele. Na manhã seguinte chegou a notícia que eu esperava. A realidade, porém, da morte, posto que prevista, é misteriosa e perturbadora. Tive um grande abalo de coração, e o aspecto daquele querido corpo sem alma entrou-me pelos olhos como a sensação de uma ruína inesperada.

Foi breve o espanto e o atordoamento. A agitação da vida que se faz em torno da morte distrai da visão real. Senti então ainda uma vez como na hora extrema vale a solidariedade humana. Engenhosa combinação de instintos, intuitos, pensamentos e sentimentos é esse aconchego de vivos junto ao corpo que viveu. Em presença da morte nenhum vivo tem a cogitação da sua própria morte. Há uma segurança recíproca de apoio, uma convergência de atenções para o espetáculo que vai findando, e no íntimo de todos fica um estado de consciência de eternidade individual. E a morte alheia, se a não trouxe a surpresa de um acidente ou o contágio de moléstia devastadora, entra na percepção dos assistentes como um ato da mesma vida.

Entre os que assistiam na casa de Machado de Assis e mais lhe recordavam os ditos de espírito, estava Artur Azevedo. Não me pareceu enfermo, nem ele próprio se julgava um enfermo para viver. A presença da morte não lhe acordou o receio de que ele podia ser atingido tão breve. Ele e nós todos víamos o espetáculo, e ficava-nos aquela esperança com que Prometeu velou os olhos humanos para não pressentirem o próprio fim.

Caído o pano, foram-se atenuando as lembranças da cena e confundindo numa vaga ideia de ausência. Até hoje não senti ainda nitidamente a morte de Machado de Assis. Junto ao seu cadáver pousado na sala da Academia, durante alguns momentos em que fiquei sozinho velando-o, eu a cada instante me voltava como a fixar-lhe o vulto vivo que viesse ao meu encontro. Durante o enterro não realizei em espírito que fosse ele quem eu acompanhava para o deixar fechado sob a terra. Agora é menos real que antes o seu acabamento. Fora da certeza da razão, mas ao alcance do meu sentido afetivo, para mim Machado de Assis ainda vive, ausente sim, sem determinação de prazo, mas sem a impossibilidade dolorosa de existir, de reaparecer a meus olhos no conjunto que a natureza lhe deu, animado por aquele espírito que, não sendo da terra, a terra, a contingência, a fragilidade das coisas não pode tocar e extinguir.

Entretanto, a ilusão de ausência temporária não basta para recompor-lhe a figura; não bastam os seus retratos, ainda o que ele tirou há dois anos. Alguma coisa é fugidia, que aparece nas retinas fechadas ao mundo exterior e logo se desfaz, quando procuro fixá-la. É então que eu sinto a distância como é longa e invencível. Assim é do aspecto corpóreo dele, e mais é daquela alma, que ainda em vida poucos entenderiam, escondida que ele a trouxe, de vontade ou por modo de ser superior à vontade. Eu mesmo, que lhe mereci nestes últimos quatro anos tanta confidência das mais íntimas, em horas de sofrimento que não dá ao espírito o vagar e o gosto de vestir-se; eu mesmo não sei se me ficou o conhecimento exato daquela alma esquisita. Nunca a espiei com olhos de observação predisposta; nem é de amigo que se há de esperar essa pesquisa interesseira de segredos reveladores. A amizade é por essência despreocupada de atitudes; e a minha foi de absoluto desinteresse, sem cálculo de nenhuma espécie.

Do nosso primeiro encontro não guardo notícia particular. Era eu ainda menino e já tímido; entretanto a lhaneza e modéstia do homem desvaneceu o embaraço que eu devia sentir na presença do escritor ilustre. Outras vezes que lhe falei, tratou-me sempre com a mesma bondade: e embora eu não lhe frequentasse a companhia, não tive receio de lhe mostrar de uma feita uns versos que hoje sei que não seriam bons. Leu-os complacentemente, fez-me com delicadeza uma observação a respeito da alternância de rimas agudas e graves e animou-me a publicá-los em livro. Não me falava o crítico, nem ele o queria ser, senão a pessoa polida e fina e o mestre condescendente, sem orgulho, que se fazia pequeno para não magoar a pequenez do discípulo. Foi esta feição do homem, mais do que o valor do escritor, que gerou a minha simpatia e respeito. Mais tarde, com o amadurecer da razão, entrei a recear-lhe o julgamento, apesar das suas maneiras delicadas e confiantes, e esquivava-me aos encontros a sós com ele como quem tem a perder em ser ouvido. Admirava o escritor e temia-lhe a observação. Gostava de vê-lo e ouvi-lo nas palestras da *Revista Brasileira*, mas nunca me animei a pedir-lhe intimidade. Esta foi ele que ma deu, afetuosa e completa, inalterada até a sua morte.

Quebrara-lhe o sofrimento de viuvez os hábitos de reserva do espírito, e a solidão criou-lhe a necessidade de alguém que o ouvisse com afeto e lhe entendesse as penas e o confortasse com palavras amigas.

Víamo-nos diariamente; e era hábito seu depois das palestras do Garnier acompanhar-me todas as tardes de bonde até ao largo do Machado. Não raro ia ver-me na Secretaria, durante as horas de folga do trabalho, às vezes antes do trabalho. Aí, como em tudo, notava-se a extrema delicadeza da sua educação. Educação? Feitio de temperamento é que era, que a educação apenas apurou, pois não há disciplina ou estudo que produza aquele misto de finura e de timidez que me espantava a mim, tímido entre os tímidos.

Parece-me estar a vê-lo apontar à porta do salão da Biblioteca da Câmara. Parava indeciso, como que a pedir licença, a pedir desculpa por importunar os raros leitores, que continuavam a ler sem dar pelo visitante ilustre. Entrava pisando pé ante pé, sem fazer ruído, e de longe acenava-me que não fosse ao seu encontro para não chamar a atenção sobre ele. Antes de sentar-se, indagava se não me ia incomodar, interromper o trabalho. O que o levava ali, era às vezes uma preocupação de saúde, uma queixa do seu mal, para achar conforto, às vezes uma impressão de notícias do dia, às vezes coisa nenhuma, o simples gosto de conversar.

A preocupação de saúde era frequente: ou havia os efeitos de um acesso do mal terrível ou a iminência dele. Falava-me como a seu próprio médico, confiando-me tudo, consultando-me sobre minúcias da moléstia e o que havia de dizer ao seu facultativo; e era de uma docilidade, extraordinária num cético, às minhas opiniões e às minhas advertências; deixava-se persuadir e tinha prazer em ficar persuadido.

Custava-lhe mais a resignação ao sofrimento moral, ao abandono em que o deixou a sorte, matando-lhe a companheira de tantos anos. Falava-me com os olhos velados de lágrimas; eu dava-lhe o conforto que podia, em palavras de afeto sincero, e com a habilidade inspirada por esse afeto ia desviando o seu cuidado para a arte, a outra companheira querida de toda a sua vida. Ao cabo via-o sorrir e sentia o seu agradecimento no aperto de mão com que se despedia.

Nas horas de bom humor, os seus comentários sobre as notícias ou artigos de jornais eram, nem podiam deixar de ser, muito interessantes. Não sei de outro leitor mais assíduo de jornais do que foi Machado de Assis; admirava--me que ele tivesse o tempo e o gosto de aplicar a atenção a tanta coisa somenos, sem prejudicar a leitura dos grandes autores e o seu próprio trabalho literário. Concordava em que já devia abster-se deles, mas era um vício de mocidade. O que lhe valia era o método de trabalho e a rapidez com que sabia ler.

Pela manhã, bebido o café, escrevia; depois do banho, lia os seus autores passeando pelo gabinete. Finda a tarefa diária, entregava-se aos jornais antes, durante e depois do almoço e no bonde. Era tempo suficiente para percorrê--los de ponta a ponta, a *Gazeta de Notícias*, o *Correio da Manhã*, o *Jornal do Commercio*, *O País*, o *Diário Oficial* e às quintas-feiras o folhetim do dr. C. de Laet, no *Jornal do Brasil*. Aborrecia, mas não deixava de ler a "Seção Livre" do *Jornal do Commercio*. Dava-lhe tema copioso para o comentário dos homens. A propósito dela, dizia-me como certos costumes e instituições da Europa se modificam e degeneram no nosso meio. O quiosque, estação de jornais, aqui baixara à condição de botequim de última classe. O "comunica-nos" ainda hoje nos jornais ingleses é de rigor sobre assunto público. E comparava o redator do jornal a um senhor que está em sua própria casa.

—Lá na Inglaterra o comunicante bate palmas à porta, é recebido cerimoniosamente como visita que é, dá o seu recado, que o outro escuta com interesse, e retira-se atencioso e agradecido. Aqui a princípio foi mais ou menos assim. Depois veio o abuso. O sujeito já não batia palmas nem pedia licença: mais tarde começou a entrar de chapéu na cabeça, por último nem mesmo se dirigia ao dono da casa; nem já o levava negócio de interesse geral. Tinha que dizer alguma coisa pesada a João Fernandes, e, como a casa do jornal dominava a praça pública e ele podia ser melhor ouvido, lá ia ele, de chapéu no alto da cabeça, armado de bengalão, ou de faca ou de revólver, e sem dar o bom-dia ao redator, atravessava-lhe a sala e da janela entrava a gritar ao João Fernandes: Ó João Fernandes, tu és biltre, és ladrão etc. Quando não ia para a janela namorar uma dama do vizinho.

Era curioso ouvi-lo a exemplificar os vários tipos de comunicantes. Fazia-o com graça, com o humor de espírito fino a que irritava a indiscrição, a falta de gosto, a descompostura dos vários "A pedidos". Ele era um delicado, a discrição em pessoa, a reserva exagerada; e não sei como resistiu tantos anos ao sentimento de repugnância de meio tão adverso ao seu temperamento.

Imagino o que não teria passado na sua vida de funcionário público exemplar. Contava Artur Azevedo que uma vez um interessado em negócio da Secretaria da Indústria procurara Machado de Assis para falar sobre o respectivo papel, pendente de sua informação. Machado de Assis disse-lhe o que julgava e era contrário à petição; a pessoa insistiu e, não se conformando à réplica, discorreu sobre o assunto. Machado de Assis ouviu-o calado e atento e ao cabo ergueu-se, convidou-o a sentar-se à secretária e, quando o viu sentado, delicadamente lhe disse: "O senhor diretor tenha a bondade de lavrar o parecer". Só então o pretendente deu pela sua inconveniência e abalou.

Sem ter o ar distante, ao contrário, sendo afável, de maneiras quase humildes, Machado de Assis opunha um polido embaraço à sem-cerimônia, à exuberância, ao excesso de qualquer natureza no trato pessoal. Desconfiava dos muito amáveis.

Lembro-me agora de uma ocasião em que um velho conhecido seu, dirigindo-se a ele com grandes gestos e palavras de entusiasmo, de mistura com intimidades brasileiras, entrou a louvar-lhe um livro recente. Ele escutava-o com o ar desagradado de quem estivesse a ouvir desaforos. Seguiu o homem o seu caminho, e eu, que notara a sinceridade do louvor, disse a Machado a minha impressão, curioso de entender a sua. Explicou-a numa palavra:

— É um sujeito derramado. Faz-me mal aos nervos.

O *derramado*, realmente, definia o homem e o contraste dos temperamentos.

Compreendendo a sua suspicácia, creio que jamais o desagradei pessoalmente, e a isso atribuo o haver mantido inteira a confiança dele e a afeição que me tinha. Essa afeição surpreendia-me às vezes, como em regra me surpreendem todas as afeições que tenho a ventura de merecer. Analiso-as, busco-lhes a razão de origem, não acho em mim qualidades que as valham, e acabo sempre receando perdê-las, porque as tenho como mera generosidade de bons corações iludidos por impressão passageira. A que ele me tinha cheguei a concluir que nascera da afinidade do meu temperamento com o seu na feição principal da timidez doentia. Não alimentei o engano presunçoso de uma afinidade intelectual; posto que me acercasse dele a princípio por admiração do escritor e, aprendendo com ele, afeiçoasse o meu gosto ao seu, pareceu-me sempre que não era o atrativo literário que ele buscava na minha conversa. Eu era apenas um interlocutor pronto a escutá--lo com amizade inteligente, capaz de interromper-lhe a solidão moral, dolorosa. E a esse benefício que eu lhe dava retribuía-me com todo o seu coração agradecido.

O próprio fato da minha candidatura à Academia Brasileira, é assim que eu o explico, por um movimento de amizade generosa.

Tendo assistido aos preliminares da fundação da Academia, não me ocorrera nem o desejo nem a ideia de associar-me a ela. Resolvida a fundação, propositadamente me ausentei do escritório da *Revista Brasileira*, onde se reuniam os fundadores, e não estranhei, não demorei o espírito um momento em notar que não se tivessem lembrado de mim. Julgava-me, como ainda hoje, um aprendiz de literatura, com muitas esperanças, a cada passo abaladas e quase desfeitas pela dúvida de mim mesmo. A responsabilidade individual me era já pesada; e o meu amor-próprio sofria da desproporção dos meus esforços com a minha escassa produção, fragmentada, interrompida e imperfeita. Consciente do que ela valia, eu estava isento de suscetibilidades e pude sem constrangimento voltar a ser assíduo à *Revista Brasileira* e assistir, então e mais tarde, como camarada, aos trabalhos da Academia. A minha atitude não denunciava o interesse de aproveitar a simpatia pessoal que me dispensavam quase que todos os acadêmicos. E, assim, passei alguns anos e passaria o resto de minha vida, sem pretender um lugar nessa associação, a que me honro hoje de pertencer.

No dia em que faleceu José do Patrocínio, conversávamos como de costume, no Garnier, e eu, tendo lido a notícia, disse naturalmente, lamentando a morte do escritor: mais uma vaga na Academia! Retirando-nos pouco depois, Machado de Assis perguntou-me: — Por que não se apresenta candidato? — A quê, senhor Machado? — À Academia. — Eu? À Academia?

O meu espanto deixou-me aturdido. Não lhe entendia a pergunta nem a intenção. Zombaria não era, porque o seu ar não era zombeteiro nem eu lhe merecia a desafeição de uma ironia. Cuidei que ele houvesse interpretado a minha frase como a expressão disfarçada de um antigo desejo. Disse-lhe, então, claramente que não desejava pertencer à Academia, posto que a prezasse muito. Não possuía uma obra que me qualificasse dignamente para candidato. Não faltariam outros mais capazes. E acrescia a razão principal da minha timidez, que não suportava a responsabilidade de uma obra futura, à qual eu me obrigaria solicitando um lugar entre os homens de letras de maior renome. Respondeu-me que essa razão, ao contrário, aconselhava a apresentar-me. Como tímido que era, sabia o valor dessa responsabilidade, que eu precisava contrair para vencer pelo trabalho a dúvida do meu espírito.

Teimei na recusa. Mas o meu bom amigo não se deixou convencer das minhas alegações, e durante dois meses insistiu comigo. Ia terminar o prazo da inscrição e eu contava com o esquecimento dele para esquivar-me à obrigação penosa. Na manhã do último dia, porém, Machado de Assis foi à Secretaria do Interior, onde eu trabalhava, e interpelou-me sobre aquele assunto. Quis recusar ainda, mas a sua fisionomia revelou-me o seu desgosto, e nas suas palavras senti um pouco de irritação. Receei magoá-lo e declarei-lhe que me apresentava, mas que ele teria a responsabilidade do futuro acadêmico. Advertiu-me ainda que era o último dia da inscrição, e saiu com a promessa de receber à tarde a minha carta de apresentação. Horas depois apareceu-me o nosso amigo João Ribeiro, a quem ele, desconfiado da minha palavra, pedira que me obtivesse a carta.

Assim me apresentei candidato à Academia, para sofrer, com a minha eleição, a sinceridade de tanta gente que me negou tudo, amesquinhando-me a produção literária. Essa crítica não me doeu, pois não me dizia mal que eu já não sentisse. Quem mais se magoou dela foi o meu saudoso amigo e ouvi-lhe então palavras de espontâneo conforto. Ele, em verdade, era o culpado de me terem eleito acadêmico; e estou certo ainda agora de que o foi por fraqueza, por bondade de coração. Se houvesse subordinado a escolha ao juízo do seu espírito justo e esclarecido, estou certo de que lhe bastaria qualquer dos outros candidatos. A sua preferência obedeceu a um impulso de alma boa: e supondo fazer-me bem, e servir num certo sentido à corporação que prezava muito, quebrou a sua reserva habitual, venceu a sua timidez e — caso sem exemplo em toda sua vida — fez-se até cabalista eleitoral na Academia.

Haverá quem me argua de vaidoso no recordar esse ato de Machado de Assis. Havia motivo para o ser, mas se o lembrei foi no puro intento de revelar a sua feição menos conhecida: a capacidade afetiva do seu coração, sensível e grato às demonstrações da amizade.

Memorial de Aires, o último livro dele, tem muito de autobiográfico, e é talvez por isso o único dos seus livros em que a observação do romancista reduziu ao mínimo a maldade do mundo. O seu sentimento pessoal está repartido entre Aires e Aguiar; e a esposa deste, d. Carmo, é a reprodução da companheira querida da sua existência.

Não era difícil reconhecê-lo aos íntimos da casa ou a quem tivesse merecido de Machado de Assis as confidências do seu coração viúvo. A saudade da esposa era nele intensa e viva, e durou até o último instante do seu espírito.

Costumava repetir-me o que ouvira a uma amiga de d. Carolina, que era desejo dela sobreviver ao marido. A abnegação deste sentimento ele a compreendia em toda a sua extensão, e contando-o tinha sempre os olhos molhados de lágrimas.

Continuava na viuvez a existência de casado, com os mesmos hábitos, como se a pessoa dela presidisse ainda ao governo da casa. Ajudava a ilusão, no que respeitava ao arranjo material, a inteligente dedicação de uma criada antiga. Não se deslocou um móvel em toda a casa; nos aposentos da morta a toalete e o lavatório ficaram sempre como eram ao tempo dela, com as toalhas e panos bordados ou feitos por suas mãos: na sala de jantar estava no mesmo sítio a cadeira de balanço de dois assentos opostos, na qual os dois velhos, como o casal Aguiar, passavam conversando as horas do convívio a sós: e à mesa a boa criada teve o cuidado de dispor os pratos de modo a parecer que a dona ainda ocupava o seu lugar à cabeceira; Machado de Assis teve no primeiro momento uma forte emoção, entendeu a delicadeza da criada e ficou-lhe grato. Ela efetivamente obedecia ainda às ordens e às normas da dona ausente, e prevalecia-se disso para vencer alguma relutância do escritor ao regímen que a senhora estabelecera por higiene dele. Machado de Assis aborrecia o leite, mas a senhora conseguira carinhosamente substituí-lo ao chá da noite, de que ele gostava e abusava. Esse hábito continuou, porque a criada lho foi dar à primeira noite, lembrando que era como queria a sua ama.

E, assim, tudo o mais na casa, tudo ali procurava disfarçar a solidão que deixara a ausência insuprível da dona. O mesmo exemplar de *Esaú e Jacó* que ela começara a ler e interrompera ao piorar a moléstia era conservado como relíquia, com a marca na página interrompida.

A alma religiosa de Machado de Assis achara, enfim, na dor da saudade a forma de uma religião. Os quatro anos últimos da sua vida foram dedicados ao culto da esposa. Ignoro se rezava, mas valia a melhor das orações a concentração do seu espírito nas primeiras horas do domingo que ele passava junto ao túmulo querido. Não havia mau tempo que o demovesse da piedosa visita semanal; voltava aliviado, como os crentes depois de ouvida a missa. Vivia em seu coração a imagem da companheira morta, e era natural que ela vivesse também na sua obra literária.

O primeiro livro que publicou então, *Relíquias de Casa Velha*, coleção de páginas antigas, trouxe a dedicatória deliciosa, que vem a propósito reproduzir:

CAROLINA

Querida, ao pé do leito derradeiro
Em que descansas dessa longa vida,
Aqui venho e virei, pobre querida,
Trazer-te o coração do companheiro.

Pulsa-lhe aquele afeto verdadeiro
Que, a despeito de toda a humana lida,
Fez a nossa existência apetecida
E num recanto pôs um mundo inteiro.

Trago-te flores, — restos arrancados
Da terra que nos viu passar unidos
E ora mortos nos deixa e separados.

Que eu, se tenho nos olhos malferidos
Pensamentos de vida formulados,
São pensamentos idos e vividos.

No outro livro, *Memorial de Aires*, todo escrito durante a viuvez, era ela a principal figura, como era a principal preocupação da alma do escritor.

Tive notícia do livro antes de ser entregue ao prelo. Era a primeira exceção à demasiada reserva com que de todos ocultava os seus projetos literários. É que ele pressentia a morte e receava não acabar o trabalho ou, acabando, não poder revê-lo. Confiava neste último caso o cuidado de revisão aos seus amigos José Veríssimo, Graça Aranha, Magalhães de Azeredo (se aqui estivesse) e a mim. Chegou-lhe a vida para rever as provas; reviu-as, e não sei com que pensamento, deu-mas para ler. Era a maior prova da sua afeição e estima, e aqui, sim, dizendo-o, eu cedo a um movimento de justo orgulho e satisfação. Devolvi-lhas com uma carta a que ele respondeu com esta, de 22 de dezembro de 1907:

Meu querido amigo,

Confiando-lhe a leitura do meu próximo livro, antes de ninguém, correspondi ao sentimento de simpatia que sempre me manifestou, e em mim sempre existiu sem quebra ou interrupção de um dia; não há que agradecer este ato. Queria a impressão direta e primeira do seu espírito culto, embora certo de que aquele mesmo sentimento o predispunha à boa vontade.

Assim foi; a carta que me mandou respira toda um entusiasmo que estava longe de merecer, mas é sincera, e mostrou que me leu com alma. Foi também por isso que achou o modelo íntimo de uma das pessoas do livro, que eu busquei fazer completa, sem designação particular, nem outra evidência que a da verdade humana.

Repito o que lhe disse verbalmente, meu querido Mário; creio que este será o último livro; faltam-me forças e olhos para outros; além disso, o tempo é escasso, e o trabalho, lento. Vou devolver as provas ao editor e aguardar a publicação do meu *Memorial de Aires*.

Adeus, meu querido Mário, ainda uma vez agradeço a sua boa amizade ao pobre e velho amigo. Machado de Assis.

Em outra carta, de 8 de fevereiro de 1908, escrevia-me para a Tijuca, onde eu permanecia de verão:

[...] sobre o meu livro, nada; talvez na semana próxima venha resposta, e diz o Lansac que, provavelmente, o livro chegará em meado de março; espero. Aproveito a ocasião para lhe recomendar muito que, a respeito do modelo de Carmo, nada confie a ninguém; fica entre nós dois. Aqui há dias uma senhora e um rapaz disseram-me ter ouvido que eu estava publicando um livro; ele emendou para escrevendo; eu neguei uma e outra coisa. Pouco antes, em um grupo no Garnier, perguntando-me alguém se tinha alguma coisa no prelo, outro alguém respondeu: "Tem, tem...". Podia ser conjetura, mas podia também ser notícia. Talvez não valha a pena tanto silêncio da parte do autor.

Podia parecer que fora eu o divulgador da notícia do livro, disse-lhe afirmando o meu silêncio a respeito da publicação. Escreveu-me então em outra carta:

Esta (a minha carta) é quase toda de explicações e mostra a impressão que lhe deu a minha acerca do *Memorial de Aires*. Agradeço-lhas, mas não valia a pena, já porque a divulgação não viria de sua parte, já porque, dado viesse, seria ainda um sinal da afeição que me tem. Não, meu querido Mário, o que lhe contei na última carta fi-lo por lhe confiar estes incidentes, e foi bem que o fizesse, visto o que me recordou agora desde a minha resposta ao Pinheiro Machado, até às confidências ao Graça e ao José Veríssimo. Quer saber? Na mesma data da sua carta (20) comuniquei ao José Veríssimo a notícia do livro, como se fosse inteiramente nova; é certo que ele não se deu por achado. Acrescentei-lhe a primeira ideia de confiar aos quatro (o Magalhães de Azeredo não podia entrar por estar em Roma) a publicação de manuscrito, caso eu viesse a falecer. Repita tudo isso consigo e diga-me se há nada mais indiscreto que um autor, ainda quase septuagenário como eu. E diga-me também, pois que leu as provas, se o livro vale tantas cautelas e resguardos.

Chegou-lhe ainda a vida para receber e reler o livro, e ouvir a impressão do público. Perdurava, entretanto, o pressentimento da morte próxima, e tinha agora em que fundá-lo, pois, além do seu mal antigo, vieram outros e graves que lhe amarguraram muito os três últimos meses. Sofria sempre, e a ponto que já se deixava ficar em casa, durante o dia; e isto era um real sacrifício para ele que fugia à solidão e ao silêncio.

Costumava então repetir a sós, e às vezes recitava-mo, o "Mal secreto" de Raimundo Correia. Quadrava o sentimento dos versos ao estado do seu espírito; e ouvi-lhe que era um dos sonetos mais belos da língua portuguesa. Compreendia-o agora como era verdadeiro e profundo.

Tudo conspirava contra ele no final da vida; a moléstia fazia maior a solidão e, obrigado a permanecer em casa, sentia-se num meio hostil, porque a antiga empregada já o havia deixado e as novas ele desconfiava delas, e não se resolvia a agir com receio de que fosse pior. O refúgio do espírito também lhe começava a faltar. Previa não ter força para um novo trabalho, nem o estímulo, pois em torno do seu livro se fazia um silêncio ingrato na imprensa. Eu procurava reanimá-lo, e inventava razões para explicar a falta de apreciação ou mesmo de notícias sobre o *Memorial de Aires*. Com as minhas palavras levava-lhe algum consolo. Escrevia-me em 20 de julho:

> Muito obrigado também pelo que me diz do livro. Aguardo o seu artigo amanhã; não escrevo mais por causa dos olhos, mas, sempre há vista para acrescentar que os seus carinhos me vão animando neste final de vida.

Em outra carta de 1º de agosto:

> Muito obrigado pelas boas novas. Vou ler o artigo do Alcindo e escrevo esta para não demorar a resposta. Folgo de saber o que o Félix e o João Luso lhe disseram, e ainda bem que o livro agrada. Como é definitivamente o meu último, não quisera declínio. O seu cuidado, porém, mandando uma boa palavra a esta solidão é um realce mais e fala ao coração.

Por esse tempo, agravando-se-lhe o mal, faltava-me o ânimo de ir mais frequentemente visitá-lo. Mas ia vê-lo sempre que podia, e Deus sabe com que angústia de espírito, com que pavor doentio, próprio dos meus nervos e de quem já o assistira em crises agudas, que pareciam trazer o desfecho daquela vida preciosa. Machado de Assis conhecia o meu estado e entendia que o meu interesse de amigo fora permanecer o maior tempo possível a seu lado, se mo permitira a saúde. Quando não ia vê-lo ou não o tinha visto na cidade, visitava-o por carta. Alguns trechos dos seus bilhetes de resposta são muito significativos: "Estou passando a noite a jogar paciências; o dia passei-o a reler a 'Oração sobre a Acrópole' e um livro de Schopenhauer". "Meu querido amigo, hoje à tarde reli uma página da biografia de Flaubert; achei a mesma solidão e tristeza, e até o mesmo mal, como sabe, o outro...". "Aqui estou em silêncio, e a sua carta valeu por gente...".

Um dos seus grandes sentimentos, nesses últimos dias, foi o que ele próprio chamou, no *Memorial*, de *orfandade às avessas*. Chegava a não entender mais o pensamento derradeiro de Brás Cubas, e tinha saudade dos filhos que não tivera. Sentia, e não se vexava de confessá-lo, inveja de quem os havia, não importava em que número. O essencial, o bom era tê-los, para a animação e consolo da vida, particularmente da de um solitário como ele de alma e corpo. Amava as crianças, e há páginas que o revelam no *Memorial*, posto que sabia que também a maldade se aninha ou já vem formada no coração das crianças. O que em outra época lhe havia merecido a crítica parecia-lhe agora desculpável e amável. Era de ver o gosto com que acariciava os pequeninos. Sei que fazem sofrer os pais, dizia-me, mas o bem que dão compensa todos os sacrifícios. E escrevia-me que os carinhos de mãe, esposa e filhos eram o melhor viático para a saúde.

Tinha razão e não tinha. Nada é absoluto, e eu refletia sem dizer-lho, que os filhos, se podiam, se haviam de ser o consolo da sua velhice, podiam ter sido um tropeço ao escritor nos primeiros tempos de sua vida. Penso que sim. Ele fora feliz, relativamente feliz, durante trinta e poucos anos de casado. Era modesto, a esposa também, e os recursos do emprego chegavam para assegurar o ambiente confortável em que ele veio compondo as suas obras. Que fora, porém, se a natureza lhe desse pouco depois do casamento a alegria turbulenta dos filhos? Como o pai, doente e apreensivo, suportaria os pavores das moléstias dos pequeninos e cuidaria do futuro deles? E como havia de aumentar os recursos da subsistência? Seria um pai carinhoso e dedicado e acrescentaria os seus bens para alimentá-los e educá-los; mas o escritor seria vencido e sacrificado pelo pai, e a literatura brasileira não possuiria talvez as melhores obras que ele deixou, concebidas e escritas com o vagar e o amor da arte, num meio tranquilo, no qual a presença da esposa inteligente serviu de abrigo contra todas as importunações e embaraços da vida material.

Sim, foi um bem para ele não ter sido pai. No momento em que os filhos lhe deviam ser indispensáveis, houve carinhosas criaturas que lhes supriram a falta. Fui testemunha da ternura filial com que o acompanharam, durante a moléstia, velando-o dia e noite. Não lhe faltavam também os amigos, e às últimas horas vieram outros, novos e velhos, e o seu enterro foi uma glorificação.

Ele não podia, caso houvesse orgulho excessivo, prever que deixaria assim a vida. Se o pudesse, não sei se acharia ainda aí o contentamento do espírito. A suspicácia roera-lhe a carne; e a observação do mundo, com aqueles olhos agudos de romancista, tirara-lhe o prazer da ilusão. Ele discerniria, antecipando o tempo, na multidão dos homens os traços humanos que os diferenciam, os gestos que inculcam a natureza do sentimento, as palavras que traem as intenções; mas, que nós outros não discernimos nem analisamos, nem comparamos, nem entendemos, e por isso nos contentam e nos bastam para a alegria de viver. E ainda bem que é assim. Para que distinguir o mau do bom? E onde há o mau e onde há o bom, distintamente? A vida é já em si mesma o sofrimento; é um fruto amargo, a que a continuidade do hábito faz esquecer o amargor; e o amargor que se não sente é como se fosse doce. Felizes os que o gostam sem a curiosidade de achar-lhe o travo. Machado de Assis não teve essa ventura; provou-o até ao fim, adivinhando-o e criando-o onde ele podia deixar de estar. Valeu-lhe isso a glória, é certo; mas o que me está na lembrança é o homem, e eu vacilo em ambicionar tamanha glória em troca do que ela lhe valeu. Ao pé da morte, doía-lhe a saudade da vida e ele não tinha coragem de viver. Não sentia a dúvida de Hamlet; não tinha as afeições que justificassem o gosto do sofrimento; mas faltava-lhe o essencial, que o seu gênio ajudou a perder para sempre, a doce ilusão, que vive de esperança e de sonho, a boa ilusão que faz amar os homens, que faz prezar a vida, absolutamente, como um dom dos deuses e a serviço dos deuses.

Fonte desta edição:
ALENCAR, Mário de. "Machado de Assis: páginas de saudade". In: *Alguns escritos*. Rio de Janeiro: Garnier, 1910, pp. 28-53; Rio de Janeiro: Ministério da Cultura, Fundação Casa de Rui Barbosa, 1995.
Transcrições:
ALENCAR, Mário de. "Machado de Assis: páginas de saudade", *Almanaque Brasileiro Garnier*, Rio de Janeiro, 1911, pp. 203-16; *Biblioteca Internacional de Obras Célebres*, s.d., vol. xx, pp. 10136-51; *Revista Brasileira*, seção Guardados da Memória, Rio de Janeiro, fase VII, ano XIV, n. 55, pp. 323-40, abr.-maio-jun. 2008.

Outros textos do autor a respeito de Machado de Assis:

ALENCAR, Mário de. "Esaú e Jacó". *Jornal do Commercio*, Rio de Janeiro, 2 out. 1904 [datado de 27 de agosto de 1904]; In: MACHADO, Ubiratan. *Machado de Assis: roteiro da consagração*. Rio de Janeiro: Eduerj, 2003, pp. 263-70.

ALENCAR, Mário de. "Memorial de Aires", *Jornal do Commercio*, 24 jul. 1908; In: MACHADO, Ubiratan. *Machado de Assis: roteiro da consagração*. cit., pp. 285-90.

ALENCAR, Mário de. "Advertência". In: ASSIS, Machado de. *Teatro*. Edição coligida por Mário de Alencar. Rio de Janeiro, Paris, H. Garnier, Livreiro-Editor, [Rio, dezembro de 1909] 1910, pp. 7-13.

ALENCAR, Mário de. "Advertência". In: ASSIS, Machado de. *Crítica*. Edição coligida por Mário de Alencar. Rio de Janeiro, Paris, Livraria Garnier, s.d. [Rio, 2 de fevereiro de 1910], pp. 1-5.

ALENCAR, Mário de. *Alguns escritos*. Rio de Janeiro: Garnier, 1910; Rio de Janeiro: Fundação Casa de Rui Barbosa, 1995. Demais capítulos do livro, além de "Machado de Assis: páginas de saudade": "Discurso de recepção, na Academia Brasileira", "*Esaú e Jacó*, por Machado de Assis", "*Memorial de Aires*, por Machado de Assis", "Capistrano de Abreu", "*Poesias*, de Alberto de Oliveira", "Páginas da *Gazeta de Notícias*", "Páginas d'A Imprensa".

ALENCAR, Mário de. "Machado de Assis". *O Imparcial*, Rio de Janeiro, 29 set. 1913; Transcrições: "Machado de Assis". In: CARVALHO, José Lopes Pereira de. *Os membros da Academia Brasileira em 1915*. Rio de Janeiro: Oficinas Graf. da Liga Marítima Brasileira, 1916, pp. 359-62; *Revista da Academia Brasileira de Letras*, Rio de Janeiro, abr. 1933, n. 136, vol. XLI, pp. 417-21; *Dom Casmurro*, Rio de Janeiro, 20 maio 1939; *O Diário*, Belo Horizonte, 4 jun. 1939; *A Manhã*, "Autores e Livros", Rio de Janeiro, 28 set. 1941, vol. I, p. 106.

ALENCAR, Mário de. "Advertência". In: ASSIS, Machado de. *A Semana*. Edição coligida por Mário de Alencar. Rio de Janeiro, Paris, Livraria Garnier [1914], pp. V-X.

ALENCAR, Mário de. "O homem em Machado de Assis". *O Diário*, Belo Horizonte, 4 jun. 1939.

A GENTE DO *DIÁRIO DO RIO:* COISAS DO MEU TEMPO
Salvador de Mendonça

s.m.

SALVADOR DE Meneses Drummond Furtado de **MENDONÇA** (Itaboraí, Rio de Janeiro, 1841 – Rio de Janeiro, Rio de Janeiro, 1913): Poeta, romancista, contista, teatrólogo, tradutor, diplomata. Um dos fundadores da Academia Brasileira de Letras, criou a Cadeira número 20, cujo patrono é Joaquim Manuel de Macedo. Foi amigo e correspondente de Machado de Assis desde a juventude. Fundou, dirigiu e colaborou com vários periódicos, entre eles *Revista Mensal do Ensaio Filosófico Paulistano*, *A Legenda*, *Diário do Rio de Janeiro*, *Jornal do Commercio*, *O Ipiranga* e *A República*. Nos últimos anos de vida, cego, escreveu artigos para *O Imparcial* e *O Século*, comentando a diplomacia brasileira e recapitulando a sua própria carreira em Washington. Estão entre suas publicações: *Singairu*, poesia (1859); *O romance de um moço rico*, teatro (1860); *A herança*, teatro (1861); "A verdade democrática", capítulo do Manifesto de 1870; *Marabá*, romance (1875); *Imigração chinesa* (1881); *Coisas do meu tempo* (1913).

O Imparcial, 1913

Desde os artigos em estilo bíblico de Saldanha Marinho, verdadeiras clavas que fendiam a armadura do contendor, até às crônicas em verso de Machado de Assis, leves e graciosas como borboletas; desde os editoriais políticos, bem deduzidos e argumentados, de Quintino Bocaiuva, até aos folhetins de crítica, literária e artística de Henrique César Muzzio, nem sempre justa, mas sempre elegante na forma, dispunha o *Diário do Rio de Janeiro* de quatro redatores de mão cheia, lutadores intemeratos, firmes na sua fé e na probidade profissional que, de princípio a fim, os manteve na linha da vanguarda, a disputarem nos lances mais arriscados a vitória de seus princípios.

Nesse tempo, há bem meio século, a imprensa diária não era a alta escola de hoje: não havia propriamente redatores especiais, nem secretários de redação. Já não era mau, quando a gerência econômica da casa não subia até à mesa de algum redator para tomar-lhe o tempo. Nessa época, todos faziam tudo, desde o editorial até o arranjo da algaravia dos anúncios levados ao balcão.

Na redação do *Diário do Rio de Janeiro*, havia, além dos quatro redatores mencionados, outros extranumerários e acidentais. Francisco Pinheiro Guimarães, já ilustre nas letras dramáticas com as suas composições *História de uma moça rica* e *A punição*, e nas letras médicas, antes de ainda mais enaltecer seu nome na campanha do Paraguai, donde voltou general, por feitos militares, oscilava entre as redações do *Diário* e do *Correio Mercantil*, sem atribuições conhecidas e certas, mas escrevendo para ambas as folhas, às vezes tanto como qualquer dos seus redatores de número. Aludindo a isto, disse-lhe um dia Quintino: "Chico, você já escreveu acerca das *Funções do fígado*, mas ainda não o fez acerca das funções do baço que aqui desempenha".

Outro extranumerário era o meu velho amigo Francisco Ramos Paes, secretário-geral do Grande Oriente Maçônico ao Vale dos Beneditinos, cujo grão-mestre era Saldanha Marinho. Era rara a noite em que não assinava o ponto na redação da folha. Além destes, e menos frequentes, apareciam ali o exilado francês Charles Ribeyrolles e Remígio de Senna Pereira, redator de uma folha de Petrópolis, por cuja existência respondia, e que, de fato, pertencia a Augusto Emílio Zaluar, de inesquecível memória para os estudantes de São Paulo de 1860. Zaluar saíra do Rio de Janeiro por terra, não para ganhar o prêmio de andarilho, mas bem montado, percorrendo as localidades do interior, de fazenda em fazenda, a angariar assinaturas para a sua folha petropolitana. Ao chegar a São Paulo, tinha ele comprida lista de assinantes, quase todos *remidos*. Nisto consistia a originalidade do plano que o vi explicar a Luís Barbosa da Silva, então quintanista.

O assinante pagava de uma vez, creio que quinhentos mil réis, e tornava-se remido, isto é, não pagava mais nada e recebia a folha enquanto fosse vivo.

Luís Barbosa, com a graça natural de que era dotado, respondeu-lhe: "Pois bem, Zaluar: aqui tem você os quinhentos mil réis; mas há de ser com a condição de suspender essa ameaça de ter sempre atrás de mim essa folha. Imagine que para o ano pretendo viajar: chego ao Rio para arrumar as malas e a sua folha atrás de mim, da fazenda para a corte; desembarco em Lisboa, sigo para Paris, pretendo ir ao Oriente, e o seu jornal sempre a perseguir-me. Não, Zaluar, com isso é que eu não posso". A folha inocente a ninguém perseguiu, mas o redator, atrás de assinantes, criou, na gíria da Pauliceia, o verbo *zaluar*, isto é, ser muito frequente.

Aqui no Rio, mudou-se-lhe a significação do nome, que aliás assinou belas páginas de prosa e de verso, em *Zé-luar*.

Muzzio e Machado de Assis andavam sempre de ponta um com o outro por mera divergência de opiniões artísticas ou literárias, e perseguiam-se mutuamente em coisas mínimas, sem se descobrirem. Um dia era o cachenê de cores de Machado de Assis, que era trocado por outro de lã preta, com dístico preso por um alfinete e em letra disfarçada: "Quem anda de luto não deve usar cachenê de cor". Machado de Assis não estava de luto, mas andava nesse tempo sempre de preto e de chapéu alto. Outro dia era o chapéu alto de seda preta de Muzzio, que era trocado na sala da redação por uma cartola cinzenta de pelo comprido, com o competente dístico: "Para dizer com as barbas". Muzzio tinha suíças grisalhas. De outra vez, depois que Machado de Assis traduzira a poesia "O escravo" da "Décima musa", em que havia o verso "Um infeliz que te implora",[14] era logo este dístico no chapéu alto do Machadinho: "Um infeliz catimplora".

Machado de Assis não consentia em ser suplantado. Era bastante segui-lo para poder observar as trilhas curiosas que tomava a sua malícia. Os rapazes de imprensa desse tempo tinham como primeiro almoço a clássica xícara de café com leite e o pãozinho quente com manteiga do antigo Carceller. Machado de Assis, à hora dele conhecida, em que o Muzzio ia almoçar ao fundo da sala, perto do balcão, depois de vê-lo entrar, sentava-se junto da porta, tomava o seu café com pão, e pagava sempre um mil réis, quinhentos réis pelo seu e os outros quinhentos réis pelo

14. O poema, publicado em *Crisálidas* (1864), é "Cleópatra. Canto de um escravo", de Mme. Emile de Girardin, e o verso: "Um feliz que te implora".

do Muzzio, com a recomendação de dizer ao caixeiro do fundo da sala que o outro café estava pago, mas pedindo-lhe que não dissesse nunca quem o pagava. Muzzio esteve durante mais de mês ansioso por descobrir de quem provinha a liberalidade, e como visse por acaso sair o Machadinho, escreveu-lhe, na sua mesa da redação, na primeira tira em branco que ali achou, o seguinte: "Se você paga-me outro café, apanha!".

Ora, o Machadinho não era para brigas, e daí em diante o Muzzio pôde pagar o seu primeiro almoço.

Mais tarde, com a subida do Partido Liberal, Quintino Bocaiuva foi em comissão aos Estados Unidos; Saldanha Marinho foi nomeado presidente de Minas e depois de São Paulo, e para ambos os cargos levou Henrique César Muzzio como secretário. Machado de Assis entrou para a Secretaria da Agricultura.

Saldanha Marinho foi encontrar-me quartanista em São Paulo e redator do órgão do Centro Liberal da Província, *O Ipiranga*. Cultivamos a velha amizade, ajudei-o na imprensa em tudo quanto pude. Tendo-me mandado chamar no dia da chegada para conversarmos, na noite desse mesmo dia, das dez às duas, assentou ele o seu programa, para o qual lhe dei duas ideias: Primeira, aproveitar os capitais acumulados pela produção do café, para dar a essa zona estradas de ferro, facilitando a exportação e despertando a iniciativa particular, que estava latente e devia mais tarde realizar todos os milagres de progresso que temos testemunhado: seguiu-se a reunião de Campinas de que saiu a Companhia Paulista. Segunda, não fazer a política dos partidos monárquicos, mas fazer justiça a todos, sem discriminação de amigos ou adversários: nasceu daí o partido Republicano Paulista, composto indiscriminadamente de liberais e de conservadores.

Hoje, com exceção apenas do velho Francisco Paes, um dos nossos melhores bibliófilos, toda essa gente está morta. Vi o Machadinho e o Muzzio despedirem-se saudosos, quando o segundo embarcou para a Europa. O Muzzio lá dorme no Père Lachaise em Paris, onde o sepultou mão carinhosa, e o Machadinho em São João Batista des-

ta cidade, para onde o levou, em verdadeira apoteose, uma quinta parte da nossa população.[15]

A própria casa do *Diário do Rio de Janeiro* desse período, o antigo número 84 da rua do Rosário, desapareceu ao cortarem a avenida Central.

Fonte desta edição:

MENDONÇA, Salvador de. "A gente do *Diário do Rio*: coisas do meu tempo". *O Imparcial*, Rio de Janeiro, 23 mar. 1913, p. 2.

Outros textos do autor a respeito de Machado de Assis:

MENDONÇA, Salvador de. "O Barbeiro de Sevilha — Epístola a Machado de Assis". *Diário do Rio de Janeiro*, Rio de Janeiro, 9 set. 1866. Carta datada de 8 de setembro de 1866.

MENDONÇA, Salvador de. "O Rossi (Carta a F. Otaviano)". *A República*, Rio de Janeiro, 20 jun. 1871; *A Reforma*, Rio de Janeiro, 23 jun. 1871.

MENDONÇA, Salvador de. "O Rossi — Carta a F. Otaviano". *A Republica*, Rio de Janeiro, 8 jul. 1871.

MENDONÇA, Salvador de. "O Rossi — Carta a Machado de Assis". *A República*, Rio de Janeiro, 27 jul. 1871; *Jornal da Tarde*, Rio de Janeiro, 27 jul. 1871.

[MENDONÇA, Salvador de]. "Americanas". *O Novo Mundo*, New York, ago. 1876, vol. IV.

MENDONÇA, Salvador de. "A véspera do Capitólio" [Poema, 1905]. *Renascença, Revista Mensal de Letras, Ciências e Artes*, ano II, n. 18, ago. 1905, pp. 65-6; pp. 213-5; "O carvalho de Tasso e Machado de Assis". In: ARANHA, Graça. *Machado de Assis e Joaquim Nabuco. Comentários e notas à correspondência entre esses dois escritores.* São Paulo: Monteiro Lobato & Cia., 1923, pp. 213-5; *Revista da Academia Brasileira de Letras*, "Homenagem a Machado de Assis" [Carta de Joaquim Nabuco, Discurso de Graça Aranha, Poemas de Alberto de Oliveira e de Salvador de Mendonça e Texto de Sousa Bandeira], Rio de Janeiro, ano XVI, n. 43, vol. XVIII, jul. 1925, pp. 566-8.

15. Em 1999, os restos mortais de Machado de Assis e os de Carolina Xavier de Novais foram transferidos do jazigo da família para o mausoléu da Academia Brasileira de Letras, no cemitério de São João Batista, em Botafogo, no Rio de Janeiro.

MENDONÇA, Salvador de. "Memorial de Aires" [Carta a Machado
de Assis, Gávea, 1º de setembro de 1908]. *Jornal do Commercio*,
Rio de Janeiro, 6 set. 1908, p.1; "Salvador de Mendonça
a Machado de Assis". *Gutenberg*, Maceió, 13 out. 1908; Excerto,
vertido para o francês, in: *Machado de Assis et son œuvre
littéraire*. Paris, Louis-Michaud, [1909], pp.147-8; "Memorial
de Aires". *Revista da Academia Brasileira de Letras*, Rio de Janeiro,
mar. 1921, n.17, vol. ix, pp.49-54; "Uma carta de Salvador
de Mendonça a Machado de Assis". *Letras Brasileiras*, Rio
de Janeiro, jun. 1943, n.2, pp.52-4; Cf. Anexo
em: GUIMARÃES, Hélio de Seixas. *Os leitores de Machado de Assis:
o romance machadiano e o público de literatura no século 19.*
São Paulo: Nankin/Edusp, 2004; 2ª ed., 2012, pp.421-4;
Correspondência de Machado de Assis. Tomo V — 1905-1908.
Org. Sergio Paulo Rouanet, Irene Moutinho e Sílvia Eleutério.
Rio de Janeiro: ABL, 2015.

MENDONÇA, Salvador de. Discurso pronunciado na Academia Brasileira
de Letras, em 14 de setembro de 1912. *O Século*, Rio de Janeiro,
16 set. 1912.

MACHADO DE ASSIS CRÍTICO
José Veríssimo

j.v.

JOSÉ VERÍSSIMO Dias de Matos (Óbidos, Pará, 1857 – Rio de Janeiro, Rio de Janeiro, 1916): Jornalista, professor, crítico e historiador literário. Dirigiu a terceira fase da *Revista Brasileira*, de 1895 até 1899, em cuja redação nasceu a Academia Brasileira, prestigiada pelos mais eminentes amigos de José Veríssimo: Machado de Assis, Joaquim Nabuco, Visconde de Taunay, Lúcio de Mendonça, entre outros. Constituiu com Araripe Júnior e Sílvio Romero a trindade crítica da era naturalista. Publicou: *Cenas da vida amazônica* (1886), que recebeu resenha de Machado de Assis na *Gazeta de Notícias*, em janeiro de 1899; *Questão de limites* (1889); *Estudos brasileiros*, 2 séries, 1889-1904; *Educação nacional* (1890); *A Amazônia*, ensaio (1892); *A pesca na Amazônia* (1895); *A instrução pública e a imprensa* (1900); *Estudos de literatura*, 6 séries (1901-1907); *Homens e coisas estrangeiras*, 3 séries (1902-1908); *Que é literatura e outros escritos* (1907); *História da literatura brasileira* (1916).

O Imparcial, 24 maio 1913

om tocante piedade de amigo e discípulo, continua o sr. Mário de Alencar a recolher as obras avulsas de Machado de Assis. Tem inteira razão de dizer que as suas páginas agora ajuntadas sob o título de *Crítica* "são uma mostra cabal de que ele era um crítico exímio e seria, querendo-o, um dos melhores que já escreveram na língua portuguesa".

Pena é que esta coleção das páginas críticas de Machado de Assis não seja tão completa quanto quiséramos e cumpria, e sobretudo que o dever propriamente do livreiro editor haja sido feito com tanto relaxamento. Dessas páginas faltam nesta recolha, além de outras que por ventura existam e que desconheço, o artigo sobre "Eduardo Prado", já recolhido pelo próprio autor nas suas *Relíquias de Casa Velha*, e o fino estudo de "Henriqueta Renan", primeiro saído na *Revista Brasileira* e depois nas *Páginas recolhidas*.

Sente-se também a falta de algumas indicações bibliográficas, que os amadores destas espécies têm por necessárias, e que seriam em todo caso estimáveis num estudo completo do desenvolvimento espiritual do Machado de Assis. Ao passo que se informa da data e lugar de publicação de certo número de artigos, calam-se informações a respeito de outros. Aquelas mesmas são dadas sem individuação precisa. O magnífico estudo de Machado de Assis sobre *O primo Basílio* de Eça de Queirós, tão interessantemente indicador da estética do nosso grande escritor, não traz nenhuma indicação de quando e onde apareceu. Não a traz igualmente outro escrito seu, que é talvez das melhores páginas críticas da nossa literatura, "A nova geração", publicado na segunda *Revista Brasileira*, tomo II, Rio, 1879. Os artigos sobre *O primo Basílio*, nos quais discute o mesmo crítico naturalista, saíram no *Cruzeiro*, jornal desta capital, cujo colaborador era, em abril de 1878, sob o pseudônimo, aliás conhecidíssimo, de Eleazar.

Não interessam estes reparos ao mérito essencial do trabalho de coletor do sr. Mário de Alencar. Devemos-lhe embora agradecimentos os amadores das boas letras nacionais pela diligência posta na recolha e publicação dos, com este, três volumes póstumos da obra dispersa de Machado de Assis.

É, porém, imperdoável o desleixo com que a livraria editora a vai publicando, como se não se tratasse do maior escritor brasileiro, de um verdadeiro clássico nacional, cuja escrita merece, por isso mesmo, escrupuloso respeito. Entretanto, este livro *Crítica* vem inçado de incorreções e pastéis tipográficos, que sobre o afearem e afrontarem o leitor, não raro deturpam o pensamento do escritor ou lhe atribuem barbarismos, de que era incapaz. Sem haver feito um miúdo trabalho de revisão notei, entre outros, os seguintes: *achem* por *acham* (15), *brincava* por *buscava* (21), *tradições* por *traduções* (24), *si* por *se* (45), *não* por *nos, importo* por *importa* (108), *á* por *a* (111), *creia* por *creio* (132), *cadeira* por *cadeia* (137), *do* por *de* (148). Os nomes de pessoas e obras vêm em grande parte errados. A mim fazem-me frade, *fr.* J. V. (3), de *Alencar Alancar* (93). O *sr.* que precede os nomes, quiçá por ironia do tipógrafo francês, é quase sempre mudado em *dr.*

A comédia o *Cioso* do clássico Ferreira é transformada em o *Cizo* (171). O *Uraguai* de Basílio da Gama em *Araguai* (97), os *Timbiras* de Gonçalves Dias em *Pimbiros*, os *Tamoios* de Magalhães em *Pamaios*, tudo na mesma página 97, e mais (118) *Gavarni* em *Gavarne, Billaut* em *Brillant* (132).

É lastimável que uma casa de reputação e responsabilidade da livraria Garnier não empregue mais cuidado nas suas edições, máxime tratando-se de um escritor como Machado de Assis, cuja memória, por nós todos reverenciada, ela tem razões particulares de respeitar.

Sustenta teimosamente o sr. Faguet que a crítica, queiram ou não, é sempre impressionista, e até que não pode ser outra coisa. Concedendo que assim seja, não é menos certo que o impressionismo crítico, salvo se apenas for a divagação de algum inepto, condicionará a cultura, o gosto, a emotividade estética ou a sensibilidade literária do crítico. É em suma impressionista a crítica de Machado de Assis. Servem-na, porém, peregrinos dons de psicólogo — e a crítica, como da história literária assegura Brandes, é na sua íntima significação psicologia — e uma rara sensibilidade literária. Versadíssimo no melhor das literaturas, e de mais a mais espírito de singular finura e penetração, e por isso mesmo desabusado das modas intelectuais e hostil a todo pedantismo, Machado de Assis não considerou a crítica se não sob o aspecto da impressão feita no seu espírito pela obra literária. Proeminentemente homem de letras e artista literário, era sobretudo do ponto de vista da estética literária que encarava os fenômenos literários. Não é que ele não os visse e menos porque fosse incapaz de vê-los sob outros aspectos, ou desconhecesse as condições sociais ou mesológicas que os determinam e atuam, ou não as soubesse descobrir e explicar.

Capacíssimo desta crítica mostra-se ele no arguto e judicioso ensaio sobre o "Instinto de nacionalidade" na nossa literatura que abre este livro *Crítica*, bem como no seu atilado estudo de "Antônio José e Molière", título com que saiu primeiramente na *Revista Brasileira*, I, 1879.

Sem alarde, sem arrogância de inventor de coisa alguma, simplesmente, elegantemente, Machado de Assis, sem faltar à justiça, antes fazendo-a rigorosa e boa, aos fundadores da nossa literatura nacional, apontava com segurança os pontos fracos ou duvidosos de certos conceitos literários aqui dominantes, e com fino tato emendava o que neles lhe parecia errado, aventando opiniões que então, em 1873, eram de todo novas. Ninguém, nem antes nem depois, estabeleceu mais precisa e mais simplesmente a questão do indigenismo na nossa literatura, nem disse coisas mais justas do indianismo e da sua prática. Não o podendo infelizmente citar, remeto o leitor ao seu livro.

Abundam neste os conceitos em que a agudeza da ideia é relevada pela excelência da expressão, frequentes na obra de Machado de Assis. Eis algumas amostras:

"O sublime é simples" (22) — "Um poeta não é nacional só porque insere nos seus versos muitos nomes de flores ou aves do país, o que pode dar uma nacionalidade de vocabulário e nada mais" (23) — "Entre a admiração supersticiosa e o desdém absoluto há um ponto que é a justiça" (33) — "Aborrecer o passado ou idolatrá-lo vem a dar no mesmo vício; o vício de uns que não descobrem a filiação dos tempos, e datam de si mesmos a aurora humana, e de outros que imaginam que o espírito do homem deixou as asas no caminho e entra a pé num charco" (163) — "Em poesia, logo que a expressão não traduz as ideias, tanto importa não as ter absolutamente" (146) — "A verdadeira ciência não é a que se incrusta para ornato, mas a que se assimila para nutrição" (165) — "Não imitar nada, nem ninguém, é a condição das obras vivas" (168) — "Não basta ter razão, cumpre saber tê-la" (170) — "Antônio José foi um destino decapitado, era um engenho sem disciplina, nem gosto, mas característico e pessoal" (184 e 187) — "Defeitos não fazem mal quando há vontade e poder de os corrigir" (216) — "O espírito de seita (literária) tem fatal marcha do odioso ao ridículo" (166).

Esse espírito não o tinha Machado de Assis, como ainda o testemunha este livro, onde diferentes correntes e tendências, conceitos e manifestações literárias e autores de diversas escolas são apreciados com a mesma alta simpatia intelectual que não exclui a isenção do juízo pessoal do crítico e a sua franca expressão. Se por temperamento, como judiciosamente observa o sr. Mário de Alencar, espírito não vulgar nas nossas letras e muito afim do de Machado de Assis, refugia este à crítica particularizada dos autores — que era acaso mais do seu gosto — é porque a sua natureza aristocrática e esquisita sensibilidade repugnava "a turbamulta das vaidades irritadiças, das vocações de anfiteatro", como ele tão excelentemente diz, que por via de regra essa crítica assanha aqui, e em toda a parte entre os medíocres.

A sua censura de *O primo Basílio* e da maneira literária de Eça de Queirós, num momento em que caíamos num dos nossos fáceis embevecimentos por quaisquer ruins novidades literárias, não lhe certifica somente a capacidade crítica, mas a coragem intelectual. Podemos não concordar inteiramente com as suas opiniões — eu ao menos não concordo com todas, como de todo discordo do seu juízo sobre o *Gonzaga* de Castro Alves — mas havemos de reconhecer-lhes o alevantado da inspiração, a força dos argumentos e a perspicuidade dos conceitos. E o próprio Eça de Queirós o reconheceu em carta, guardada hoje na Academia Brasileira. Nem se fez aqui, e talvez em Portugal, apreciação mais justa do livro de Eça e do seu sistema literário.

Não era menor bizarria dizer à nova geração de poetas dos primeiros anos de 70 as verdades que lhes disse Machado de Assis no seu artigo citado, modelo de crítica simultaneamente perspicaz, isenta e urbana, e a cujas sentenças o tempo veio dar plena sanção.

Em suma, Machado de Assis, sem ter feito ofício de crítico, é, como tal, um dos mais competentes e mais sinceros que temos tido. Respeitador do trabalho alheio, como todo trabalhador honesto, estreme de paixões pessoais, com o mínimo dos infalíveis preconceitos literários ou com a força de dominá-los, desconfiado de sistemas e assertos absolutos, com fino gosto e tato e conhecimentos literários senão profundos seguros, e mais uma visão própria, talvez demasiado pessoal, mas por isso mesmo interessante, da vida, ninguém mais do que ele poderia ter exercido com a utilidade que lhe reconhecia, a crítica "doutrinária, ampla, elevada", a crítica como atividade literária efetiva, cuja falta, escrevia em 1873, "é um dos maiores males de que padece a nossa literatura".

Essa crítica, que ele não quis ou não pôde fazer senão intermitente e parcialmente, supre-a de modo cabal uma obra de imaginação que é o mais perfeito exemplar de engenho e bom gosto literário existente nas nossas letras.

Fonte desta edição:

VERÍSSIMO, José. "Machado de Assis crítico". *O Imparcial,*
Rio de Janeiro, 24 maio 1913, p.2.
Republicado em: *Letras e literatos.* Rio de Janeiro: José Olympio,
1936, pp.77-84; *Dom Casmurro,* Rio de Janeiro, 20 maio 1939, p.14;
A Manhã, "Autores e Livros", Rio de Janeiro, 28 set. 1941, vol. I,
pp.107 e 127.

Outros textos do autor a respeito de Machado de Assis:

VERÍSSIMO, José. "Às Segundas-Feiras — Um novo livro do sr. Machado
de Assis". *Jornal do Brasil,* Rio de Janeiro, 11 jan. 1892, pp.1-2;
VERÍSSIMO, José. *Estudos brasileiros,* Segunda série (1889-
1893). Laemmert & C. Editores, 1894, pp.195-207; Cf. Anexo em:
GUIMARÃES, Hélio de Seixas. *Os leitores de Machado de Assis:
o romance machadiano e o público de literatura no século 19.*
São Paulo: Nankin/Edusp, 2004; 2ª ed., 2012, pp.323-331.
VERÍSSIMO, José [J.V.]. "Bibliografia". *Revista Brasileira,* Rio de
Janeiro, nov. 1898, tomo XVI, pp.249-255; VERÍSSIMO, José.
Estudos de literatura brasileira. Primeira série. Rio de Janeiro,
Paris: H. Garnier, 1901, pp.253-261 (com alterações).
VERÍSSIMO, José [J.V.]. "Bibliografia". *Revista Brasileira,*
Rio de Janeiro, jul. 1899, tomo XIX, pp.126-128.
VERÍSSIMO, José. "Revista Literária". *Jornal do Commercio,*
Rio de Janeiro, 18 set. 1899; "Bibliografia". *Revista Brasileira,*
Rio de Janeiro, 1899, tomo XIX, pp.372-5.
VERÍSSIMO, José. "Revista Literária". *Jornal do Commercio,* Rio de
Janeiro, 19 mar. 1900; VERÍSSIMO, José. *Estudos de literatura
brasileira.* Terceira série. Rio de Janeiro, Paris: H Garnier, 1903,
pp.33-45; Cf. Anexo em: GUIMARÃES, Hélio de Seixas. *Os leitores
de Machado de Assis: o romance machadiano e o público
de literatura no século 19,* pp.370-6.
VERÍSSIMO, José. "Revista Literária — O sr. Machado de Assis, poeta".
Jornal do Commercio, Rio de Janeiro, 21 maio 1901; VERÍSSIMO,
José. *Estudos de literatura brasileira.* Quarta série. Rio de
Janeiro, Paris: H. Garnier, 1904, pp.85-103; MACHADO, Ubiratan.
Machado de Assis: roteiro da consagração. Rio de Janeiro:
Eduerj, 2003, pp.242-52.
VERÍSSIMO, José. "Vida Literária — *Esaú e Jacob* o último livro
do sr. Machado de Assis". *Kosmos.* Rio de Janeiro, dez. 1904,
pp.28-9; VERÍSSIMO, José. *Estudos de literatura brasileira.*
Sexta série. Rio de Janeiro, Paris: H Garnier, Livreiro-Editor,
1907, pp.215-222; Cf. Anexo em: GUIMARÃES, Hélio de Seixas.
*Os leitores de Machado de Assis: o romance machadiano
e o público de literatura no século 19,* pp.402-6
VERÍSSIMO, José. "Machado de Assis". *Renascença,* Rio de Janeiro,
jan. 1906, pp.1-4; VERÍSSIMO, José. *Estudos de literatura brasileira.*
Sexta série. Rio de Janeiro, Paris, H. Garnier, Livreiro-Editor,
1907, pp.187-197.

VERÍSSIMO, José [Candido]. "Machado de Assis, da Academia Brasileira — *Memorial de Aires*". *Correio da Manhã*, "Semana Literária", Rio de Janeiro, 3 ago. 1908, p.1; Cf. Anexo em: GUIMARÃES, Hélio de Seixas. *Os leitores de Machado de Assis: o romance machadiano e o público de literatura no século 19*, pp.408-13.

VERÍSSIMO, José. Trecho de carta a Joaquim Nabuco, datada de 3 de outubro de 1908. In: ARANHA, Graça. *Machado de Assis e Joaquim Nabuco. Comentários e notas à correspondência entre esses dois escritores*. São Paulo: Monteiro Lobato & Cia., 1923, pp.218-9.

VERÍSSIMO, José. "Machado de Assis — Impressões e reminiscências". *Jornal do Commercio*, Rio de Janeiro, 29 out. 1908; *Machado de Assis et son œuvre littéraire*. Paris: Louis-Michaud, 1909, pp.151-2 [pequeno excerto vertido para o francês]; *Revista do Livro*. Rio de Janeiro, Ministério da Educação e Cultura, ano II, n.5, pp.151-63, mar. 1957.

VERÍSSIMO, José. Discurso pronunciado na Academia Brasileira de Letras, na inauguração dos bustos de Machado de Assis, Joaquim Nabuco e Lúcio de Mendonça, a 12 de junho de 1912. *Revista da Academia Brasileira de Letras*, Rio de Janeiro, jul. 1912, n.9, vol. V, pp.97-8.

VERÍSSIMO, José. "Machado de Assis". *O Imparcial*, Rio de Janeiro, 4 jan. 1913.

VERÍSSIMO, José. "O sr. Mário de Alencar". *O Imparcial*, Rio de Janeiro, 18 out. 1913.

VERÍSSIMO, José. "Machado de Assis". In: *História da literatura brasileira. De Bento Teixeira (1601) a Machado de Assis (1908)*. Rio de Janeiro: Francisco Alves, 1916, pp.415-453.

UMA FATIA ACADÊMICA
Lima Barreto

l.b.

Afonso Henriques de **LIMA BARRETO** (Rio de Janeiro, Rio de Janeiro, 1881 – Rio de Janeiro, Rio de Janeiro, 1922): Jornalista e escritor. Filho de um tipógrafo e de uma professora primária, ambos descendentes de escravos, ficou órfão de mãe aos sete anos. Iniciou sua carreira de romancista em 1909, com *Recordações do escrivão Isaías Caminha*. Muitos de seus escritos foram redescobertos e publicados em livro após sua morte, por Francisco de Assis Barbosa e outros pesquisadores. Principais obras: *Recordações do escrivão Isaías Caminha* (1909); *As aventuras do dr. Bogoloff* (1912); *Triste fim de Policarpo Quaresma* (1915); *Numa e a ninfa* (1915); *Vida e morte de M. J. Gonzaga de Sá* (1919); *Histórias e sonhos* (1920); *Os Bruzundangas* (1923); *Clara dos Anjos* (póstumo, 1948); *Diário íntimo* (1953); *Feiras e mafuás* (1953); *Cemitério dos vivos* (póstumo e inacabado, 1956).

ABC, 2 ago. 1919

Em 24 do mês passado, a Academia Brasileira de Letras admitiu entre os seus membros o eminente senhor Alfredo Pujol.

Não houve quem maldissesse dessa escolha porquanto, possuindo o senhor Pujol todas as qualidades de fortuna e posição que se exigem em tais estabelecimentos, tem ainda por cima talento, o que não é coisa excepcional nos homens de sua categoria, além disso uma honestidade intelectual que impõe a ele mesmo o desejo de ser galardoado pela sua própria inteligência, o que é raro.

Recebeu-o o senhor Pedro Lessa, ministro do Supremo Tribunal Federal, afamado jurisconsulto e, como quase todo advogado, homem de letras e, no seu caso, dos mais conspícuos.

Como veem, são ambos pessoas de competência acima do vulgar, tanto nas letras, como fora delas; e, se me meto, como agora, entre eles, é por ser as letras uma república onde todos devem ser iguais.

Aceito isto, não parecerá estranhável que faça eu aqui algumas considerações a respeito de certos tópicos do discurso do segundo dos acadêmicos de que falei acima. Estou bem certo que a liberdade de juiz que deve ser o mais forte dote do caráter do senhor Pedro Lessa, não me levará a mal tal ousadia. Cada um tem o direito de ter uma opinião e de a dizer, por mais humilde que seja. Vou, portanto, servir-me de uma fatia de sua peça acadêmica.

Afirma Sua Excelência num tópico de seu excelente discurso de recepção o seguinte, que transcrevo integralmente:

> Mas há, além dessas duas qualidades que tão magistralmente analisastes, mais uma faculdade que se converteu numa segunda natureza do inesquecível mestre: o extraordinário poder de abstração. Machado de Assis, como todos os grandes gênios, só acessoriamente, secundariamente, como de um meio para chegar ao seu fim principal, se ocupou dos homens em determinadas condições, em um certo ambiente, em uma época especial. Nada mais longe da verdade do que supor que os seus livros são crônicas ou fotografias da cidade em que nasceu, dos seus conterrâneos e contemporâneos. O que faz o constante objeto dos seus estudos é o homem, todo o homem, a espécie humana com os seus instintos, os seus sentimentos, as suas paixões e defeitos. Assim como o que absorve a inteligência dos verdadeiros cientistas, sejam astrônomos, físicos ou naturalistas, são primeiro que tudo os fenômenos comuns, de todos os dias, de todos os lugares, cujas leis se esforçam por conhecer, e não os fatos raros, as exceções, as anomalias, os casos teratológicos, empolgantes especialmente para os espíritos vulgares, inferiores, assim também no domínio da observação psíquica, como base da grande arte, é o constante, o geral, o comum, que provoca e fixa a curiosidade dos grandes espíritos.

Há aí muitas coisas que me causam dúvidas, as quais, apesar da minha insignificância, vou tentar expô-las ao excelentíssimo senhor ministro.

Duvido, por exemplo, que o senhor doutor Pedro Lessa me diga que a eletricidade seja fenômeno comum, de todo dia. É um fenômeno teratológico: muito mais excepcional que a chuva, os ventos etc. Enquanto esses últimos não chamavam a atenção dos sábios, já os antigos, entretanto, se surpreendiam com a propriedade que tinha um bastão de âmbar friccionado de atrair corpos leves. Os ventos, a chuva, as correntes marinhas ficaram sem explicação, ou não provocavam senão fantasias e os sábios se detinham com essa curiosidade de laboratório de bastões de âmbar ou de vidro que, friccionados, produzem essa curiosidade natural.

Às vezes, fatos de cada dia, domésticos, não provocam a atenção do sábio, e outros quase sem importância para nós, mas de aparência fantástica, que acontecem de onde em onde, desencadeiam a atenção dos observadores. Quer Vossa Excelência ver uma coisa? Não há nada mais comezinho do que vermos escorrer sangue do nosso corpo ferido aqui ou acolá, o coração bater etc.; entretanto, os maiores sábios antigos isso desprezavam, para estudar, até calcular, eclipses que, em face da circulação do sangue, é um fato anômalo, perfeitamente excepcional.

A combustão, o fogo, coisa tão comum à vista de quase toda a humanidade, desde muitas centenas de milhares de séculos, só há pouco tempo mereceu a atenção dos sábios; mas as propriedades das secções cônicas de há muito tempo.

Eu poderia mostrar muitos exemplos, no próprio Darwin e em muitos outros sábios, como coisas comuns, caseiras, nos passam despercebidas cientificamente e coisas extraordinárias fazem refletir gerações sobre gerações. Sua Excelência deve conhecer Lyell.

O que pensa Vossa Excelência da arte de Machado de Assis e de outros que não conheço, é reduzi-la à análise das almas aos seus sentimentos elementares. Vossa Excelência quer uma espécie de arte-sinais-psíquicos, uma álgebra psicológica, separada de todas as coisas exteriores, desde as montanhas, o mar, até à pigmentação do herói e dos cabelos da heroína.

Essa arte algébrica de descrição de sentimentos puros: amor, ciúme, orgulho, vaidade etc., não conheço, nem em Machado de Assis. Enfim, eu sou ignorante.

Tratarei, porém, da abstração. Abro agora mesmo o *Dicionário* de Franck[16] que Vossa Excelência conhece muito bem:

16. A provável referência é: *Dictionnaire des sciences philosophiques, par une société de professeurs de philosophie*, de Adolphe Franck (Paris: Hachette et Cie., 1844).

ABSTRACTION (de abstrahere, tirer de.)
Dugald Stewart, dans ses Esquisses de philosophie morale,
définit l'abstraction: "Cette opération intime qui consiste à
diviser les composées qui nous sont offerts, afin de simplifier
l'objet de notre étude":

Segundo o doutor Robinet, cita Comte, que faz grande
cavalo de batalha dessa operação do nosso espírito:

> [...] *géneralisant pas abstraction, la théorie isole chaque*
> *phénomène de tous ceux dont il est réellement accompag-*
> *né, pour ramener aux effets semblables tous les autres cas,*
> *même hypothétiques.*

Podemos parar. Concluímos, por aí, que conforme o
"composto", nós o podemos separar em certas partes, em vista do objeto do nosso estudo. O físico tem um, o químico outro; o biólogo outro e o matemático o seu, tão poderoso que,
já disse Anatole France, a matemática trabalhava no vácuo;
de forma que cada vez mais as ciências se complicam, menos se abstrai das propriedades dos objetos dos seus estudos.

A Arte cujo dever é representar, com os seus recursos
e os seus métodos, tendo por "limite" a Natureza, há de
abstrair muito e muito menos que qualquer das ciências
elevadas. Pode haver nela uma espécie de abstração, mas
não a de que nos fala o doutor Pedro Lessa.

Um escritor cuja grandeza consistisse em abstrair fortemente das circunstâncias da realidade ambiente não
poderia ser — creio eu — um grande autor. Fabricaria fantoches e não almas, personagens vivos.

Os nossos sentimentos pessoais, com o serem nossos,
são também reações sociais e a sociedade se apoia na terra.

No meu humilde parecer, Machado de Assis não abusava, como quer o senhor doutor Pedro Lessa, do poder de
abstração. Não tocava, é verdade, em certos detalhes, em
certas atitudes de seus personagens por isso ou aquilo; evi-
tava pôr em cena certos [detalhes] ou punha pelos nomes
aqueles personagens indispensáveis às suas criações com
os quais antipatizava; mas indicava ligeiramente esses detalhes, essas atitudes, para poder caracterizar a sua novela.

É a sua fraqueza, que o senhor doutor Pedro Lessa quer fazer força.

A Arte, por sua natureza mesma, é uma criação humana dependente estreitamente do meio, da raça e do momento — todas essas condições concorrendo concomitantemente.

Há uma mesma geometria para aqui e para a Lapônia; mas uma Virgília do Rio de Janeiro não pode agir da mesma maneira, levada pelos mesmos motivos sociais, que a Virgília de lá, se as há.

De resto os mesmos motivos agindo sobre indivíduos neste meio ou naquele podem levá-los a atos diferentes.

A Arte, por ser particular e destinar-se a pintar as ações de fora sobre a alma e vice-versa, não pode desprezar o meio, nas suas mínimas particularidades, quando delas precisar.

Tendo que pintar o desgosto de um leproso, como a sua vida evolui, eu não posso me ater abstratamente ao sentimento "desgosto". É meu dever primeiramente dizer que ele é leproso, que é rico, que é burro ou inteligente; e, depois, descrever a sua ambiência, tanto de homens, de coisas, mortas e vivas, para narrar, romancear o desgosto do mesmo leproso. Todos os leprosos, doutor Pedro Lessa, não manifestam a sua dor da mesma maneira; e, para se a compreender artisticamente, são precisos, muitas vezes, detalhes que parecem insignificantes.

Talvez para o psicólogo científico haja, em última análise, só desgosto; mas, para o artista, esse desgosto elementar pode ser revestido de muitas formas derivadas.

A Arte seria uma simples álgebra de sentimentos e pensamentos se não fosse assim, e não teria ela, pelo poder de comover, que é um meio de persuasão, o destino de revelar umas almas às outras, de ligá-las, mostrando-lhes mutuamente as razões de suas dores e alegrias, que os simples fatos desarticulados da vida, vistos pelo comum, não têm o poder de fazer, mas que ela faz, diz e convence, contribuindo para a regra da nossa conduta e esclarecimento do nosso destino.

É o que aprendi em Taine, em Guyau e Brunetière, que nunca me ensinaram a cerebrina abstração que o senhor doutor Pedro Lessa julga ser sinal dos grandes escritores.

Swift, diz Vossa Excelência, é um escalpelador da alma humana. Swift não seria Swift, se fosse isso. Balzac o é, Shakespeare o é, Dostoiévski o é; mas Swift, não. Verdadeiramente não tem personagens; não há na sua obra o que chamamos romance hoje. O único personagem, se há um, é ele. De um romance de aventuras fantásticas dele mesmo, Swift fez uma grande, larga, forte e amaríssima sátira, não a este indivíduo, não a esta classe da nossa sociedade, não a esta sociedade; mas ao gênero humano todo, tomado em globo. É um autor à parte, *sui generis*, sem igual quase, pela sua invenção libérrima, a não ser Cervantes, Aristófanes, o seu patrício Defoe, Rabelais e poucos outros. A sua sátira é a mais anti-humana que tenha saído da pena do homem. Se os marcianos amassem e, conforme a notação de Wells, tivessem por isso Arte, talvez não escrevessem coisas tão cruéis contra a humanidade.

Nas *Viagens de Gulliver*, o que ele odeia é o homem espécie; e, sem competência alguma, senão aquela de humilde e bisonho leitor de alguns livros dos muitos que os senhores mais autorizados leem, tenho para mim que o seu retrato por Taine é o fiel e verdadeiro, sem ser o parecido que os fotógrafos fabricam.

Machado de Assis não tem nenhuma semelhança com esse doloroso Jonathan Swift; ele não tinha força interior bastante para lutar e quebrar-se contra o Destino.

Ainda Vossa Excelência lembra Dickens, a propósito do autor do *Brás Cubas*. Mas por quê? Dickens faz até "fé de ofício" dos seus personagens, não esquece um acidente terreno, não deixa de ver a singularidade de um trecho de rua em que reside um seu herói. A sua minúcia e o seu detalhe fatigam mais do que os de Balzac, que ele admirava muito.

Alude o senhor doutor Pedro Lessa a Thackeray. Mas meu Deus! — este sempre foi tido, para os seguidores da doutrina dos rígidos gêneros literários, como um panfletário, sobretudo nos seus grandes e imortais romances. Será isso Machado de Assis? Qual! Nunca o velho Machado seria o colaborador do *Punch*, aí pela década dos 40, na Inglaterra.

Machado era um homem de sala, amoroso das coisas delicadas, sem uma grande, larga e ativa visão da humanidade e da Arte. Ele gostava das coisas decentes e bem-postas, da conversa da menina prendada, da garridice das moças. Quem inventou esse negócio de humoristas ingleses para ele foi o grande José Veríssimo, que admirava com toda a razão Machado de Assis: mas eu sei bem por que ele inventou essa história...

Vai ficando longo este meu desatino que fiz o possível, se tal coisa é possível, de pôr nele, não só ordem, mas o respeito que me merece o senhor doutor Pedro Lessa. Creio que não fiquei longe do propósito.

Reitero o pedido que fiz a Sua Excelência de não me levar a mal por isso; e, para terminar, peço ainda a Sua Excelência que leia o senhor Araripe Júnior que, tratando de Machado de Assis, diz na *Revista Brasileira* (fase de José Veríssimo), tomo 1, p. 24:

> Machado de Assis não chegou, entretanto, de um salto à sua obra verdadeira. Embora as Memórias póstumas de Brás Cubas e Quincas Borba não sejam senão o desenvolvimento do humour dos contos denominados "Luís Soares" e "Miss Dólar", que se encontram no seu primeiro livro de histórias, ele, por espaço de muitos anos, confundiu essa aptidão com a do psicólogo analista objetivo; e por essa razão o vemos dando sucessivamente à estampa os romances Ressurreição, Iaiá Garcia e Helena, livros em que a influência de Octave Feuillet é tão visível, como etc. etc.[17]

Na mocidade de Machado, mal saído da oficina, essa imitação de Feuillet, o róseo autor dos amores de salão, o esquadrinhador de paixões da roda decente, em face de outros dados da sua vida, podia bem explicar as estranhezas das suas obras posteriores, o que não faço e não farei, para não parecer a todos que desrespeito a sua memória. Decepções...

---

17. Trata-se do artigo de Araripe Júnior "Machado de Assis", *Revista Brasileira*, Rio de Janeiro, ano I, tomo I, jan.-fev.-mar. 1895, pp. 22-8.

Para toda a gente é melhor glorificar em bruto do que admirar com critério. Sigo o partido de toda a gente e paz aos mortos.[18]

Fonte desta edição:
BARRETO, Lima. "Uma fatia acadêmica". In: *Feiras e mafuás. Artigos e crónicas*. Prefácio de Jackson de Figueiredo. São Paulo: Brasiliense, 1956, pp. 34-42.
Versão original:
BARRETO, Lima. "Uma fatia acadêmica". *ABC*, Rio de Janeiro, 2 ago. 1919 (ass. 26 jul. 1919).

Outros textos do autor a respeito de Machado de Assis:
BARRETO, Lima. "Carta a Austregésilo de Ataíde". Rio de Janeiro, 19 de janeiro de 1921. *Revista do Brasil*, maio 1941, n. 37, pp. 54-5; BARRETO, Lima. *Correspondências. Obra completa*. São Paulo: Brasiliense, tomo II, 1956; BARRETO, Lima. *Um longo sonho de futuro: diários, cartas, entrevistas e confissões dispersas*. Rio de Janeiro: Graphia, 1998, pp. 284-5; "Secura de alma. De: Lima Barreto Para: Austregésilo de Athayde", *Correio IMS*, https://correioims.com.br/carta/secura-de-alma/. Cf. a seção "Cartas" neste volume.

18. Consta da edição em livro a seguinte nota final: "O autor se havia esquecido de que escrevera este artigo, quando se apresentou candidato à Academia Brasileira. Em outra não cairá".

ALFREDO PUJOL— MACHADO DE ASSIS— CONFERÊNCIAS
Medeiros e Albuquerque

m.a.

José Joaquim de Campos da Costa de **MEDEIROS E ALBUQUERQUE** (Recife, Pernambuco, 1867 – Rio de Janeiro, Rio de Janeiro, 1934): Jornalista, professor, político, contista, poeta, orador, romancista, teatrólogo, ensaísta e memorialista brasileiro. Fundador da Cadeira número 22 da Academia Brasileira de Letras, cujo patrono é José Bonifácio, o Moço. Estreou em 1889 com os livros de poesia *Pecados* e *Canções da decadência*. É o autor da letra do Hino da República. Principais obras: poesia: *Pecados* (1889); *Canções da decadência* (1889); contos: *Um homem prático* (1898); *Mãe Tapuia* (1900); *O assassinato do general* (1926); romances: *Marta* (1920); *Mistério* (1921); *Laura* (1933); teatro: *O escândalo*, drama (1910) e *Teatro meu... e dos outros* (1923); ensaios e conferências: *O silêncio é de ouro* (1912); *Pontos de vista* (1913); *O hipnotismo* (1921); *Graves e fúteis* (1922); *Literatura alheia* (1914); *Páginas de crítica* (1920); *Homens e coisas da Academia* (1934).

Páginas de crítica, 1920

O livro excelente em que Alfredo Pujol reuniu as suas conferências sobre o grande escritor brasileiro é o maior monumento que até agora foi erigido à memória do autor de *Brás Cubas*.

Antes dele, não faltaram trabalhos diversos sobre Machado de Assis. Os três mais notáveis são a obra de Sílvio Romero, a de Lafaiete, com o pseudônimo de Labieno, respondendo à primeira, e a monografia sobre o *humour*, de Alcides Maia.

A obra de Sílvio Romero é um trabalho que não faz honra à sua grande capacidade. Sílvio Romero deixara-se tomar de uma grande paixão por Tobias Barreto, seu conterrâneo e amigo. Considerava-o uma figura genial. Irritava-se com o esquecimento em que o via cair, enquanto Machado de Assis continuava a crescer na estima pública. Daí a ideia de escrever um livro contra este.

Ora, o esquecimento de Tobias é tudo quanto há de mais justo. Quando os seus últimos discípulos tiverem desaparecido, ninguém ou quase ninguém falará mais nele.

Tobias Barreto foi um belo talento poético. Verboso, eloquente da eloquência cheia de imagens, que era tão do gosto da sua geração, juntava a isso uma grande curiosidade científica.

Chegou ao Recife na época em que estava começando na Europa o movimento de ideias capitaneado na Inglaterra por Darwin e Spencer e na Alemanha por Haeckel. Tobias conhecia o alemão, e lia as últimas produções europeias, quer no domínio das ciências naturais, quer no das ciências jurídicas, e transmitia tudo isso aos estudantes. Gozava por muitos títulos da simpatia destes: o principal era talvez porque anunciara enfaticamente que nunca reprovaria nenhum...

Bem falante, espirituoso, levando uma vida um pouco boêmia, com exibições públicas de amores a atrizes e polêmicas ruidosas, os rapazes lhe fizeram uma reputação excessiva.

Poderia ter sido um bom poeta, um bom jurista, um bom filósofo — se se tivesse aplicado a qualquer dessas especialidades, em que roçou de leve. No fim de contas, foi apenas um vulgarizador de ideias, que eram então novas.

Nesse particular, prestou serviços importantes ao desenvolvimento intelectual do país. Houve, de fato, um período em que o Recife, graças em parte a Tobias, foi o centro de cultura intelectual mais progressista do Brasil. Tobias punha em circulação as últimas ideias europeias.

Não há, porém, na sua obra nenhuma doutrina propriamente sua, nada de original, nada que valha a pena. Os seus discípulos ficaram, entretanto, com uma espécie de ilusão de óptica: acabaram por endeusá-lo como se fosse ele que tivesse inventado o evolucionismo, o darwinismo e várias outras coisas, de que Tobias foi apenas o porta-voz. Porta-voz eloquente, que tinha a vantagem de ser ouvido pelos rapazes, exatamente porque os tratava num pé de camaradagem indisciplinada, que, apesar disso ou por isso mesmo, lhe permitia ter sobre eles mais influência.

Essa influência se foi apagando, desde que as ideias propagadas por Tobias se tornaram triviais. E como Tobias nada lhes juntou de próprio, é hoje um nome fadado a desaparecer.

— Sílvio não se resignava com isso. Passou a vida empenhado no que lhe parecia uma campanha de justa reivindicação em favor do seu grande amigo. Todos os contemporâneos de Tobias que tiveram mais renome do que ele pareciam a Sílvio adversários pessoais. Não podia ouvir um elogio a Castro Alves, se não acrescentassem outro a Tobias. E a supremacia de Machado de Assis irritava-o, não só por fazer sombra ao seu grande homem, como porque era difícil conceber dois temperamentos mais antagônicos. Sílvio era ingênuo, confiante, exuberante, batalhador. Machado de Assis era, ponto por ponto, o contrário de tudo isso: desconfiado, retraído, tímido. O *humour* de Machado de Assis escapava inteiramente a Sílvio; ele só concebia a alegria clara e ruidosa. Não havia nisso uma opinião literária; era uma incapacidade intelectual absoluta.

A vista humana só vai na percepção das cores do prisma até o violeta; o ultravioleta lhe é inacessível. Para a vista intelectual de Sílvio o *humour* era o ultravioleta de escala do riso: uma vibração débil demais para o poder impressionar.

Assim, o seu livro não foi *sobre* Machado de Assis. Foi *contra* ele. Sílvio escreveu-o, não como um crítico sereno, mas como o paladino de Tobias Barreto. Lafaiete replicou, mas também não o fez como um crítico imparcial. Viu na obra de Sílvio uma ocasião excelente para dele se desforrar, vingando velhos agravos. Assim, a verdade é que ambos os contendores tomaram Machado de Assis, menos para assunto de estudos calmos, do que para pretexto — um para, abatendo-o, exaltar o amigo; outro para, defendendo-o, atacar o autor dos *Ensaios de crítica parlamentar*, com quem tinha velhas contas a ajustar.

O estudo de Alcides Maia é uma monografia engenhosa; mas que não visava a um exame completo da obra de Machado de Assis; pretendia apenas — e realizou aliás muito bem o seu programa — apreciar o humorismo do escritor fluminense.

O livro de Alfredo Pujol é, pois, o primeiro estudo completo sobre Machado. Esse estudo é tão benfeito que permite acompanhar *pari-passu* a vida, o trabalho literário e o meio em que o escritor se moveu.

Quando um crítico nos diz que a página tantas de certa obra é magnífica e a página quantas lhe parece detestável, deixa-nos geralmente embaraçados, porque não temos diante dos olhos essas páginas; a leitura de tais apreciações nada nos adianta.

Alfredo Pujol não faz isso. Vai criticando e citando. Resume os livros a que alude e reproduz os trechos característicos. Assim, chegando ao fim do seu volume, mesmo quem nunca tenha lido Machado de Assis estará com uma visão sumária da sua obra. E nos resumos, como na escolha das citações, Alfredo Pujol revela o seu admirável gosto literário, o seu conhecimento profundo e minucioso do escritor analisado.

Será, porém, mais tarde o seu juízo ratificado pela posteridade? É lícito duvidar. Todos nós, que frequentamos Machado de Assis, estamos muito perto de sua memória para poder julgá-lo com imparcialidade.

Ele não era uma dessas personalidades irradiantes, cujas qualidades aparecem à primeira vista e que, desde logo, ou se amam ou se detestam. Era retraído e tímido. Pujol cita a frase exata de Constâncio Alves: "pouco íntimo com os íntimos". Quando, porém, alguém se aproximava e observava a sua retidão de caráter, a probidade impecável do seu labor literário, a delicadeza quase feminina do seu trato, acabava por ser seduzido. Machado de Assis não fazia muitos amigos; mas os que fazia, amigos ficavam para sempre.

Pujol conta-nos a vida do grande escritor. Nasceu de gente humilde — o pai era pintor de casas, a mãe ocupada em serviços domésticos do senhorio. Foi sacristão e tipógrafo. Acabou empregado público.

Parece que nisso se resume a lista dos empregos que lhe deram meios de vida, porque a colaboração em vários jornais nunca passou de uma achega e a edição de todas as suas obras só ao seu editor enriqueceu.

Assim, a sua biografia nada tem de extraordinário.

A condição humilde de que saíra não o envergonhava. Se não aludia a ela mais frequentemente, é porque, em primeiro lugar, nunca houve quem mais praticasse o conselho do poeta: *"ami, cache ta vie et repands ton esprit"* e, sobretudo, a ideia de se servir do seu nascimento, para contraste com o seu indiscutível principado literário, repugnava-lhe profundamente; ele não queria, por preço nenhum, que o elogio aos seus trabalhos fosse uma espécie de compensação à pobreza de sua origem.

Não é, porém, sem uma certa importância para a apreciação de sua obra literária lembrar como ele nasceu, como ele viveu sempre em pequenos cargos, sem grandes responsabilidades, e como toda a sua vida se escoou na cidade do Rio de Janeiro, de onde só saiu duas vezes — uma para ir a Petrópolis e outra a Nova Friburgo. Assim, a sua mais longa viagem foi a lugar que hoje está apenas situado a duas horas de distância da Capital do Brasil.

Lutou pela vida, começou modestissimamente e conseguiu subir só pelo esforço do seu talento; mas nunca teve nada de terrível para superar. Houve mesmo uma compensação aos seus males; casou-se cedo, com uma senhora estimabilíssima, que amou e por quem foi amado, com a qual viveu na mais admirável concórdia durante toda a vida.

De trágico na sua história só houve a terrível moléstia que o assaltou: a epilepsia e nos derradeiros meses um cancro. Dir-se-á que não foi pouco. Mas tudo isso veio quando o seu caráter já estava formado — formado estava o seu estilo, o seu talento de escritor.

O conjunto de sua vida se passou, portanto, sempre num modesto meio-termo: sem riqueza, mas sem pobreza; sem altos cargos, mas com a consideração de que gozam funcionários públicos; sem frequentar a sociedade, de que o excluía principalmente a sua própria timidez e desejo de isolamento — mas isolamento que não ia até a misantropia. Não consta que tenha tido aventuras de amor. Tudo faz crer ao contrário que não as devia ter, não só pelo seu temperamento, como pelo ambiente de ventura conjugal em que sempre esteve.

Nessas condições, Machado de Assis, vivendo sempre num círculo restrito, conhecendo muito pouco do mundo, analisando apenas pequenos personagens do pequeno meio em que passou todo o seu tempo e sendo, por índole, um tímido — deixou uma obra de tímido; não há nela nenhuma vibração forte, nenhuma grande criação.

Não é esta a opinião de Alfredo Pujol, que chega em certo ponto a chamar Machado de Assis "artista formidável" e "gênio imortal". Há nisso um exagero.

Em certa ocasião, Pujol cita um trecho de Alphonse Daudet sobre o prazer que causava ao escritor francês a alusão a qualquer dos tipos literários, que criara. E realmente esse é o mérito supremo do grande escritor de ficção: inventar tipos, que depois possam por si mesmos viver: Dom Quixote, Tartarin, o conselheiro Acácio e tantos outros são criações desse gênero. Mas precisamente Machado de Assis não deixou nenhuma em tais condições.

Não podia deixar. Ele era minucioso demais para fazer tipos literários de tal natureza, que pedem — sobretudo, uma certa generalidade de traços. É mesmo por isso que os críticos analistas, quando examinam as obras em que estão aquelas criações, declaram, escandalizados, que elas só têm pinceladas fortes e grosseiras — o que aliás é exato. Mas com essas pinceladas se fazem os quadros que se veem de longe, que todos compreendem e que cada um enche com as minúcias que lhe apraz. Os retratos muito detalhados, a bico de pena, com tracinhos, pontinhos, maravilhas de micrografia, nunca chegam a ficar nitidamente na memória do público. A aparente superficialidade de Daudet, de Cervantes, de Eça de Queirós é, no fim de contas, uma superioridade: eles souberam distinguir o geral do particular, o essencial do acessório e guardar apenas o geral e o essencial. Machado de Assis não se resignaria jamais a isso. Ele pintava a pequenas pinceladas, juntava pormenor a pormenor. Nada deixou, não podia deixar nenhum "tipo". Os letrados talvez evoquem este ou aquele dos seus personagens; mas nenhum desses personagens sairá jamais das páginas em que foi criado para viver livre e solto, como um Tartarin, um conselheiro Acácio ou qualquer outra das verdadeiras criações literárias.

Falando do conjunto dos trabalhos de Machado de Assis, Pujol escreve: "É a reprodução manifesta, nítida, exata, flagrante, da vida de todos os dias, nas suas misérias rasteiras, nas suas contradições, nos seus maus instintos, no seu orgulho, na sua ambição, nas suas alegrias, nas suas tristezas...".

Alcides Maia diz também: "Não faz paisagens; repete-se a espaços, vacilante no relato; a sua comédia da vida é trivialíssima".

Ora, para dar a *misérias rasteiras*, e à *comedia trivialíssima da vida* um destaque de gênio era preciso que Machado de Assis tivesse qualquer nota forte na sua pena. E isso sempre lhe faltou. Ele foi o apóstolo do meio-termo, da moderação, da surdina. Até a José de Alencar — que esse, sim, era um gênio criador — ele procurou inculcar aquelas virtudes, que lhe pareciam capitais.

Alcides Maia escreve:

> Os efeitos decisivos nascem da naturalidade com que o escritor descreve e sugere; é simples, lúcido, sardônico, escarnecedor sem ostentação; fere acariciando; sacrifica por entre flores; esbate a pintura, vela as formas, entenuece; porém, o prisma é sempre o mesmo — e sempre os tipos e as ações movem-se e executam-se refrangidos comicamente por uma branda revolta e por uma suave tristeza irônica.

A apreciação é exata. Machado de Assis nunca vai até o fim de uma afirmação. Pujol comenta muito bem, quando diz: "A modéstia e a indecisão dos seus conceitos provinham da sua timidez, da sua tristeza congênita".

Artista consciencioso, Machado de Assis só sabia descrever bem o que via — o que examinava, segundo diz a expressiva frase popular, com *os seus próprios olhos.* Mas esse homem que morreu quase aos setenta anos "*só passou pela vida, não viveu".* Sua existência se escoou em uma pequena parte da cidade, em um meio acanhadíssimo. E as figuras desse meio ele as tratou com a tendência natural do seu temperamento, propenso à moderação, medroso de tudo o que era forte.

Sterne, o grande humorista, que Pujol cita, Sterne, que foi um dos mestres queridos de Machado de Assis, dizia que o "homem, que não tem uma espécie de afeição por todo o sexo feminino, é incapaz de amar uma só mulher". Machado de Assis, a cuja notória castidade, na mais pura das vidas conjugais, Araripe Júnior fez uma maliciosa, embora afetuosa referência, não podia ser um grande pintor, um grande analista de corações femininos. É lícito até suspeitar que ele nunca soube o que era realmente o amor. O sentimento, que ele teve pela sua dedicada e inteligente companheira de vida, foi antes uma dessas firmes e sólidas amizades, sem nenhum arroubo e por isso mesmo sem nenhum desfalecimento. O amor é alguma coisa de mais intenso.

Em resumo, se se percorre toda a sua vida não se acha nela uma só paixão forte. A sua existência foi como a de alguém que, tendo de atravessar um longo salão em que outros dançassem, jogassem, lutassem, passou, na ponta dos pés, de braço dado com uma companheira querida, roçando-se pelas paredes, procurando não chamar a atenção, e olhando apenas para os que estavam juntinho dele.

Nem ao menos podia viver a vida dos outros, provocando confidências. Sempre foi muito retraído. E, cioso da própria existência, detestava os que eram, segundo a sua frase, "derramados". Quando alguém, diante dele, começava a multiplicar as confidências, Machado achava logo qualquer pretexto delicado para sair, retirar-se. Era como se o quisessem forçar a espiar por um buraco de fechadura: lutava, fugia.

Dizem, às vezes, os admiradores excessivos de Machado de Assis, que, se ele tivesse vivido na França ou Inglaterra, teria sido um Anatole France, um Maupassant, um Sterne. É um engano. O que lhe faltou — não foi ser inglês ou francês, viver aqui ou ali: foi "viver", viver intensamente.

Pode-se ser um grande filósofo, construtor de sistemas metafísicos, e passar o tempo encerrado num pequeno gabinete de trabalho, vivendo alheio a toda a agitação humana. Pode-se também, nas mesmas condições, ser um grande sábio.

Mas o escritor de ficção, criador de tipos, evocador de vida, precisa misturar-se à vida corrente, senti-la, experimentá-la por si mesmo. Corra-se a história literária e não se achará nenhum grande romancista ou dramaturgo, que tenha sido um homem exclusivamente de gabinete, com a existência acanhada de Machado de Assis.

Os que falam em Anatole France, Maupassant e Sterne escolhem precisamente três figuras de existência agitada, torturada, complicada, cheias de amores e lutas, tendo *vivido intensamente*. Porque, embora a repetição seja fatigante, convém dizer ainda uma vez que é esta a condição essencial do criador literário.

Mas o homem bom, meigo, brando, retraído, que era Machado de Assis, tinha uma nota fundamental: o seu pessimismo.

Amor, amizade, ambição, todos os sentimentos humanos — tudo lhe parece vão, falso, destituído de grandeza.

Alcides Maia fala, a propósito de Machado de Assis, em Antero de Quental. Ambos, de fato, provaram a sinceridade da sua descrença — um, suicidando-se, outro, Machado de Assis, na hora da morte, recusando qualquer auxílio religioso. Mas o pessimismo de Antero, que se exalou em versos nem sempre muito corretos, teve o mérito de ser forte, vibrante, com uma nota tremenda de revolta. O "Hino da manhã" é escrito para clarins; se alguém pudesse compor para ele música idônea, essa música serviria bem às destruidoras trombetas do Juízo Final, anunciadas no Apocalipse. Machado de Assis nunca tomaria as liberdades métricas de Antero de Quental; mas nunca, em compensação, admitiria a sua violência. Ele foi sempre o homem do meio-termo, da surdina, da moderação, da penumbra.

E um dos meios de que se serviu para isso foi a forma humorística, que tanto empregou.

Tem-se discutido, a perder de vista, o que é o *humour*. Cada um procura descobrir nessa forma literária mistérios e complicações e quanto mais os autores põem nas suas definições ingredientes que se repelem, mais lhes parece que fazem obra superfina.

O bom sistema para estudar qualquer fenômeno muito complicado é tomá-lo na sua origem, na sua mais extrema simplicidade, e seguir-lhe a evolução. Há, portanto, um grande erro de método em procurar estudar a essência e a característica do *humour* nas suas formas literárias mais elevadas.

James Sully, no seu excelente *Ensaio sobre o riso*, mostrou que o *humour* era o termo natural da evolução do riso, evolução que começa no riso selvagem, ruidoso, coletivo, sacudindo os corpos em convulsões que parecem de epilepsia — e acaba num sorriso vagamente esboçado, às vezes imperceptível. O nosso povo fala expressivamente nos que *"riem para dentro"*; é o riso do *humour*. Por isso, Sully o chama o riso individual, o riso do homem só. Pensando, porém, na evolução do cômico, o que se nota é o mesmo que na evolução de tantas outras manifestações intelectuais.

Há um certo número—um pequeno número—de causas de riso. Nos graus inferiores da civilização, ou nas inteligências mais incultas, é necessário que essas causas sejam fortemente acentuadas, para que os indivíduos as percebam. Ao passo, porém, que a agudez de observação se vai afinando, já não é preciso pôr em relevo com a mesma força o que se acha nos fatos de risível, para que o indivíduo, mais educado, perceba essas circunstâncias. O que faz o "espírito" de uma grossa chalaça obscena e de uma finíssima ironia filosófica é, no fim de contas, a mesma coisa: a mesma inadaptação dos meios aos fins, a mesma não verificação ou não satisfação de uma exigência social, ou qualquer outra das causas habituais do riso. Mas o homem inculto precisa que lhe mostrem claramente onde está essa causa. E exatamente, porque se tem de acentuar isso muito claramente, a grossa chalaça é acessível às multidões. A ironia filosófica só pode ser apreendida pelos que possuem a capacidade necessária a fim de bem analisar certas noções elevadas. Por isso mesmo, ela só é apreciada por muito pouca gente.

Dá-se com o riso o mesmo que com a música. O selvagem só percebe o compasso, quando ele é fortemente marcado: o tipo característico da música selvagem é o batuque para dança, brutalmente ritmado. Mas o ouvido educado do compositor moderno distingue perfeitamente, na música de Wagner ou de outros autores contemporâneos, harmonias e melodias que escapam aos não iniciados. É o que sucede ao fino humorista: ele acha nas mais elevadas noções científicas e filosóficas, nos mais nobres sentimentos da alma humana, as contradições, as fraquezas, as inadaptações que os tornam risíveis.

Vale a pena não esquecer nunca que a inteligência humana trabalha com materiais muito pouco variados. Basta-lhe a indução e a dedução; bastam-lhe as associações por semelhança e por contiguidade para fazer toda arte e toda a ciência. São, por assim dizer, os tijolos com que ela erige as suas construções: e com a mesma espécie de tijolos se pode fazer uma choupana, um palácio, uma escola, uma prisão, um hospital... tudo enfim.

O *humour* é uma manifestação feita com material velho e conhecido. As sutilezas dos escritores, que procuram bordar frases complicadas a respeito dele, não se justificam. Ele é simplesmente uma das variedades do cômico, a variedade mais fina, menos acessível às massas, *porque se exerce sobre assuntos que não parecem destinados a fazer rir e se faz em geral como se quem a emprega não tivesse tal intenção.*

O tipo do escritor que se dedica ao *humour* é o que o francês chama, com uma expressão muito característica, o *pince-sans-rire.* O chalaceador vulgar diz a jocosidade brutal e é o primeiro a explodir em gargalhadas. O *pince-sans--rire* enuncia uma enormidade, digna de provocar o riso nos que têm a finura bastante para compreendê-la, mas faz isso com um tom sisudo, parecendo não sentir, ou pelo menos não acentuando de modo algum o que há de cômico no caso.

Quando se aplica essa forma, não a casos rasteiros, mas a pôr em relevo o que há de risível em altas afirmações filosóficas ou morais, afirmações que para o comum das pessoas são de uma gravidade perfeita e absoluta, tem-se o *humour.*

Em mais de um lugar Voltaire gracejou com as coisas religiosas. O que ele fazia não era, porém, *humour*: era, embora aplicado à religião, que muitos consideram a coisa mais séria que se possa conceber, a grossa pilhéria, a franca chalaça. Faltava, portanto, um dos elementos essenciais do *humour*: a forma séria.

Em compensação, pode-se ver o trecho em que Renan descreve o milagre de Santo Yves, patrono dos advogados. Dizem os crentes que, em certo dia, quando todos os advogados estão ajoelhados contritamente, a imagem de Santo Yves estende as mãos sobre eles, abençoando-os. Renan acrescenta, sempre como se estivesse acreditando em tudo isso, que se, entretanto, uma qualquer pessoa tenta surpreender o gesto do santo — o santo, justamente ofendido com essa falta de confiança, conserva os braços cruzados e imóveis. E assim, pela culpa de um só, todos sofrem a privação da bênção sagrada.

Não parecendo fazê-lo, Renan zomba discretissimamente desse pretenso milagre, que ninguém pode verificar, pois que a simples curiosidade ou desconfiança de uma só pessoa basta para privar de inapreciável benefício centenas de fiéis. Página de excelente *humour*, em que o gracejo com uma coisa séria é dito com um tom também ele absolutamente sério.

Se, portanto, se quisesse dar uma definição simples e clara do *humour*, ela talvez pudesse ser: *o cômico, feito com aparência de seriedade, a propósito das coisas que, em geral, se consideram inteiramente sérias.*

Se há quem faça *humour* para moralizar, ou para se vingar da sociedade, ou por qualquer outra razão—tudo isso é acessório. Um ator pode representar só para ganhar a vida, ou por amor à arte, ou para ser agradável ao autor amigo, ou para conquistar o aplauso de uma pessoa que ele ama, sem que esses motivos alterem a peça.

Machado de Assis tinha naturalmente de escolher essa forma. Deve-se mesmo dizer, que, dado o seu temperamento e a sua filosofia, ele não podia deixar de fazer *humour*. Por um lado, a timidez, o receio de escandalizar, a moderação em tudo. Por outro lado, um pessimismo absoluto, a certeza de que o amor, a amizade, a gratidão, tudo, enfim, tem taras irremediáveis.

Para exprimir estas opiniões extremas e dissolventes, sem ofender o público, sem fazer escândalo, só havia o meio que ele escolheu: exprimi-las em tom de gracejo, sem azedume, parecendo não o fazer por mal... As pessoas medrosas, quando dizem insolências, muitas vezes as dizem desse modo: sem que se saiba bem se o que elas estão dizendo é realmente sério.

Machado de Assis nunca escreveria um artigo anticlerical. Escreveu, porém, discretas zombarias com as coisas religiosas. E de que nelas não acreditava deu a melhor das provas, recusando, em plena lucidez, pouco antes de morrer, os socorros da Igreja.

O *humour* foi, portanto, nele, não uma livre escolha, entre vários caminhos igualmente acessíveis; mas uma fatalidade inelutável. Machado de Assis fez *humour*, coagido a isso, porque, dada a sua profunda e fundamental honestidade, e dada ao mesmo tempo a sua incurável timidez, ele só podia exprimir o seu pessimismo sob essa forma atenuada.

Mas esse escritor de meios-termos, de moderação, de timidez — só nunca teve meio-termo nem moderação em uma coisa: na sua irreprochável probidade literária.

Alfredo Pujol compara-o a Flaubert. Aí o elogio não é só justo, como também insuficiente. As obras de Flaubert tinham uma gestação laboriosa e ruidosa. Todos os seus amigos sabiam o livro que ele estava preparando. Machado punha nisso, como em tudo, a máxima discrição. Tinha tantos cuidados de estilo e composição como Flaubert; mas um pudor maior da sua vida, não só íntima como também literária. Cada um dos seus romances foi uma surpresa para os amigos. O conselho célebre: *"vingt fois sur le métier remettez votre ouvrage, polissez-le sans cesse et le repolissez"*[19] — ele o executava ao pé da letra; mas sempre com a sua modéstia característica: silenciosamente.

Quando se fundou a primeira *Revista Brasileira*, ele era o terror dos revisores. Dizia-se que a média das revisões das suas provas era de dezessete vezes. E acontecia, em geral, uma das duas hipóteses: ou a última prova era inteiramente diversa da primeira ou inteiramente igual. Neste último caso, via-se que, cansado de mudar, de variar, de procurar o melhor, voltava ao que primeiro escrevera.

Foi esse labor paciente do estilo que fez de Machado de Assis um grande escritor. Seu estilo é inconfundível. Puro, correto, claro, todo ele revela o mais impecável bom gosto.

Machado de Assis leu os clássicos e estudou-os minuciosamente: mas não foi para neles pescar termos raros, com que espantasse os seus leitores. Leu-os para educar sua pena.

A nossa literatura é quase toda de apressados. Como ninguém pode viver exclusivamente das letras, ninguém lhes consagra senão umas sobras de tempo.

Machado de Assis nunca teve esse ponto de vista. Ser-lhe-ia talvez um suplício se precisasse viver da literatura,

---

19. O conselho é de Nicolas Boileau, de *L'Art poétique* (1674): "reponha sua obra vinte vezes sobre a mesa de trabalho: retoque-a e torne a poli-la, sem descanso" (BOILEAU-DESPRÉAUX, Nicolas. *A arte poética*. Introdução, tradução e notas de Célia Berrettini. São Paulo: Perspectiva, 1979, p. 21).

porque assim teria necessidade de produzir mais intensamente. Sem pressa, escrevendo por amor à arte, lentamente, pausadamente, lapidou, como um joalheiro, o estilo admirável que criou.

Pode-se lastimar que não tenha vivido mais intensamente para pôr esse estilo, que é um labor paciente de ourivesaria literária, ao serviço de criações mais elevadas; mas o seu trabalho impõe o respeito pela probidade; impõe pela simplicidade, a beleza, a pureza.

É por aí que ele deve ser considerado um dos escritores máximos da nossa língua.

Pode-se talvez dizer, em uma frase de elogio para o seu estilo, reconhecendo embora a falta de vigor de suas criações, que ele foi o escritor máximo de uma época em que não houve escritores máximos.

Ter criado um estilo original e corretíssimo, um estilo simples e perfeito, não é, porém, pequeno mérito. Foi o mérito de Machado de Assis. Nenhum homem de letras do seu tempo e da sua terra o igualou e os escritores de todos os tempos poderão sempre aprender com ele aquelas virtudes essenciais: simplicidade, clareza, correção.

Quando uma pessoa querida lhe perguntou, quase à hora da morte, se queria que viesse um padre, murmurou: "Não quero... Não creio... Seria uma hipocrisia...".

Sente-se que essa é uma frase autêntica; não foi arranjada para uso da posteridade. E vê-se nela o mesmo homem de sempre, descrente, mas polido e honesto. Deu a recusa; mas parece ter tido receio da rudez da negação e explicou-lhe os motivos, como se com eles se desculpasse.

Alfredo Pujol pode ter exagerado — e eu creio que exagerou — os méritos de Machado de Assis, chegando a considerá-lo um gênio; mas a simpatia doce e profunda, que se desprende dessa vida de extrema probidade literária é tal que melhor se compreendem os exageros dos louvores que a menor das restrições.

E, de todo modo, o livro de Alfredo Pujol é o mais belo, o mais nobre, o mais piedoso monumento que se podia erigir a Machado de Assis.

Fonte desta edição:

ALBUQUERQUE, Medeiros e. "Alfredo Pujol — *Machado de Assis — Conferências*". In: *Páginas de crítica*. Rio de Janeiro: Leite Ribeiro & Maurílio, 1920, pp. 331-47. Também publicado em: "Livros". *Revista do Brasil*. São Paulo, jul. 1917, n. 19, vol. V, pp. 334-5.

Outros textos do autor a respeito de Machado de Assis:

ALBUQUERQUE, Medeiros e [J. dos Santos]. "Iaiá Garcia". *A Notícia*, "Crônica Literária", Rio de Janeiro, 5 nov. 1898. Cf. Anexo em: GUIMARÃES, Hélio de Seixas. *Os leitores de Machado de Assis: o romance machadiano e o público de literatura no século 19*. São Paulo: Nankin/Edusp, 2004; 2ª ed., 2012, pp. 311-3.

ALBUQUERQUE, Medeiros e. [J. dos Santos]. "Machado de Assis — *Contos fluminenses* (nova edição). — Amadeu Amaral — *Urzes*". *A Notícia*, "Crônica Literária", Rio de Janeiro, 25 e 26 jul. 1899, p. 2; MACHADO, Ubiratan. *Machado de Assis: roteiro da consagração*. Rio de Janeiro: Eduerj, 2003, pp. 215-6.

ALBUQUERQUE, Medeiros e. [J. dos Santos]. "Machado de Assis — Dom Casmurro", *A Notícia*, "Crônica Literária", Rio de Janeiro, 24 e 25 mar. 1900, p. 2. Cf. Anexo em: MACHADO, Hélio de Seixas. *Os leitores de Machado de Assis: o romance machadiano e o público de literatura no século 19*, pp. 376-9.

ALBUQUERQUE, Medeiros e. [J. dos Santos]. "Machado de Assis — *Poesias completas* (H. Garnier, editor). Raul Pompeia — *Canções sem metro*. Tobias Barreto — *Polêmicas* (Laemmert)". *A Notícia*, "Crônica Literária", Rio de Janeiro, 25 e 26 maio 1901; MACHADO, Ubiratan. *Machado de Assis: roteiro da consagração*, cit., pp. 252-4.

ALBUQUERQUE, Medeiros e. [J. dos Santos]. "Machado de Assis — *Esaú e Jacob* (Garnier, editor)", *A Notícia*, "Crônica Literária", Rio de Janeiro, 30 set. 1904 e 1º out. 1904, p. 3. Cf. Anexo em: MACHADO, Hélio de Seixas. *Os leitores de Machado de Assis: o romance machadiano e o público de literatura no século 19*, pp. 380-3.

ALBUQUERQUE, Medeiros e. [J. dos Santos]. "Machado de Assis — *Relíquias de casa velha*". *A Notícia*, Rio de Janeiro, 23 e 24 fev. 1906.

ALBUQUERQUE, Medeiros e. [J. dos Santos]. "A mão e a luva — Memorial de Aires". *A Notícia*, Rio de Janeiro, 16 e 17 set. 1908, p. 1; Cf. Anexo em: MACHADO, Hélio de Seixas. *Os leitores de Machado de Assis: o romance machadiano e o público de literatura no século 19*, pp. 424-7.

ALBUQUERQUE, Medeiros e. "Evolução literária do Brasil (Discurso pronunciado na sessão comemorativa do centenário da Independência)". *Revista da Academia Brasileira de Letras*, Rio de Janeiro, jul.-dez. 1922, n. 23-24, vol. xii, pp. 5-32.

ALBUQUERQUE, Medeiros e. "Machado de Assis". *Revista da Academia Brasileira de Letras*. Rio de Janeiro, jul. 1929, n. 91, vol. xxx, pp. 361-3. A propósito da inauguração da estátua de Machado de Assis. Datado de 23 jun. 1929.

ALBUQUERQUE, Medeiros e. "Lembranças de homens de letras: Machado de Assis". In: *Minha vida. Da mocidade à velhice. Memórias. 1893-1934*. Rio de Janeiro, Calvino Filho, 1933-34. 2º vol., pp. 149-52; *Quando eu era vivo. Memórias. 1867 a 1934*. Edição póstuma e definitiva. Rio de Janeiro: Record, 1981, pp. 287-290. Cf. a seção "Cenas Machadianas" neste volume.

ALBUQUERQUE, Medeiros e. *Homens e coisas da Academia Brasileira*. Rio de Janeiro: Renascença, 1934.

ALBUQUERQUE, Medeiros e. Depoimento acerca da ideia da fundação da ABL. In: GALVÃO, Francisco. *A Academia de Letras na intimidade*. Rio de Janeiro, 1937, pp. 130-6. Transcrição: "A quem se deve a Academia de Letras". *Ilustração Brasileira*, Rio de Janeiro, dez. 1946, p. 7 (reprodução parcial).

REMINISCÊNCIAS— COMO EU CONHECI O MESTRE
Filinto de Almeida

f.a.

Francisco **FILINTO DE ALMEIDA** (Porto, Portugal, 1857 – Rio de Janeiro, Rio de Janeiro, 1945): Poeta, jornalista e dramaturgo. Em 1885, com o amigo Valentim Magalhães, fundou a revista *A Semana*, em cuja redação estreitou amizade com Machado de Assis e conheceu sua futura esposa, a escritora Júlia Lopes. Publicou nas revistas *Branco e Negro* (1896-1898) e *Serões* (1901-1911), e em *A Província de São Paulo*, transformado em *O Estado de S. Paulo* (1889-1895). Participou da fundação da Academia Brasileira de Letras, da qual foi membro. Principais obras: *Um idioma*, entreato cômico (1876); *Os mosquitos*, monólogo em verso (1887); *Lírica* (1887); *O defunto*, comédia em um ato (1894); *O beijo*, comédia em um ato, em verso (1907); *Cantos e cantigas* (1915); *D. Júlia* (1938); *Camoniana*, sonetos (1945); *Colunas da Noite*, crônicas (1945); *Harmonias da noite velha*, sonetos (1946); *A casa verde*, romance em colaboração com Júlia Lopes de Almeida, publicado em folhetins no *Jornal do Commercio* (1898-1899).

A Noite, 30 maio 1921

As *Memórias póstumas de Brás Cubas*, dedicadas como saudosa lembrança "Ao verme que primeiro roeu as frias carnes" do cadáver do herói, tinham aparecido em 1881, e eu ainda não conhecia o livro maravilhoso, quando, em janeiro do ano seguinte, levado por um amigo querido, fui, pela primeira vez, a Petrópolis, a passeio, um passeio que durante oito dias me deslumbrou e de que me ficou uma lembrança imperecível.

Naquele tempo a viagem de Petrópolis consumia umas cinco horas, mas era admirável. Primeiro a travessia da baía, nas barcas, muito limpas e elegantes da empresa; em seguida, os vinte minutos de comboio até a Raiz da Serra; e, por fim, as diligências da União e Indústria, a três parelhas, galgando o aclive da bela e ótima estrada macadamizada, ao lado da qual se iam desdobrando em maravilhas os variados panoramas da paisagem.

Do alto da serra, uma carruagem nos conduziu ao Hotel do Oriente, que já não existe, e onde tive a surpresa agradável de encontrar França Júnior, então em plena voga, por causa dos seus folhetins humorísticos da *Gazeta de*

Notícias. O folhetinista popular, o comediógrafo do *Defeito de família*, do *Direito por linhas tortas*, de *Como se fazia um deputado* e de outras comédias de grande êxito, era um dândi notado pela elegância e correção do trajar, que lhe atenuava a escassa esbelteza das linhas, e era, além disso, um ótimo palestrador. Estava lá com a esposa, uma senhora muito alta e esguia, distintíssima, de grande cultura e de nobres maneiras, como toda a família dos Amarais, a que pertencia, irmã do diplomata e notável poeta José Maria do Amaral, hoje tão esquecido, e do visconde de Cabo Frio.

— Por aqui? Mas que bela surpresa!

— Você vai ter outra mais agradável: está cá também o Machado de Assis, com a senhora; conhece-a?

— Não; mesmo o Machado só o conheço de vista.

Disse-lhe quanto lhe seria grato se me fizesse a fineza de me apresentar ao Mestre; e França Júnior, amável, apresentou-me, à hora do jantar, quando Machado, com a esposa, ia sentar-se à mesa. Fiquei sempre grato a França Júnior por essa apresentação e também porque ele, pacientemente, me mostrou, em dias sucessivos, todos os recantos belos ou interessantes de Petrópolis, que era naquele tempo uma vilazinha florida, toda florida, onde as flores desabrochavam em todas as casas, ricas ou pobres, subiam em hastes pelas paredes e iam rebentar em esmaltes e matizes variegados sobre as telhas das casas térreas. O doutor França conhecia todos os centímetros de terreno de Petrópolis e ninguém tão bem como ele me poderia pôr em contato com os seus encantos.

No dia seguinte, ao almoço, apareceu no hotel outro poeta, Rozendo Muniz, que, chegado nesse dia, parou à minha mesa, para me cumprimentar. Disse-lhe que tínhamos ali o nosso Machado de Assis e logo ele me fez um sinal discreto para me eu calar:

— Não nos damos...

Fiquei espantado de haver alguém zangado com o Mestre ilustre, tão afável, tão doce, tão alegre no conversar. Mas logo me refiz, por saber que Rozendo era o que nós chamamos um estourado.

Enfim, ali começaram as minhas relações com o poeta das *Crisálidas*, das *Falenas* e das *Americanas*, com o insigne prosador de *Brás Cubas* e de *Quincas Borba*. Sereno, sorrindo com indulgência à minha mocidade estouvada, sempre a par da esposa, senhora de incomparável encanto, inteligentíssima, que Portugal parecia ter mandado ao Brasil expressamente para ser a companheira e o anjo bom do grande escritor brasileiro, irmã também de um poeta — Faustino Xavier de Novais —, Machado não desdenhava de conversar comigo, que era um principiante ignorado e de poucas letras, de me contar anedotas, o que ele fazia com imensa verve, tirando efeitos de graça da sua própria gaguez. E comecei a amá-lo e a venerá-lo desde então, sem poder imaginar que um dia me seria dada a honra de me sentar ao seu lado, numa Academia.

Foi um passeio feliz, aquele de Petrópolis, no ano remoto de 1882! Dele me ficaram no coração a amizade de Machado, e na memória os dois nobres perfis de medalha antiga, que eram o da sua esposa e o da senhora França Júnior.

Agora, volvidos quase treze anos sobre a morte do Mestre, Mário de Alencar, que foi o mais querido dos seus discípulos e dos seus amigos, propôs que a Academia Brasileira de Letras promovesse a ereção de um monumento público que perpetuasse no belo parque do Passeio a memória do seu primeiro presidente, um monumento modesto, condizente com a índole e com a vida discreta do Mestre.

À Academia não seria difícil, nem pouco agradável, o erigir ela mesma, à sua custa, o monumento. Mas não foi esse o pensamento de Mário de Alencar; antes ao contrário, do que se cogitou foi de provar que o público, o público de todos os recantos do Brasil, que sabe ler e que lê, preza a memória do maior dos escritores nacionais e que é capaz de fazer o sacrifício de alguns mil réis, para perpetuar essa memória na capital do país. Há quem diga que não, porque Machado de Assis não foi nem podia ser um escritor popular, no sentido comum deste adjetivo; mas também há quem diga que sim.

Nas palavras "ao leitor", que precedem as *Memórias*, Brás Cubas delas escreve:

Obra de finado. Escrevi-a com a pena da galhofa e a tinta da melancolia, e não é difícil antever o que poderá sair desse conúbio. Acresce que a gente grave achará no livro umas aparências de puro romance, ao passo que a gente frívola não achará nele o seu romance usual; ei-lo aí fica privado da estima dos graves e do amor dos frívolos, que são as duas colunas máximas da opinião.

E eu estou certo de que *A Noite* iniciará no nosso jornalismo a subscrição pública para o monumento, com uma quantia bem modesta, que não espante os futuros subscritores, quando por tal não seja, ao menos pela curiosidade de vermos como o povo ledor do Brasil responde à duplicidade do conceito de Brás Cubas.

E logo veremos como se expressam as duas colunas máximas da opinião...

Fonte desta edição:
ALMEIDA, Filinto de. "Reminiscências — Como eu conheci o mestre". *A Noite*. Rio de Janeiro, 30 maio 1921, p. 2.

Transcrições:
Revista do Brasil, São Paulo, jun. 1921, n. 66, vol. XVII, pp. 276-8; *Letras Brasileiras*, Rio de Janeiro, dez. 1943, n. 8, pp. 36-8; *Colunas da Noite*. Paris, s.d., pp. 240-3.

Outros textos do autor a respeito de Machado de Assis:
ALMEIDA, Filinto de. "Ode a Machado de Assis", 1886. In: *Lyrica*. Rio de Janeiro: Typ. Moreira Maximino, 1887; *Ilustração Brasileira*. Rio de Janeiro, jun. 1939, p. 21.

ALMEIDA, Filinto de [F. de A.]. "Sobre a mesa". *Jornal do Brasil*. Rio de Janeiro, 16 out. 1908.

EXCERTO DA INTRODUÇÃO A *MACHADO DE ASSIS E JOAQUIM NABUCO.* *COMENTÁRIOS E NOTAS À CORRESPONDÊNCIA ENTRE ESSES DOIS ESCRITORES*

Graça Aranha

g.a.

GRAÇA ARANHA (São Luís, Maranhão, 1868 – Rio de Janeiro, Rio de Janeiro, 1931): Escritor, advogado e diplomata. A convite de Machado de Assis, fez parte do grupo dos fundadores da ABL. Foi ele que entregou a Machado o ramo do Carvalho de Tasso, colhido por Joaquim Nabuco em Roma e enviado para ser oferecido ao escritor em 1905. Após a morte do amigo, organizou e prefaciou sua correspondência com Nabuco (1923). Foi o fundador da Cadeira número 38 da Academia Brasileira de Letras, da qual se desligou em 1924, depois de se alinhar ao movimento modernista. Obras: *Canaã* (1902); *Malazarte* (1911); *A estética da vida* (1921); *Machado de Assis e Joaquim Nabuco. Comentários e notas à correspondência entre esses dois escritores* (org., 1923); *Espírito moderno* (1925); *Futurismo* (manifesto de Marinetti e seus companheiros) (1926); *A viagem maravilhosa* (1929); *O meu próprio romance* (1931) (texto autobiográfico); *O manifesto dos mundos sociais* (1935).

1923

A essência intelectual de Nabuco provém das suas origens e é por isso que nele se acentua, mais do que o artista, o pensador político. É uma tradição espiritual que ele conserva e eleva a um grau superior, ainda que a essa vocação política se alie a sensibilidade artística. Ele não foi artista absoluto e exclusivo; a sua atração pela história e o culto pelo passado são manifestações de um temperamento político. Nos estudos históricos Nabuco considerava sobretudo a evolução social, a diretriz política das sociedades. Herdou do pai o amor da perfeição, o gosto do conceito, a fórmula expressiva e gráfica, a que ele ajuntou a modernidade do espírito, a curiosidade cosmopolita, o sabor da novidade e o ardor romântico.

Machado de Assis não tem história de família. O que se sabe das suas origens é impreciso; é a vaga e vulgar filiação, com inteira ignorância da qualidade psicológica desses pais, dessa hierarquia, de onde dimana a sensibilidade do singular escritor. E por isso acentua-se mais o aspecto surpreendente do seu temperamento raro, e divergente do que se entende por alma brasileira. Há um encanto nesse mistério original, e a brusca e inexplicável revelação do talento concorre vigorosamente para fortificar-se o secreto atrativo, que sentimos por tão estranho espírito. De onde lhe vem o senso agudo da vida? Que legados de gênio, ou de imaginação, recebeu ele? Ninguém sabe. De onde essa amargura e esse desencanto? De onde o riso fatigado? De onde a meiguice? A volúpia? O pudor? De onde esse enjoo dos humanos? Essas qualidades e esses defeitos estão no sangue, não são adquiridos pela cultura individual. A expressão psicológica de Machado de Assis é muito intensa para que possa ser atribuída ao estudo, à observação própria. Cada traço do seu espírito tem raízes seculares e por isso ele resistirá a tudo o que passa.

Em 1865, quando se inicia esta correspondência, quem era Machado de Assis? Já era aquele geômetra sutil, que encerrara o Universo no verbo, que se libertara da exaltação racial e sabia dissimular nas linhas tranquilas e desdenhosas o frêmito da natureza e revelar a loucura dos homens. Tinha apenas vinte e cinco anos; a sua ação literária era eficiente no teatro, no romance e na crítica. Havia publicado novelas, feito representar comédias, brilhava no *Diário do Rio* ao lado de Quintino Bocaiuva, que Nabuco chamaria "o jovem Hércules da imprensa daquela época". Fora até "futurista", se por este epíteto recordarmos ter sido o cronista singularmente clássico de um efêmero jornal de 1863, *O Futuro*. Era o poeta das *Crisálidas*.

Para aí chegar, a viagem espiritual de Machado de Assis foi bem secreta. Veio do nada, venceu as suas origens modestas, tornou-se homem de cultura, de gosto e criou a sua própria personalidade. É um doloroso e belo poema o da elaboração do gênio nesse obscuro heroísmo. Machado de Assis não revelou nunca esse árduo combate interior, não fez transbordar no ódio e no despeito a sua humildade inicial. Aristocratizou-se silenciosamente. O seu heroísmo está neste trabalho de libertar-se da sua classe, nessa tragédia surda do espírito que se eleva, na distinção pessoal, no desdém de ser agressivo aos poderosos e aos felizes. Da sua angústia intelectual transpira a perene melancolia da luta. Das tristes fontes da sua inteligência persiste para sempre o travo da amargura. Mas esta amargura da vida é nobre, é o desencanto do civilizado e não o rancor do escravo e o destempero do selvagem.

O heroísmo de Joaquim Nabuco foi o de separar-se da aristocracia e fazer a Abolição. O heroísmo de Machado de Assis foi uma marcha inversa, da plebe à aristocracia pela ascensão espiritual. Ambos tiveram de romper com as suas classes e heroicamente afirmar as próprias personalidades.

Por mais estranha e singular que se tenha afinado a sensibilidade literária de Machado de Assis, por maior que tenha sido a peregrinação do seu gênio e a sua libertação do sortilégio da natureza tropical, o escritor, que por esse mistério é um grande acidente brasileiro, permanece como o intérprete agudo e sugestivo da sociedade do seu tempo. O Brasil, porém, não o interessou somente como o laboratório psicológico dos seus estudos. A formação nacional atraiu-lhe vivamente o gênio poético. Seguiu a corrente dos épicos do indianismo e assim esse homem universal foi americano e essencialmente brasileiro. O índio é uma idealização nacional. O Brasileiro tem orgulho do índio, e vê no selvagem não só o aborígene, o iniciador da raça, como o dono legítimo do solo, o protótipo da liberdade, que estava no princípio e que o Brasileiro eleva à altura de um ideal a seguir, a imitar, a recuperar e do qual sente ter-se afastado das contingências da sua vida coletiva. Esse sentimento secreto nos faz simpatizar profundamente com as nações índias da América e aplaudir todas as revoltas e reações contra o estrangeiro invasor. No culto do indígena está uma das razões do nosso nacionalismo; nos tipos literários da nossa poesia índia, no I-Juca Pirama, nos Peris e Ubirajaras se corporizam esses sentimentos, eles são os lendários e obscuros heróis da raça, como na realidade o foram Arariboia e Felipe Camarão. Essa identificação com os índios nos dá a explicação remota da nossa solidariedade americana. A América é o continente índio e nele se glorifica a reação contra o europeu. O monumento exaltado, a elegante estátua verde, que o México ofereceu ao Brasil, simboliza a raça indígena de toda a América — e esquecendo o nome do herói celebrado, percebemos na obra de arte a glorificação dos nossos próprios indígenas.

Os poetas e escritores que celebraram os índios obedeceram a este impulso inconsciente da raça, e por mais que sejam tachados de falsos e convencionais, o orgulho brasileiro os estremece como os épicos pátrios, e a auréola e o encanto da saudade da liberdade perdida, e a que sempre se aspira, os consagram vates e maravilhosos intérpretes da imorredoura idealidade nacional.

Não foi esse o destino reservado aos poetas dos escravos. A escravidão é uma infâmia, que nos envergonha. Recordá-la é para nós uma humilhação, e por isso não podemos instituir o culto dos escravos em antítese ao culto do índio. O escravo foi um acidente doloroso, que passou; o índio é uma idealização eterna no sentimento nacional. Castro Alves, poeta dos escravos, não pode lutar sob esse aspecto social com Gonçalves Dias, poeta dos índios. Não se volta à escravidão; aspira-se sempre à liberdade, de que o índio é o protótipo. Admira-se o ímpeto genial de Castro Alves, sente-se nas suas metáforas, nas suas imagens, o êxtase do vago estético. É a admiração ao artista. Pode-se estimar a esplêndida generosidade do seu temperamento. É o preito à sua humanidade. Felizmente o próprio "assunto" dessa generosidade e dessa exaltação poética está extinto. Volta-se a ele com pejo, embora reconhecido ao sublime esforço dos libertadores da infâmia. Esse destino está reservado em todo o mundo às obras de arte, que traduziram uma emoção, que devia passar, como esta da causa dos escravos. Nenhum livro moderno teve êxito tão retumbante e ação social tão prodigiosa, como *A cabana do Pai Tomás*. É um livro morto, como extinta é a emoção, que o gerou milagrosamente. Jamais o gênio de Castro Alves foi maior do que no "Navio Negreiro" e nas "Vozes d'África". Hoje o que resta desses poemas é a emoção puramente estética, que vem das imagens, das evocações e dos quadros. E quanta gente que os relê se limita às partes dos poemas, em que não aparecem a mancha da escravidão e a torpeza dos humanos. Seria impossível hoje representar, mesmo por simples curiosidade, o seu drama *Escravos*. E, no entanto, em todos os colégios brasileiros para exaltar o sentimento das crianças faz-se decorar, recitar e até mesmo dramatizar em cena o poema heroico de I-Juca Pirama. Porque aí está vivo, eterno e maravilhoso o sentimento nacional do brasileiro, a glorificação de uma raça formadora da nação.

Machado de Assis seguiu por algum tempo essa mesma trajetória do indianismo. Ele ignorou o "escravo" mas celebrou o índio, e nisto foi mais uma vez sutil e adivinhou a posteridade. Parece hoje que o indianismo tem a feição de uma desforra contra a imigração. E isto vai dar-lhe vida nova. Naturalmente não se voltará ao "heroísmo" do índio como o fizeram Basílio, Magalhães, Gonçalves Dias e Alencar, mas irá se desenvolvendo o carinho pelos nossos indígenas, maior interesse pela sua incorporação à pátria, e os poemas que os idealizaram, por falsos que se reconheçam, serão mais ardentemente prezados, como a mitologia de uma raça, que a nossa inspiração crê ter sido heroica e que decaiu, mas cuja independência indomável é o fundo do nosso orgulho e impulso para o nosso desagravo contra tudo o que nos ameaça de jugo e servidão.

Machado de Assis, como todos os poetas do seu tempo, esqueceu o índio, cuja poesia fora esgotada no exagero dos parentirsos. Mas não esqueceu Camões, a cujo culto ficou, como Joaquim Nabuco, sempre fiel. Em 1872 Nabuco escreve o estudo sobre *Os Lusíadas*, e antes de o publicar convida Machado de Assis para ouvir-lhe a leitura. É o segundo contato entre eles, que se conhece por essa correspondência. Em 1880 Joaquim Nabuco é orador oficial do Gabinete Português de Leitura do Rio de Janeiro, na celebração do terceiro centenário da morte de Camões; por essa ocasião publica na *Revista Brasileira* um soneto a Inês de Castro e Catarina. Em 1908 Nabuco, nos Estados Unidos, faz três conferências sobre Camões. Em tudo há uma concepção tão nítida, um entusiasmo tão intenso, que é singular como Joaquim Nabuco, dentro deste culto, não se afina totalmente com a divindade. Jamais foi um camoniano no estrito sentido literário. Entre Camões e Nabuco não existiu o fluido íntimo, que tudo funde, e que identifica misteriosamente as essências dos seres. O seu culto é antes político, um ato da imaginação social, que lhe perdura como uma das forças motrizes do espírito. Ao passo que Machado de Assis é da família camoniana, não pelo sopro poético ou pelo interesse humano que seduz a

Nabuco, mas pelo classicismo do gosto e da forma, que se ajusta ao seu temperamento, como a disciplina inata. Daí essa incompatibilidade com o meio cósmico brasileiro, que será sempre a singular característica de Machado de Assis e essa moderação de estilo, que o separa dos escritores tropicais. Para Nabuco foi Camões principalmente o épico de gênio que abriu à literatura o mundo moderno, arquitetado na ciência, inspirado pelo sentimento do universal; para Machado de Assis foi seguramente Camões o poeta que fixou a língua, que a tornou menos pedregosa até ameigá-la, o homem de letras humanas que fez da sua poesia uma joia de cultura, em que se encastoam as preciosas e raras gemas do mundo antigo, que ele desenterrou do subsolo português, onde os bárbaros bisonhos as tinham sepultado com a civilização latina ali submersa.

Esta simpatia camoniana perdura em Machado de Assis como o ritmo, a luz interior de seu espírito. E se ele é romântico exteriormente, se é americano, é para enfeixar as nossas selvas e os nossos selvagens nos quadros clássicos. E por ser clássico os portugueses de hoje lhe descobrem o parentesco, a afinidade, e pela voz de Camilo Castelo Branco o proclamam "escritor primoroso pela forma e pelo conceito", o que jamais disseram até então de qualquer outro brasileiro. Porque, para o verdadeiro conhecedor, a essência do artista se revela em traços vivos e profundos, que escapa aos vulgares, iludidos pelas roupagens artificiais, talhadas com intenção imitativa. Não são esses que vociferam com vocábulos antigos, mortos, e que incorporam em longos períodos os seus tristes arremedos dos velhos escritores, os clássicos do nosso estilo. O classicismo não é uma forma estagnada, tem a sua evolução. O clássico do século xx não será à mesma maneira do seu antecessor do século xvi. Esses nossos clássicos de arremedo são na sua formação íntima o oposto ao espírito clássico; são indisciplinados, não têm a menor intimidade com as coisas de que tratam, não têm aquele senso matemático da expressão, que torna a quantidade em qualidade; são iracundos, possessos, destemperados. E enquanto eles nos enfastiam com seu alarido, o delicado e delicioso Machado de Assis sabe sorrir, e, instintivamente, senhor do segredo antigo, tece a tela maravilhosa, onde pousam levemente os seus pensamentos sutis. Camões é o nume do sacrário artístico do desabusado Machado de Assis. Procura este identificar-se com a divindade, celebra-a no *Tu só, tu, puro amor* e, quando mais tarde a poesia fala pela dor da ferida, é no verso camoniano que Machado de Assis exprime a sua talvez única dor, a saudade d'Aquela, que foi a sua morta e a sua morte, a inesquecível Carolina.

Machado de Assis era o autor de *Brás Cubas* e Joaquim Nabuco o paladino da Abolição, quando nos é dado conhecer pelas suas cartas o terceiro contato entre estes heróis espirituais. Foi um longo e maravilhoso caminho, que ambos fizeram desde o encontro à sombra de Camões. O escritor, predestinado a vencer todo o terror cósmico, tivera a arte de disfarçar a magia perturbadora da natureza brasileira e atingira no seu grande livro ao máximo da cultura, que liberta e disciplina. A sua "maestria", engrandecendo-o, isolara-o. Com o tempo a sua arte peregrina se tornará um patrimônio nacional e um acontecimento de orgulho coletivo, mas naquela época o seu público era ainda restrito, e deste público a parte mais atenta era a feminina. Nos seus livros percebe-se Machado de Assis, embora armado de mil forças pelo ceticismo, deixar-se trair pela velada volúpia. Depois de ler as suas dissecações humanas, repetiremos: como ele faz desejadas as mulheres! Era uma atração recíproca entre o criador e as criaturas, pois se os homens ainda o não compreendem, as mulheres o adivinham, e ele pensa nelas, quando publica os seus grandes livros nos jornais de modas, certo de encontrar nas suas leitoras o incentivo, o fluido do entusiasmo com que, desdenhoso e soberbo, se entregará à indiferença do grande público, ou à maldade dos seus rivais das letras. Machado de Assis teve sempre este pendor pela literatura de sociedade, de cuja insignificância peculiar se salvou, como Goethe e Merimée.

Movido pela admiração e pela saudade, Machado de Assis em 1882, que "precisava restabelecer as forças perdidas no trabalho extraordinário" dos dois anos anteriores, consagrados à construção de *Brás Cubas*, escreve a Nabuco. "Pobre Marianinha!", exclama em sua carta. E um frêmito de morte de mulher bela nos invade. Marianinha teria sido um desses dolentes encantos femininos da casta senhoril do tempo da escravidão. O seu espírito deveria pairar nos limites indefinidos da infantilidade e da meiguice aristocrática. O seu corpo seria grácil, pálido, de formas e expressões mediterrâneas, transportadas aos trópicos excessivos, mas sem aquela seiva que mantém a vida no formidável ambiente brasileiro. E Marianinha morreu... Nabuco, em palavras elegíacas, transmuda a formosa morta em um "Anjo da Bíblia". A imagem poética comove o "viúvo inconsolável", e Machado de Assis foi encarregado de comunicar a Nabuco, nesta delicada carta, que aquelas efêmeras linhas de um folhetim de jornal foram gravadas, como epitáfio, no mármore da tumba da beleza morta.

Fonte desta edição:
ARANHA, Graça. [Excerto da] Introdução a *Machado de Assis e Joaquim Nabuco. Comentários e notas à correspondência entre esses dois escritores.* São Paulo: Monteiro Lobato & Cia., 1923.

Edições seguintes do livro:
ARANHA, Graça. *Machado de Assis e Joaquim Nabuco. Comentários e notas à correspondência entre esses dois escritores.* 2ª ed. Rio de Janeiro: F. Briguiet & Cia., 1942; *Machado de Assis & Joaquim Nabuco: correspondência.* 3ª ed. Organização, introdução e notas de Graça Aranha. Prefácio de José Murilo de Carvalho. Rio de Janeiro: Academia Brasileira de Letras; Topbooks, 2003.

Outros textos do autor a respeito de Machado de Assis:
ARANHA, Graça. "A literatura atual do Brasil". *Revista Brasileira*, Rio de Janeiro, fev. 1898, tomo XIII, pp.181-213. Conferência realizada no Ateneu Argentino, em Buenos Aires, a 22 de dezembro de 1897. Refere-se a Machado de Assis nas páginas 186-191; MACHADO, Ubiratan. *Machado de Assis: roteiro da consagração.* Rio de Janeiro: Eduerj, 2003, pp.198-9.
ARANHA, Graça. Discurso pronunciado a 10 de agosto de 1905, em sessão da Academia Brasileira de Letras, quando foi oferecido a Machado de Assis um ramo do carvalho de Tasso. *Renascença*, Rio de Janeiro, ano II, n.18, ago. 1905, pp.67-8; "Sessão da Academia Brasileira de 11 de agosto de 1905, Palavras de Graça Aranha". In: *Comentários e notas à correspondência entre esses dois escritores.* São Paulo: Monteiro Lobato & Cia., 1923, pp.207-9; "Homenagem a Machado de Assis [carta de Joaquim Nabuco, discurso de Graça Aranha, poemas de Alberto de Oliveira e de Salvador de Mendonça e texto de Sousa Bandeira]". *Revista da Academia Brasileira de Letras*, Rio de Janeiro, jul. 1925, ano XVI, n. 43, vol. XVIII, pp.561-3.

A LIÇÃO DE MACHADO DE ASSIS
Ronald de Carvalho

r.c.

RONALD DE CARVALHO (Rio de Janeiro, Rio de Janeiro, 1893 – Rio de Janeiro, Rio de Janeiro, 1935): Poeta, ensaísta, historiador da literatura, memorialista e diplomata brasileiro. Iniciou a carreira de jornalista colaborando na revista *A Época* e no *Diário de Notícias*. Em 1914, foi para Lisboa e entrou em contato com o modernismo português, por meio de Fernando Pessoa, Mário de Sá Carneiro e Luís de Montalvor, e da revista *Orfeu*, editada a partir de 1915. Depois de ter publicado, em 1919, *Poemas e sonetos* e *História da literatura brasileira*, participou da Semana de Arte Moderna, em 1922, e assumiu o verso livre com *Epigramas irônicos e sentimentais*. Nos anos 1930, exerceu cargos diplomáticos em Paris e em Haia. Principais obras: poesia: *Luz gloriosa* (1913); *Poemas e sonetos* (1919); *Epigramas irônicos e sentimentais* (1922); *Toda a América* (1926); ensaios: *Pequena história da literatura brasileira* (1919); *O espelho de Ariel* (1923); *Estudos brasileiros*: 1ª Série, 2ª Série, 3ª Série (1924, 1931).

1923; *O Diário*, 20 jun. 1939

Onde puserdes a maior doçura, encontrareis um pouco de amargor. A vida é como um cacho de uvas, onde nascem as alegrias e as dores encadeadas umas às outras, de tal arte, que não podereis provar daquelas sem o travo destas experimentardes. Há no seu curso uma espécie de harmonia feita de pequenas contradições, que é, talvez, a sua graça particular e o seu melhor encanto. A natureza, a cada passo, se desmente a si mesma, desvia-se tranquilamente de nossas convicções mais enraizadas, e aumenta em nós a intensidade do desejo, porque o refaz novamente. A volúpia de viver está, portanto, no júbilo e no dissabor. No júbilo de procurar motivos sempre variados, no dissabor de não poder resolvê-los. Se alguém conseguisse resolvê-los, teria achado a verdade, e a verdade, sendo o mais enganoso dos erros humanos, vai mudando de cor e de aspecto, à medida que buscamos atingi-la.

Assim, depois que o homem se cansa de procurá-la, depois que sucedem, à alegria das primeiras investigações, o desengano e a dúvida, o espírito se volta sobre si mesmo, para diante de cada esfinge que o espreita, e a amargura desabrocha num sorriso piedoso. É o sorriso honesto de Esopo e La Fontaine, o sorriso interior de Shakespeare, o sorriso de Renan... Está nele um meio de defesa, os homens superiores defendem-se com ele. Renan condoía-se dos que possuíam a faculdade petulante de negar por intuição. Parecia-lhe ser esta a pior maneira de responder às nossas insuficiências. Bastava um assobio despreocupado, e lá vinha em baixo a construção mais pacientemente levantada, partida irremediavelmente pelos alicerces. E Renan estava com a razão. *Animi naturam sanguinis esse*,[20] disse Lucrécio. É necessário que a alma sangre para se afirmar alguma coisa: a árvore sofre para dar o fruto, a pedra para dar a água.

Entretanto, não julgam os homens, por semelhante forma, as suas ações, e, em tal caminho, não costumam pôr os seus pensamentos. Antes, procuram evitar os momentos dolorosos ou somá-los perigosamente com os inúteis, por descaso ou temor. Assim, umas coisas fazem esquecer outras, os valores se confundem, as ideias justas perdem, insensivelmente, os contornos apurados, fogem para uma perspectiva caprichosa, e a alma, afinal, não soube chorar nem rir. Sua única função foi, apenas, hesitar sem jamais escolher. Aí está o defeito, ou a virtude, de quase todos os nossos semelhantes. São como a onda: rolam sobre si mesmos, batem no solo e recuam, voltam de novo, e de novo rolam sobre o chão, sem saber por quê. Todas as glórias e todas as decepções são aceitas com a mesma indiferença ou com os mesmos gritos, mas sempre com a mesma impotência vacilante e incerta.

Fogem alguns, todavia, a essa generalidade, pelo sorriso, como Epicuro, pela galhardia, como Rabelais, pela zombaria, como Luciano. No número desses, parece, a figura de Machado de Assis não ficará despida de um certo relevo. Ele cultivou como ninguém, talvez, em toda a nossa

---

20. "Que é igual à do sangue a essência da alma", verso do canto III de *De rerum natura* [Sobre a natureza das coisas], de Tito Lucrécio Caro (tradução de Antônio José de Lima Leitão. Tomo I, Lisboa: Tipografia de Jorge Ferreira de Mattos, 1851).

literatura, isso que se poderia chamar o tormento do riso, não pela maneira da carne provocada, mas pela agudeza de uma força invencível que precisava negar para existir...

Em Machado de Assis, não há transbordamentos de imaginação. Sua riqueza é toda interior, é muito mais intensa que extensa. Seu colorido é sóbrio e preciso, mas o desenho das suas figuras é de uma plasticidade luminosa. Essa técnica linear, essa profunda ciência do desenho das personagens tristes ou risonhas, nobres ou triviais da vida, é, justamente, a sua virtude por excelência. Sem possuir aquela vareta mágica com que Balzac fazia gritar, gemer, ulular, ou, simplesmente, rir e clamar a seu descomunal prazer toda a fabulosa comparsaria da *Comédia humana*, o nosso romancista manejava com inimitável perícia os carvões, as sanguinas, os ácidos e os buris com que delineava ou gravava os seus retratos agudos e as suas águas-fortes irônicas. Não seria um escultor de grandes massas, mas que sensibilíssimo imaginário, que atilado entalhador de baixos-relevos esquisitos nos depara a sua obra. O que lhe interessava não era o homem lançado nos meandros caprichosos da multidão, mas a própria multidão, repontando na síntese complicada de cada alma, na soma esquiva de cada homem, tomado isoladamente. Ao contrário de Balzac, cujo poder de assimilação ia encontrar em tudo, na dor ou na alegria, na miséria ou no esplendor, motivos para longos inquéritos e divagações intermináveis, Machado tinha, e não as escondia, as suas preferências. Seus tipos não são de todo vulgares. Os mais rudes, como o desencantado mendigo de *Quincas Borba*, têm a sua filosofia. Este sabia olhar o firmamento "sem arrogância nem baixeza", como se dissesse ao plácido céu: "Afinal, não me hás de cair em cima".

Todas as criaturas de Machado, o prudente d. Casmurro, o irônico Brás Cubas, ou aquele "professor de melancolia", do Apólogo, têm uma intuição muito semelhante dos seres e das coisas. Para eles, a vida é um esforço inútil, uma beleza sem proveito direto, que se não dá inteiramente, ou se dá o bastante para que logo nos enfastiemos dela, ao primeiro afago ou ao primeiro golpe recebido.

Talvez haja, até, um pouco de cinismo nas suas atitudes. Mas, em suma, que somos nós, que representam as nossas ações no convívio mútuo senão um pouco de miséria, dourada por um halo de cinismo piedoso? Brás Cubas, por exemplo, e para resumir suas várias criações numa só, conhece e aplica, já contra os outros, já contra si mesmo, todos os venenos filtráveis da perversidade. No seu famoso "delírio", ele se representa, sucessivamente, ora sob a lerda aparência de um bojudo barbeiro de mandarins, ora como iniciado, um praticante dos segredos da Eternidade, capaz de desvendar os séculos futuros e esclarecer os passados. É verdade que tudo acaba, visão dos tempos, o rolar monótono das idades, à porta de um quarto de moribundo, num simples jogo das patas de um gato com uma bola de papel.

Não terminarão, aliás, assim, todos os nossos sistemas racionais, o ingênuo empirismo de todas as nossas explicações? E aqui está a honesta sabedoria das figuras de Machado: acreditar na aparência das coisas, zombando, embora, delas... Suas personagens não intentam subir além de um amável ceticismo. Lembram, para usar uma feliz imagem de Descartes, certas heras, que, tendo galgado o tronco em que se apoiam, até o mais alteroso tope, tornam de novo satisfeitas à promiscuidade das ervas rasteiras do sopé. E tornam contentes de si mesmas e da viagem!

Malgrado faltar-lhe o segredo dos grandes conjuntos movimentados, e, até certo ponto, do próprio movimento, Machado de Assis revelou um aspecto vivo da nossa alma. Foi um dos pintores mais agudos do ridículo e da miséria ilustre e vaidosa dos homens.

Quatro breves traços lhe bastam, por vezes, para fixar a perspectiva profunda de um caráter; um gesto, uma réplica, um conceito distraído serviam-lhe para construir as linhas definitivas de uma personalidade.

Como bom psicólogo, ele nunca tentou contrariar o curso imponderável dos fatos. Não acreditava no "momento feliz" nem no "momento infeliz", acreditava em ambos, acompanhava a realidade de ambos. Seu raciocínio estava sempre em função do tempo e do espaço imediato, portanto aceitava todas as coisas vivas e mortas, boas e más, honestas e desonestas, com aquela imperturbável acolhida de um espelho sem surpresas. Desprende-se de sua obra um sentimento de constante preocupação pela beleza ou pela mesquinhez terrena, e uma rara compreensão da triste inutilidade a que as contingências cotidianas reduziram o coração e a inteligência dos homens. Em seus romances, o "documento humano" não obedece a um plano preconcebido, a um postulado fixo, a uma lei qualquer científica ou literária. Reflete-se neles, apenas, um espírito indagador, que a todo instante observa a si mesmo, através dos outros, e vai corrigindo, com o sorriso e a lágrima, a imagem que a vida lhe põe diante dos olhos.

Fonte desta edição:
CARVALHO, Ronald de. "A lição de Machado de Assis". *O Diário*,
Belo Horizonte, 20 jun. 1939.
Publicado em:
CARVALHO, Ronald de. *O espelho de Ariel*. Rio de Janeiro:
Álvaro Pinto Editor (Anuário do Brasil), 1923, pp. 127-33;
O Globo, Rio de Janeiro, 2 abr. 1934; CARVALHO, Ronald de.
O espelho de Ariel e *Poemas escolhidos*. Rio de Janeiro:
Nova Aguilar, 1976.

Outros textos do autor a respeito de Machado de Assis:
CARVALHO, Ronald de. "A poesia de Machado de Assis". *O Diário*,
Belo Horizonte, 4 jun. 1939; *Pequena história da literatura
brasileira*. Prefácio de Medeiros e Albuquerque. 6ª ed. rev.
Rio de Janeiro: F. Briguiet & C. Editores, 1937 [1919],
pp. 289-91; 13ª ed. Belo Horizonte: Itatiaia, 1984.
CARVALHO, Ronald de. "O Naturalismo". In: *Pequena história
da literatura brasileira*, pp. 312-8.
CARVALHO, Ronald de. "O romance no Brasil". *Revista do Brasil*,
São Paulo, jul. 1921, n. 67, vol. xvii, pp. 322-31; "O romance brasileiro".
O Mundo Literário, Rio de Janeiro, 5 out. 1922, vol. II, p. 296.
CARVALHO, Ronald de. "Algumas reflexões sobre o romance moderno".
O Mundo Literário. Rio de Janeiro, 5 maio 1922, vol. I, pp. 36-8.
CARVALHO, Ronald de. "Joaquim Nabuco e Machado de Assis
julgados por Graça Aranha". *O Jornal*, Rio de Janeiro,
27 nov. 1923; *Revista do Brasil*. São Paulo, jan. 1924, n. 97,
vol. xxv, pp. 75-8; *Estudos brasileiros*, 2ª série. Rio de Janeiro:
F. Briguiet & Cia, 1931, pp. 7-20.

MACHADO DE ASSIS NO CONCEITO DOS SEUS CONTEMPORÂNEOS — JUÍZOS LIGEIROS, 1924

Amadeu Amaral

a.a.

AMADEU AMARAL (Capivari, São Paulo, 1875–São Paulo, São Paulo, 1929): Poeta, folclorista, filólogo e ensaísta. Autodidata, dedicou-se à poesia, aos estudos folclóricos e à dialetologia. Principais obras: *Urzes*, poesia (1899); *Espumas*, poesia (1917); *Lâmpada antiga*, poesia (1924); *O dialeto caipira*, filologia (1920); *O elogio da mediocridade*, ensaio (1924); *Tradições populares*, folclore (1948); *Obras completas*, prefácio de Paulo Duarte (1948).

1924, *O Estado de S. Paulo*, 21 jun. 1939[21]

Tratando-se de um grande vulto, alvo de tanta atenção e interesse, é inevitável que, no calor e na relativa improvisação das opiniões, se externem sobre o seu caráter muitos juízos ligeiros, errôneos, apaixonados, ou francamente malévolos. Tais juízos, ou por se ajustarem na aparência às realidades, ou pelo prestígio de quem os subscreve, ou pela preguiça mental de quem os absorve, enfim pelos vários processos segundo os quais se realiza a sedimentação das ideias feitas, vão sendo repetidos numerosamente, vão-se perpetuando e amontoando, e tendem a fixar uma imagem toda convencional, incompleta e falsa do extinto.

Se alguém, com bastante acuidade e independência de espírito, se resolvesse a varrer tudo isso e a começar desde

21. O artigo vinha apresentado em *O Estado de S. Paulo* com o seguinte paratexto: "Em *O elogio da mediocridade*, editado em 1924 e no qual se reúnem alguns admiráveis ensaios de Amadeu Amaral, o grande artista de *Espumas* reproduz um luminoso estudo que sobre a obra de Machado de Assis publicara antes. A essas belas páginas fomos buscar o trecho que a seguir reproduzimos".

o primeiro passo um trabalho paciente de reconstituição, é possível que tivéssemos afinal um retrato bem diverso das efígies impressionistas que por aí correm.

Não há dúvida que a biografia e a obra de Machado apresentam um certo número de *dados* indestrutíveis.

É inegável, por exemplo, que o nosso romancista, tendo atravessado importantes fases literárias, políticas e sociais da vida nacional (esta observação vem sendo repetida desde Sílvio Romero), não deixou na sua obra sinais de que se houvesse interessado por elas. A reação romântica, muito mais significativa do que uma simples questão de gosto e de moda literária, a guerra do Paraguai, as lutas religiosas do Império, a Abolição, a República, tudo isso apenas se reflete, quando se reflete, rápida e longinquamente nos seus livros.

Eis aí um fato. Mas, daí, quantas inferências e quantos desenvolvimentos têm saído, sem mais apoio que uma simples aparência de lógica!

Que Machado foi uma individualidade incompleta, um egoísta e um insensível. Viveu fechado na sua literatura pessoalíssima, cego e surdo para a vida tumultuosa do país e do mundo, ocupado exclusivamente com os seus empregados públicos, os seus desequilibrados e as suas mulherinhas vulgares. Nem um voo pela esfera das ideias e preocupações da época, nem sequer uma lufada de sentimentos amáveis, simpatia, enternecimento ou piedade, no meio das tragédias humanas de que foi espectador irônico e frio durante sessenta anos. Tudo isto são acusações correntes e que ameaçam perpetuar-se.

São acusações que lembram aquela leviandade, a que aludia Anatole France, *"avec laquelle les gens sérieux parlent des choses graves"*. Esses juízos precipitados são muito cômodos: em agudeza suficiente para honrar os créditos de quem os emite e o ar de razoabilidade bastante a conquistar-lhes as adesões gerais. Não custam, fazem o seu *sucesso*, e assim, com pouco trabalho e bom rendimento, pode-se despachar o assunto e tratar logo de outra coisa. No fundo, porém, valem pouco mais de nada.

Antes de tudo, que assombrosa facilidade, esta com que se definem as linhas estruturais, o arcabouço, a ossatura, o cerne de uma personalidade! São reconstituições que metem num chinelo aquela que Cuvier prometia com ênfase embasbacante. Cuvier pedia um osso; os detratores de Machado contentam-se com uma *falha*, um dado negativo. Em regra, os homens de bom senso julgam os seus semelhantes pelo que eles fizeram: julgá-los e sentenciá-los pelo que não fizeram é empresa, pelo menos, arriscadíssima. Esse critério, aplicado seja lá a que individualidade for, dará sempre resultados semelhantes aos que aparecem em redor da memória de Machado. Não há um só indivíduo que não tenha deixado de fazer mil coisas que outros gostariam que ele fizesse... O máximo que se pode razoavelmente colher do simples silêncio de Machado sobre as questões de interesse humano e social no seu tempo, é apenas esta modesta e sólida verdade — que ele não quis aludir a tais assuntos. Isto é positivo. *"Tout le reste est littérature"*.

Já se observou igualmente que, assim como a grande vida não teve entrada na obra do nosso novelista, a natureza também não a teve. É outro fato.

Alfred de Vigny — e que nobre e bem organizada criatura foi o poeta da "Maison du berger"! — não só era indiferente à natureza, como lhe foi hostil. Machado apenas deixou de cortejá-la. Como Sterne, que, escrevendo uma viagem à França e à Itália, nada nos conta nem da Itália nem da França, ele viveu toda a sua vida entre a baía de Guanabara e a serra dos Órgãos, e quase nada nos diz nem da terra nem da gente. Dar-se-á caso, porém, que tenhamos aqui um novo traço de egoísmo, ou de insensibilidade? Se, não se importando, como escritor, com os sucessos do seu tempo, foi egoísta e insensível, é preciso arranjar uma explicação semelhante para o seu silêncio diante da natureza.

Esse silêncio, aliás, não é tão absoluto quanto se inculca. Na sua mocidade, Machado de Assis também cantou, entre outras coisas, o Corcovado e o céu azul, as flores e as mulheres. Depois, na parte capital e duradoura da sua obra, essa bela série dos quatro ou cinco últimos livros de contos e novelas, é certo que não rasga muitas janelas para a natureza: apenas, de quando em quando, pequenas frestas.

Disse uma senhora, referida por Alfredo Pujol numa das suas excelentes conferências, que aos romances de Machado lhes faltava o ar. Parece uma reflexão aguda, e é apenas uma frase. Não lhes falta absolutamente o ar necessário para que os seus personagens vivam e respirem a plenos pulmões — e isto é o que importa acima de tudo. Também na tragédia grega não havia "ar", ou "natureza". Durante longos e fecundíssimos séculos de literatura e arte, até os tempos modernos, até Jean-Jacques e o romantismo, a falta do material "natureza" não impediu que se fizessem várias obras-primas eternas. Essa coqueluche é muito mais recente do que aquela senhora imaginava.

E, ainda assim, qual é a natureza que aparece na maior parte dos livros de prosa e verso em que ela ocupa algum lugar? É uma natureza de convenção, de cabeça, de leitura, de ateliê. Se descontarmos da obra dos nossos escritores-artistas e dos nossos poetas as visualidades cerebrais que eles converteram em paisagens e marinhas, muito reduzido ficará por certo o número dos que dão mostras de ter entrado em imediato e comovido contato com a natureza *real*. É mesmo uma das evidências das nossas letras a pouquidade e a mesquinhez das suas impressões do meio físico. Excluídos os escritos à margem da literatura, contar-se-ão nos dedos as páginas onde se hajam fixado, em pinceladas vivas e originais, recantos e trechos reconhecíveis da natureza "concreta".

Os incomparáveis panoramas do Rio de Janeiro, este pedaço do mundo que parece ter saído das convulsões de uma batalha de deuses ainda não produziu em toda a literatura brasileira meia dúzia de páginas que se marquem com a intenção de reler por puro deleite. Em compensação, abundam as florestas derivadas de um tipo geral de floresta abstrata, enxameiam as espécies vegetais e animais estranhas ao nosso clima, as primaveras em maio, os flocos de neve, as feras que mesmo empalhadas não são das coisas mais encontradiças, e cavalos que galopam através de matas, e rebanhos de ovelhas em lugares onde nunca foram vistos, e regatos idílicos em zonas onde todo o solo só oferece aspectos de uma selvageria crespa e tristonha.

Acerca das preocupações humanas e sociais dos nossos puros homens de letras, poder-se-ia desenvolver uma série de considerações semelhantes, com particularidades a que não faltaria certo pitoresco.

Basta notar uma coisa: ver-se-ia em palpos de aranha o compilador que tentasse selecionar, no romance, no teatro e na poesia nacional, matéria que desse para um florilégio de duzentas páginas, concebido como documentação da maneira por que aquelas cogitações se refletiram na literatura pátria. Procurai, por experiência, reunir doze poesias notáveis extraídas à caudal da nossa produção metrificada dos últimos trinta anos, nas quais vibre ao menos uma nota nacionalista bem viva...

A verdade é que os nossos puros homens de letras têm vivido, ora mais, ora menos, mas sempre afastados das realidades concretas, metidos no seu canto e no seu sonho, temendo e detestando a ação.

Assim, o exagero a que chegou Machado de Assis foi apenas a agravação de um mal muito comum no país — e, digamos tudo, muito comum em toda parte.

Fonte desta edição:
AMARAL, Amadeu. "Juízos ligeiros (Machado de Assis no conceito dos seus contemporâneos)", 1924. *O Estado de S. Paulo,* 21 jun. 1939. Constitui a parte III do artigo "Machado de Assis". In: *O elogio da mediocridade (estudos e notas de literatura).* São Paulo: Nova Era, 1924, pp. 112-132. Uma primeira versão do artigo, "Em torno de Machado de Assis", saiu na *Revista do Brasil*, São Paulo, abr. 1918, vol. VII, pp. 357-68. Cf. também: "Em torno de Machado de Assis". *Ilustração Brasileira*, Rio de Janeiro, fev. 1929; *O Diário*, Belo Horizonte, 25 jun. 1939 (reprodução das partes II, e IV).

Outros textos do autor a respeito de Machado de Assis:
AMARAL, Amadeu. "Machado de Assis e Nabuco". *Revista do Brasil,* São Paulo, mar. 1918, ano 3, vol. 7, n. 27, pp. 275-85; "Machado de Assis". In: *O elogio da mediocridade (estudos e notas de literatura),* 1924, pp. 133-47.
AMARAL, Amadeu. "Machado de Assis". *Revista da Academia Brasileira de Letras*, Rio de Janeiro, jul. 1929, n. 91, vol. XXX, pp. 353-61. Palavras lidas na sessão de 21 de junho de 1919, na Academia Paulista de Letras; *A Manhã*, "Autores e Livros", Rio de Janeiro, 28 set. 1941, vol. I, pp. 117 e 119.

MONUMENTO A MACHADO DE ASSIS: APELO À NAÇÃO
Coelho Neto

c.n.

Henrique Maximiano **COELHO NETO** (Caxias, Maranhão, 1864 – Rio de Janeiro, Rio de Janeiro, 1934): Cronista, folclorista, romancista, crítico e teatrólogo, político e professor, membro da Academia Brasileira de Letras, fundador da Cadeira número 2. Tendo deixado obra extensa, nos diversos gêneros literários, foi por muitos anos o escritor mais lido do Brasil. Eleito "príncipe dos prosadores brasileiros", num concurso realizado por *O Malho* em 1928. Publicações, entre outras: *Rapsódias*, contos (1891); *Sertão* (1896); *Álbum de Caliban*, contos (1897); *Inverno em flor*, romance (1897); *A Capital Federal* (Impressões de um sertanejo), romance (1893); *A conquista*, romance (1899); *Tormenta*, romance (1901); *Turbilhão*, romance (1906); *O mistério* (1920); *O povo*, romance (1924); *A Cidade Maravilhosa*, contos (1928); *Fogo fátuo*, romance (1929); *Teatrinho* (1905), coletânea para crianças, parceria com Olavo Bilac.

1926, *Dom Casmurro*, 20 maio 1939

A inda que ele próprio, com a pena, haja construído o monumento perene do seu nome, entende a Academia Brasileira de Letras que Machado de Assis, desaparecido da terra, deve tornar à superfície da vida ressurgido em glória.

Cuidou-se, a princípio, em erigir à memória do grande estudioso de almas, que passou pela vida mergulhado no íntimo do ser, alheio ao mundo exterior, uma simples herma em que culminasse o seu busto. Verificou-se, porém, que isso seria insignificante como valor e incoerente como expressão.

A herma viria contradizer o homem. Machado de Assis, em vida, foi um incluso, escondido em si mesmo, no lar e na amizade de poucos — não se mostrava senão em reflexo — nos seus livros. Expô-lo na morte seria quase uma violação. Votou-se, então, pelo monumento — obra alegórica, de vulto, que correspondesse à grandeza do dignificado. Para tanto não tem forças a Academia, que dispõe apenas do medido recurso da sua renda. Desistir, porém, do empreendimento seria cometer duas injustiças — uma, a de deixar esquecido o escritor primoroso; outra, a de duvidar da generosidade do povo com os que engrandecem e honram.

Assim, resolveu a Academia lançar um apelo a todas as instituições do país e, individualmente, a quantos veneram a alta memória do Mestre exímio para que, com o auxílio de todos, se possa levar a termo a obra de reconhecimento que se pretende pôr de pé.

O artista que a houver de realizar não se deverá prender apenas ao efêmero, que pereceu, mas, principalmente, ao que resta e subsistirá — o espírito.

Machado de Assis não foi um compositor de imagens nem um paisagista — foi um destilador de essências e a essência, alma, não se vê: sente-se. Assim, como representar o invisível senão por símbolos, como os gregos representavam os mistérios da natureza, as belezas da vida e os sentimentos humanos? Que importa o vulto que desapareceu na morte?

O sol manifesta-se pelo calor e pela claridade — poucos lhe buscam ver o disco, contentando-se com o dia, que ele lhe dá.

Erija-se o monumento como representação do pequeno mundo saído do gênio do Poeta.

Deus, quem o vê na vida? Vê-se-lhe o *Fiat*, a criação, de que é Almo, e é tudo. Assim seja com o que nos legou uma obra de perfeição, tão pura na essência como estreme na forma, vazada em lídimo vernáculo.

E para que tal homenagem seja unânime, tornando-se assim um preito nacional, a Academia Brasileira de Letras apela para o patriotismo do Povo, pedindo a auxilie nessa glorificação devida a um dos maiores vultos da Literatura pátria e um dos mais peritos lapidários da língua portuguesa.

Coelho Neto
Presidente
Rio de Janeiro, 4 de março de 1926[22]

22. O jornal estampou a seguinte nota ao fim do texto:
"A título de curiosidade aqui damos o 'Apelo à Nação' — feito pela Academia Brasileira de Letras, por seu presidente Coelho Neto — para o monumento de Machado, hoje localizado de encontro à parede do edifício da Academia na Avenida das Nações".

Fonte desta edição:

COELHO NETO, Henrique Maximiano. "Monumento a Machado de Assis: Apelo à Nação", 1926. *Dom Casmurro*, Rio de Janeiro, 20 maio 1939, p. 6.

Outros textos do autor a respeito de Machado de Assis:

COELHO NETO, Henrique Maximiano. Resumo da conferência feita no Pedagogium, a 29 de dezembro de 1895. *Gazeta de Notícias*, Rio de Janeiro, 30 dez. 1895, p. l.

COELHO NETO, Henrique Maximiano. *Compêndio de literatura brasileira.* Rio de Janeiro: Livraria Francisco Alves, 1905, pp. 99-103; 3ª ed. rev. e aum., 1929, pp. 150-7.

COELHO NETO, Henrique Maximiano. *Às quintas.* Porto: Livraria Chardron, de Lelo & Irmão, 1924, pp. 51-5.

KEYSERLING
E MACHADO DE ASSIS
Nestor Vítor

n.v.

NESTOR VÍTOR dos Santos (Paranaguá, Paraná, 1868 – Rio de Janeiro, Rio de Janeiro, 1932): Poeta, contista, ensaísta, romancista, crítico e conferencista. Fez parte do grupo simbolista carioca e apoiou o grupo *Festa*. Foi um divulgador da literatura estrangeira, em particular da francesa. Professor no Colégio Pedro II, em 1894 o nomearam seu vice-diretor. Em 1917, foi eleito deputado no Paraná, reeleito em 1919. Principais obras: *Signos*, contos (1897); *Cruz e Souza* (1899); *Amigos* (1900); *Transfigurações*, versos (1902); *O elogio da criança* (1915); *Três romancistas do Norte* (1915); *Obras completas de Cruz e Souza*, com anotações de Nestor Vítor (1923-1924); *Cartas à gente nova* (1924); *O elogio do amigo* (1921); *Parasita*, novela (1928); *A crítica de ontem* (1919); *Os de hoje: figuras do movimento modernista brasileiro* (1938, póstumo).

O Estado de S. Paulo, 9 out. 1929

eio no *Diário de viagem de um filósofo* (esse filósofo é o conde de Keyserling)[23] a seguinte página, interessantíssima e cheia de verdade:

Em muitos sentidos cabe dizer-se que na crença teosófica os velhos erros da humanidade, longe de serem anulados, experimentam uma ressurreição.

Estimulado pelo espetáculo dos numerosos psicopatas que têm aderido à Sociedade Teosófica, refiro-me hoje especialmente à tendência antiquíssima a superestimar os estados patológicos.

23. Escritor e filósofo alemão, o conde Hermann de Keyserling (1880-1946) viajou pelo mundo em 1911 e publicou o *Diário de viagem de um filósofo* (*Das Reisetagebuch eines Philosophen.* Darmstadt: O. Reichl, 1919). A obra foi vertida para o francês, inglês, castelhano, entre outros idiomas. Cf. *Le journal de voyage d'un philosophe* (Paris: Libraire Stock, 1923--1929); *The Travel Diary of a Philosopher* (New York: Harcourt, Brace & Company, 1925); *Diario de viaje de un filósofo* (Madrid: Espasa-Calpe, 1928).

Essa tendência não é de estranhar, pois não há dúvida: o estado patológico é um estado positivo, que manifesta, em vez de uma falta de equilíbrio, antes uma forma distinta de equilíbrio, e esta, para muitos fins, resulta superior à normal.

Não há muito tempo, apercebi-me disto bem claramente — quando imaginei, por motivos razoáveis, que me contagiara da peste.

Com a simples representação disso fiquei verdadeiramente mal (como costuma acontecer-me), a ponto de sentir-me até às portas da morte.

Todo interesse egoístico desapareceu então. Achei-me completamente livre. Minhas faculdades anímicas irradiavam em linha reta até o infinito, e sentia em meu peito uma consciência da realidade mais profunda, mais intensa do que nunca.

A consciência chamada normal não é a mais rica, porque é, sobretudo, uma consciência do corpo, as forças psíquicas convergem num só centro — esta é sem dúvida a situação melhor, biologicamente falando — de maneira que a alma não faz, não quer, não conhece senão o que é adequado ao organismo físico.

Em compensação, quando o corpo, por um ou outro motivo, falha como veículo da vida, ou quando intencionalmente a vida se desvia do corpo, a consciência ocupa latitude mais ampla nos indivíduos que têm disposição para isso.

A alma então vive plenamente em seu mundo; o corpo não a estorva com seus limites. Assim se compreende a serenidade maravilhosa de muitos moribundos e enfermos graves. Assim se explica a frequente união de um grande espírito com um corpo débil.

Daí a ideia da mortificação, o debilitamento artificial do corpo por jejuns, vigílias, cilícios etc. É indubitável que práticas violentas como as que acabo de citar conferem à consciência uma grande capacidade de dilatação e potenciação. Podem-se imaginar muitos outros exercícios dessa classe além dos que — ao quanto sei — a técnica do ascetismo tem aplicado.

Em certas naturezas muito dadas à interioridade, pode a cegueira, por exemplo — nunca que eu saiba aplicada com tal fim —, conduzir a belíssimos resultados.

Durante algum tempo estive cego, em consequência de uma operação nos olhos, e posso dizer foi um dos mais ricos e fecundos de minha vida. Tanto que ao recuperar a vista tive uma sensação bem clara de empobrecimento.

Enquanto durou a cegueira, não estorvava minha vida espiritual coisa alguma exterior e alheia, e eu podia continuamente gozar essa vida em sua atividade própria. De tal atividade interior tinha uma consciência mais intensa do que nunca. As ocorrências sucessivas, que geralmente é difícil apreender e deter, apareciam-me como que projetadas sobre um fundo escuro, destacando-se ali com maravilhosa plasticidade.

A falta de um órgão importante não só dá mais acuidade aos outros, mas impõe-lhes novos problemas. Isto altera a situação a tal ponto que, então, dentro de muito pouco tempo, desapareceu em mim a consciência de haver sofrido uma perda, e tive a sensação de entrar em relação com o mundo numa forma nova, altamente interessante, porventura parecida com a dos animais sem olhos.

O final desta página, sobretudo, levou-me a pensar em Machado de Assis.

Uma vez, perguntando eu ao nosso grande novelista se não houvera um fato em sua vida que explicasse a razão da brusca mudança de sua atitude de espírito que data de *Brás Cubas*, comparado este livro com os seus romances anteriores, ele me respondeu:

— Não sei... Daí talvez viesse do seguinte: *Brás Cubas* não foi escrito, foi ditado por mim. Foi ditado porque eu estava então quase cego. Atacara-me uma moléstia dos olhos que só depois de muito tratamento se foi.

Pode que da meia cegueira e do angustioso receio de perder para sempre a vista proviesse em Machado de Assis o abalo psíquico de que resultou aquela como evolução *per saltum* determinante de uma fase nova, do ponto de vista espiritual, que se pronunciou em sua vida. Ela tornou-se definitiva e foi o que lhe deu verdadeira individualidade própria como escritor.

É, muitas vezes, de uma desgraça ou pelo menos de uma adversidade assim que resulta um grande bem para o artista. E a razão disso Keyserling a revela nessa luminosa página acima transcrita.

Fonte desta edição:

vítor, Nestor. "Keyserling e Machado de Assis". *O Estado de S. Paulo*, 9 out. 1929, *apud Obra crítica de Nestor Vítor*, vol. 3, Apresentação de Homero Senna. Rio de Janeiro: Ministério da Educação e Cultura; Fundação Casa de Rui Barbosa, 1979, pp. 307-8.

Outros textos do autor a respeito de Machado de Assis:

vítor Nestor. "José de Alencar e Machado de Assis", 1902; "Relíquias de Casa Velha", 1906; In: *Obra crítica de Nestor Vítor*, vol. 1, Prefácio de Thiers Martins Moreira, 1969. De: *A crítica de ontem*. Rio de Janeiro: Livraria Editora Leite Ribeiro & Maurillo, 1919.

vítor Nestor. "Garção e Assis", 1902. In: barreto filho. *Introdução a Machado de Assis*. Rio de Janeiro: Agir, 1947, pp. 231-270.

O MENINO DO MORRO
Humberto de Campos

h.c.

HUMBERTO DE CAMPOS Veras (Miritiba, hoje Humberto de Campos, Maranhão, 1886 – Rio de Janeiro, Rio de Janeiro, 1934): Jornalista, cronista, contista, memorialista, poeta, crítico. Em 1910, publicou *Poeira*, seu primeiro livro, de versos. Eleito em 1919 para a ABL, ocupou a Cadeira 20. Em 1933, publicou *Memórias*, crônica dos começos de sua vida. O seu *Diário secreto*, publicado postumamente, provocou escândalo devido à irreverência em relação a contemporâneos. Publicou, entre outros: *Da seara de Booz*, crônicas (1918); *A serpente de bronze*, contos (1921); *Carvalhos e roseiras*, crítica (1923); *A bacia de Pilatos*, contos (1924); *Grãos de mostarda*, contos (1926); *Alcova e salão*, contos (1927); *O Brasil anedótico*, anedotas (1927); *O monstro e outros contos* (1932); *Memórias 1886-1900* (1933); *Crítica*, 4 séries (1933, 1935, 1936); *Poesias completas* (1933); *Diário secreto*, 2 vols. (1954).

Diário de S. Paulo, 1933

Rio, 29 [set. 1933].

Há vinte e cinco anos, precisamente na data de hoje, falecia no Rio de Janeiro, em uma quieta e sombreada casa do Cosme Velho, um ancião que recebera na pia católica e nas letras profanas o nome de Joaquim Maria Machado de Assis. Contava, ao morrer, quase setenta anos. Era miúdo e calado de figura, mulato de sangue, escuro de pele, e usava uma barba curta e de tonalidade confusa, que lhe dava uns ares de antigo escravo brasileiro, filho do senhor e criado em casa de boa família. Era gago de boca, límpido de espírito, e manso de coração. E tornara-se, pelo estudo e pelo trabalho, o mais belo nome, e a glória mais pura, e mais legítima, das letras nacionais.

Ao evocar, todavia, esse grande morto de há um quarto de século, o que me vem à lembrança, ou melhor, à imaginação, não é o autor de algumas obras imperecíveis da nossa língua; nem o primeiro presidente da Academia Brasileira de Letras; nem o chefe de seção do antigo Ministério da Viação e Obras Públicas: é o menino de 1849, o filho de "mestre" Francisco e da Maria Leopoldina, do morro do Livramento; o sacristão do padre Silveira Sarmento na igreja da Lampadosa; o aprendiz de tipógrafo, e revisor, da Imprensa Nacional. É, em suma, o menino humilde, e o rapazola obscuro, de que devia sair, aos poucos, uma das individualidades mais fortes, e mais expressivas, da cultura brasileira, em todos os tempos.

O Machado de Assis que me vem aos olhos do espírito neste momento é, assim, o do morro carioca, no período mais ignorado e, quiçá, mais venturoso da sua vida. É o pequenote de dez anos, com a sua carinha escura e pálida, com todos os estigmas da criança pobre. Pela manhã, com o sol ainda embrulhado nas nuvens do horizonte, sai ele da casinha triste de operário modesto, a calça de riscadinho acima do joelho, os pés descalços, a camisa aberta no peito. Vai lá em baixo, na rua, comprar, para a mãe doente e cansada, a libra de carne, e um pouco de arroz. O pai, madrugador, já se foi para o trabalho, dar as últimas pinceladas no frontispício de uma casa, para as bandas de Botafogo. Tendo de fazer a viagem a pé, saiu ainda com escuro. E o menino Joaquim Maria lá se atira, morro abaixo, assobiando, e abaixando-se de vez em quando, a fim de apanhar uma pedra, com que espante um lagarto ou faça pontaria num passarinho... Quem encontrar naquelas alturas, e àquela hora, o filho de Maria Leopoldina dirá, por acaso, que ele possa um dia escrever, um dia, o *Memorial de Aires*, ou as *Memórias póstumas de Brás Cubas?*

Às nove horas, lá se vem ele, de novo, para a rua, descendo o morro. Aonde vai, que vem de roupa mudada? A calcinha é a mesma. A camisa foi, porém, substituída por uma blusinha do mesmo pano grosseiro, e traz, agora, chinelas de couro, que arrasta na ponta do pé. Vai para a escola, o filho de "seu" Chico Pintor. E leva debaixo do braço, apertando-a, uma caixa pequena e suja, dentro da qual vai o livro primário, de folhas amarrotadas, em que está aprendendo a ler. Encaminha-se para a escola, mas o seu pensamento não está, ainda, nas *Americanas* ou no *Dom Casmurro*. Está, inteiro, nos maracujás que viu no quintal do capitão Quintiliano, quando espiou por cima da cerca, e em umas rolas mariscadeiras que vira no quintal, e contra as quais experimentara, inutilmente, quatro vezes, a baladeira que fabricara na véspera.

Passam-se, porém, quatro anos. O filho da Maria Leopoldina é, agora, sacristão da Lampadosa. Ainda mora no morro, mas hoje sai de casa antes do pai, porque é preciso amanhecer lá em baixo, na igreja, para ajudar a missa de padre Sarmento. O vinho ficou nas galhetas, e todas as paramentas estão prontas, arrumadas cuidadosamente no gavetão da sacristia. Mas padre Sarmento quer que ele abra a igreja, e varra o estrado do altar, todas as manhãs, por causa das pulgas. E o menino Joaquim Maria não tem a menor ideia, ainda, do ritmo das *Falenas* e do enredo do *Quincas Borba*.

Maria Leopoldina morreu. Chico Pintor casou-se de novo. E o Joaquim Maria é, agora, aprendiz de tipógrafo. Ao amanhecer, desce o morro, e passa ainda na Lampadosa. Não ajuda mais a missa. Mas gosta de entrar no templo. Aquele silêncio, aquele recolhimento, aquele cheiro de velas que se queimam, enchem-lhe a alma de uma doçura esquisita, e de carícias o coração. Pensa nos santos. Mas ainda não pensou na *Ressurreição*, nem se lembrou, ainda, de *Esaú e Jacó*.

Depois, entra-lhe pela vida a livraria de Paula Brito. Nascem-lhe os primeiros versos. E Joaquim Maria Machado de Assis, aparecendo à luz da História, perde todo o interesse para mim, porque deixou de ser o menino do morro, o filho da Maria Leopoldina, o sacristão da Lampadosa, o aprendiz modesto e obscuro da Imprensa Nacional.

Há um quarto de século, no dia de hoje, morria o filho triste do pobre e honrado Chico Pintor, do morro do Livramento. E terá, dentro de poucas horas, a sua homenagem. Rapazes que amam a sua obra e admiram a sua vida, e que fundaram uma instituição que denominaram "Academia Machado de Assis", irão, hoje, cobrir de flores o seu túmulo. Farão mais: irão à Escola Municipal que tomou o nome do pequenote do morro do Livramento, e distribuirão, por todos os alunos, a história da vida humilde do sacristão da Lampadosa. E dir-lhes-ão:

— Meninos, o filho da Maria Leopoldina, lavadeira da roupa dos brancos, chamou-se, mais tarde, Joaquim Maria Machado de Assis. Glorificai o seu nome! Honrai a sua memória!

Machado, meu mestre, tu não morrerás. Tua lembrança está viva na alma dos moços, e o teu nome ainda mais vivo, no coração das crianças!

Louvado sejas tu na tua glória, ó doce e triste menino do morro do Livramento!...

Fonte desta edição:

CAMPOS, Humberto de. "O menino do morro". *Diário Carioca*, Rio de Janeiro, 29 set. 1933, p. 6; *Diário de S. Paulo*, São Paulo; *Diário de Notícias*, Porto Alegre, 30 set. 1933.

Transcrições:

Revista da Academia Brasileira de Letras, Rio de Janeiro, jan. 1934, n. 145, vol. xliv, pp. 84-7; *Dom Casmurro*, Rio de Janeiro, 20 maio 1939; *Jornal do Estado*, Porto Alegre, 17 jun. 1939; *Diário da Manhã*, Recife, 18 jun. 1939; *A Manhã*, "Autores e Livros", Rio de Janeiro, 28 set. 1941, vol. I, p. 115.

Outros textos do autor a respeito de Machado de Assis:

CAMPOS, Humberto de. "A Semana". *Para Todos*, Rio de Janeiro, 22 mar. 1919.

CAMPOS, Humberto de. *O Brasil anedótico*. Rio de Janeiro: Livraria Editora Leite Ribeiro, Freitas Bastos, Spicer & Cia., 1927. Cf. a seção "Cenas Machadianas" neste volume.

CAMPOS, Humberto de. *Crítica*. Segunda série. Rio de Janeiro: Marisa Editora, 1933, p. 151.

CAMPOS, Humberto de. *Crítica*. Terceira série. Rio de Janeiro: José Olympio, 1935, p. 114; 331-9.

EXCERTOS DE
DIAS IDOS E VIVIDOS
Belmiro Braga

b.b.

BELMIRO BRAGA (Vargem Grande, Juiz de Fora, Minas Gerais, 1872 – Juiz de Fora, Minas Gerais 1937): Poeta, trovador contista, jornalista. Atuou em jornais de Juiz de Fora, de outras cidades mineiras, do Rio de Janeiro, São Paulo, Espírito Santo e Pernambuco. Ajudou a fundar a Academia Mineira de Letras e foi um dos fundadores da revista literária *Marília*. Foi amigo do poeta Antônio Sales, que o incentivou a publicar seu primeiro livro, impresso no Porto, em Portugal, em 1902, e lhe deu o título, *Montezinas*. Em seu livro de memórias, *Dias idos e vividos* (1936), relata fatos de sua devoção por Machado de Assis, que o acolheu em cartas. Publicações: *Montezinas* (1902); *Cantos e contos*: prosa e poesia (1906); *Rosas*, poesia (1911 *Contas do meu rosário*, poesia (1918); *Coisas do povo* (s/d); *Zás-Trás* (s/d); *Os candidatos na cidade* (s/d); *Coisas da vida* (s/d); *Dias idos e vividos* (memória) *Redondilhas* (1934). Em homenagem a ele, a antiga Vargem Grande recebeu seu nome em 1962, como município emancipado de Juiz de Fora.

1936

DECEPÇÃO E... MACHADO DE ASSIS

E eu, que já conhecia os clássicos e que, lendo a *Gazeta*, não perdia os artigos de Eça de Queirós, de Ramalho Ortigão, de Ferreira de Araújo, e os de Domício da Gama, Henrique Chaves e Demerval da Fonseca, desejando possuir um dicionário de mitologia, a fim de aprender a decifrar charadas, encomendei-o, por tê-lo visto anunciado, à Livraria Garnier. Mas oh! decepção! em vez de escrever mitologia, escrevi metodologia e recebi, desapontado, um calhamaço caríssimo e que nunca me valeu de nada...

Nesse tempo, aparecia na primeira página da *Gazeta*, aos domingos, uma seção sob o título *A Semana*, sem assinatura. Era tal o prazer que experimentava ao lê-la, que passei a colecioná-la.

Havia nela um quê tão diferente de tudo o que eu lera até então...

E um dia, nas Sociais da *Gazeta*, leio isto: — Faz anos hoje Machado de Assis — o nosso eminente colaborador d' *A Semana*. Dobro o jornal e tomo nota da data: — 21 de junho. Daí por diante, fui, pouco a pouco, adquirindo-lhe os livros; um ano depois, já havia comprado e lido das *Crisálidas* ao *Brás Cubas*, toda a sua obra, chegando a saber de cor muitos dos seus contos admiráveis. Machado de Assis era o meu ídolo.

Em junho de 1891, antes alguns dias do dia 21, não me contive e escrevi-lhe uma carta de parabéns acompanhada destes versos, revistos pelo boníssimo Saragoça:

A MACHADO DE ASSIS

Quando ela fala, parece
que Deus é que anda a escutá-la.
A natureza emudece,
           quando ela fala.

Quando ela canta, suponho
ouvir cantar uma santa,
com dias festivos sonho,
           quando ela canta.

Quando ela chora, seus olhos
têm os matizes da aurora;
penso num mundo de escolhos,
           quando ela chora.

Quando ela ri, no seu riso
vejo aberto um bogari
e eu vivo num paraíso,
           quando ela ri.

LVI — A RESPOSTA DE MACHADO DE ASSIS

"Como a ave que volta ao ninho antigo, depois de um longo e tenebroso inverno", fui rever a Reserva, Papai e meus irmãos. Estávamos nos últimos dias de junho e ali fui, depois de uma ausência de quase seis anos, descansar uns dias, mas, como sempre me acontece na vida, ali passei esses dias — não visitando os amigos da infância e os lugares que tanto me falavam dela, mas, doente, e preso ao leito por uma febre de 38 graus...

Uma tarde fui surpreendido com volumosa carta de Carangola. Era de um amigo, acompanhando outra que para lá me fora dirigida. Abro-a e, espantado, leio: — *Meu caro poeta.* Procuro ver-lhe a assinatura e leio: — *Machado de Assis.* Visto-me às pressas e, trôpego, atravesso corredores e salas, à procura de Papai, que se encontrava no extremo da casa, onde passava os dias, lendo o *Jornal do Commercio.* Espanta-se, ao me ver transfigurado, diante dele. Mostro-lhe a carta, passa-lhe os olhos e pergunta-me:

— Mas quem é este sujeito?

E, eu, quase sem voz, respondo-lhe: — Machado de Assis!

— Que é Machado de Assis, já sei de sobra. E continuou: — O que desejo saber é quem ele é. É negociante? É fazendeiro?

— Machado de Assis, papai, é o maior escritor do Brasil.

Papai abriu de novo o jornal e me foi dizendo: — Deixe de fantasias, que tomam tempo e rendem nada; procure estar a par das coisas do comércio e se esqueça dessas frioleiras. E, olhe, já não é sem tempo...

Voltei, desolado, para o meu quarto de doente; passei em revista todos os meus amigos e não descobri um único a quem pudesse comunicar aquele fato... Nem um só conhecia Machado de Assis — a primeira pessoa no mundo que me chamava poeta... E eu tinha os olhos rasos d'água e pensava em mamãe...

Rio de Janeiro, 24 de junho de 1891.

Meu caro poeta.

Recebi e agradeço-vos muito de coração a carta com que me felicitais pelo meu aniversário natalício. Não tendo o gosto de conhecer-vos, mais tocante me foi a vossa lembrança.

Pelo que me dizeis em vossa bela e afetuosa carta, foram os meus escritos que vos deram a simpatia que manifestais a meu respeito. Há desses amigos, que um escritor tem a fortuna de ganhar sem conhecer, e são dos melhores. É doce ao espírito saber que um eco responde ao que ele pensou, e mais ainda se o pensamento, trasladado ao papel, é guardado entre as coisas mais queridas de alguém.

Agradeço-vos também os gentis versos que me dedicais e trazem a data de 21 de junho, para melhor fixar o vosso obséquio e intenção. Disponde de mim, e crede-me

Am⁰ mt⁰ agradecido — Machado de Assis.

LXIX — AINDA MACHADO DE ASSIS

A primeira vez que fui ao Rio de Janeiro, levei o propósito de conhecer Machado de Assis, de quem já conhecia todos os livros e de quem já possuía umas seis ou sete cartas, pois não deixei nunca de enviar-lhe parabéns na data de seu aniversário e nem de escrever-lhe, quando o sabia doente.

De há muito sabendo que ele, quando deixava o Ministério da Viação, passava pela livraria Lombaerts, à rua dos Ourives, n. 7, casa que desapareceu com a construção da avenida Rio Branco, chegando ao Rio, eu ia, às tardes, para essa livraria e ali ficava a comprar lápis e outras miudezas até que ele chegasse. Duvido que o mais apaixonado dos namorados aguardasse o seu amor com a impaciência e o embaraço com que eu aguardava Machado de Assis...

Estive cinco dias no Rio e pude, três vezes, vê-lo, segui-lo pelas ruas e acompanhá-lo, de bonde, até à rua Cosme Velho, n. 18. Descíamos juntos, ele entrava em casa e eu ficava, do passeio em frente, a contemplar-lhe a morada...

Voltei outras vezes ao Rio, e em todos elas, nunca deixei de repetir essas peripécias para o ver e o acompanhar.

Quando morreu, o meu retrato foi encontrado sobre a sua mesa, um amigo mandou-me flores retiradas de seu féretro e dois oradores, dando-lhe o último adeus, referiram-se ao meu nome...

Já viúvo, foi vítima de um ataque. Escrevi-lhe, lastimando a falta que lhe fazia d. Carolina, assim doente e assim desamparado...

E ele respondeu-me: — E já que se referiu na sua carta a Carolina, mando-lhe estes versos que acabo de compor. E mandou-me o soneto "À Carolina", que conservo entre os papéis que mais prezo...

E eu, que o vi tantas vezes, que o admirava tanto e que tanto lhe queria, nunca tive ânimo de dizer-lhe quem era e de apertar-lhe a mão...

XCV — AS FELICITAÇÕES DE MACHADO DE ASSIS

Das cartas que recebi pela notícia aparecida no jornal carioca sobre os meus versos, abro nestes apontamentos um espaço a alguns trechos da de Machado de Assis:

— "Folguei de ler o artigo do nosso querido Antônio Sales e notei pelas poesias transcritas nele que elas não deixam de ser pessoais, essencialmente líricas. Há quem acredite que essa poesia tem de morrer, se já não morreu. Eu creio que primeiro morrerão os vaticínios do que ela. Pessoal é ela e por isso me comove. Se cantas as tuas dores ou alegrias de homem, eu que sou homem, folgarei ou chorarei contigo. Esta solidariedade do coração faz com que a poesia chamada pessoal, venha a ser, ao cabo de tudo, a mais impessoal do mundo. Eu não fui ao lago com Elvira, mas sinto a comoção de Lamartine.

Ainda uma vez, adeus! exclama Gonçalves Dias, e todos nós sentimos confranger-nos o coração de saudade. Não! a poesia pessoal não morreu; morrerão, é certo, os simples biógrafos, os que põem em verso todas as passagens dos seus dias vulgares. Que me importa que ela te desse uma flor em certa despedida? Uma despedida e uma flor são coisas banais; mas canta-as com alma: pede à musa dos nossos grandes poetas o segredo da harmonia e a teu próprio coração a nota da sinceridade, e eu sentirei contigo essa dama que não conheço, beijarei mentalmente essa flor que nunca vi".[24]

"O amigo é negociante, profissão que lhe há de tomar mais tempo do que convinha às musas dar-lhe. Ainda assim, quero crer que, entre um freguês que sai e outro que chega, comporá uma estrofe e a guardará na gaveta onde irá formando o livro que nos há de dar em breve. Deve lembrar-se de que já me disse uma vez: — Apesar de tudo,

---

24. Cf. SOUSA, J. Galante de. "Crítica e mistificação". *A Manhã*, "Letras e Artes", Rio de Janeiro, 3 maio 1953, n. 288. Esse trecho reproduzido por Belmiro Braga em *Dias idos e vividos*, como sendo relativo aos seus versos, está presente também na crítica de Machado de Assis ao livro de versos *Estrelas errantes*, de Quirino dos Santos.

ainda não me desenganei dos versos. Felizes, digo eu, os que não se desenganam deles. Versos são coisas de pouca monta; não é com eles que andam as máquinas, nem eles influem por nenhum modo na alta e baixa dos fundos. Paciência! Há no interior do homem um ouvido que não entende senão a língua das comoções puras, e para falá-la o melhor vocabulário é ainda o do grande Homero."

E já que me refiro mais uma vez a Machado de Assis, aproveito para dizer que não sei de pessoa que mais se parecesse com Papai do que ele. Papai, filho de Minho, tinha qualquer coisa de mouro e daí a razão por que todos, ao verem na minha mesa o retrato do autor de *Quincas Borba*, me perguntavam se era o de algum tio meu.

Nota 1:

Prezado senhor e amigo,

Muito me comoveu a carta que me enviou, datada de ontem, cumprimentando-me pelo meu aniversário natalício, e assim também a prova de afeição que me deu enviando-me o seu retrato. Este fica entre os dos amigos que a vida nos depara, e aquela entre os manuscritos dignos de recordação. Agradeço-lhe os votos que faz pela minha vida e felicidade, e subscrevo-me com estima e consideração,

Att° e obr°

Machado de Assis.

21 de junho de 1893

Fonte desta edição:
BRAGA, Belmiro. Excerto de *Dias idos e vividos*. Rio de Janeiro: Ariel, 1936, pp. 129-33, 159-60, 219-20, p. 241.

Outro texto do autor a respeito de Machado de Assis:
BRAGA, Belmiro. "Machado de Assis". *O Farol*, Juiz de Fora, 1° out. 1908.

NOTAS SOBRE MACHADO DE ASSIS
Xavier Marques

x.m.

Francisco **XAVIER** Ferreira **MARQUES**: (Itaparica, Bahia, 1861–Salvador, Bahia, 1942): Jornalista, político, romancista, poeta, biógrafo e ensaísta. Em 1910, recebeu um prêmio da Academia Brasileira de Letras, pelo romance *Sargento Pedro*. Segundo ocupante da Cadeira número 28, foi eleito em 1919, na sucessão de Inglês de Sousa. Obras: *Temas e variações*, poesia (1884); *Boto e companhia*, romance (1897); *Jana e Joel*, romance (1899); *Pindorama*, romance (1900); *Holocausto*, romance (1900); *Praieiros* (1902); *O sargento Pedro*, romance (1910); *Vida de Castro Alves*, biografia (1911); *A arte de escrever*, estilística (1913); *A cidade encantada*, contos (1919); *O feiticeiro*, romance (1922); *As voltas da estrada*, romance (1930); *Letras acadêmicas*, ensaios (1933); *Cultura da língua nacional*, filologia (1933); *Ensaios*, 2 volumes (1944); *Evolução da crítica literária no Brasil e outros estudos*, 1944.

Revista da Academia Brasileira
de Letras, 1939

As decepções colhidas por Machado de Assis na experiência do mundo organizaram-se em uma filosofia amarga e desconsoladora. Ter uma filosofia importa disciplinar e orientar o pensamento em certo sentido, enquadrar o universo num sistema de ideias, e de acordo com essas ideias afinar a sensibilidade, exercitar a vontade e agir. Efetivamente, pensando ou agindo, homem de sociedade ou escritor, Machado de Assis foi coerentemente o filósofo, sem discrepância, cético, desenganado e triste, jamais contraditório, posto que indulgente, no ajuizar dos homens, das suas ações e dos móveis dessas ações.

Para o artista criador, melhor é não comprometer a liberdade do espírito na estreiteza do sistema. Que ele possa mover-se a todos os sopros de inspiração e refletir a natureza na infinita variedade dos seus aspectos.

O pessimismo filosófico do autor de *Quincas Borba* abriu-lhe os olhos muito a fito e de preferência para a imensa miséria da vida. Mas a vida não é só o fervilhar de ambições, de ódios e baixos interesses, nem o mundo é inteiramente o estendal de vícios onde a aparição da virtude causa escândalo. Diríamos, imitando Hamlet, se não se tratasse de algo menos misterioso: Há mais coisas na face da terra do que imagina a vossa filosofia...

Entretanto, a realidade, a vil, a enojosa realidade que ao gênio do artista foi dado tocar, observar e sentir, ele a reproduziu com arte incomparável, arte singular, que o isolou, no romance brasileiro, como o analista mais sutil e perfeito modelador de caracteres.

*   *   *

Na galeria de humanos, em que se apurou o estilo de Machado de Assis, nem tudo é abjeção e maldade. Aparecem criaturas angélicas, extraviadas na multidão dos precitos. Aparecem para realçar, pelo contraste, a fortuna dos réprobos.

Nas *Memórias póstumas de Brás Cubas* é posta em relevo, e bem o mereceu, a figura de d. Plácida, bondosa e sofredora. Brás Cubas, depois de ouvir-lhe, com toda a complacência, a ladainha de queixas, ficou a pensar, com o travo do *humour* na alma.

> É de crer que d. Plácida não falasse ainda quando nasceu, mas se falasse podia dizer aos autores de seus dias: — Aqui estou. Para que me chamastes? — E o sacristão e a sacristã natural- mente lhe responderiam: — Chamamos-te para queimar os de- dos nos tachos [era doceira], os olhos na costura, comer mal, ou não comer, andar de um lado para outro, na faina, adoe- cendo e sarando, com o fim de tornar a adoecer e sarar outra vez, triste agora, logo desesperada, amanhã resignada, mas sempre com as mãos no tacho e os olhos na costura, até aca- bar um dia na lama ou no hospital: foi para isso que te chama- mos, num momento de simpatia.

Ao cabo, a lição do romancista é a mesma, invariável. Este mundo não pode ser morada de anjos, porque é o pa- raíso dos velhacos, dos egoístas, dos intrigantes e desones- tos. É um círculo do inferno.

Mas que encanto é ver sofrer nesse inferno, através do estilo narrativo de Machado de Assis!

*   *   *

Nota-se como falha deplorável que o criador de personagens tão fiéis à verdade humana as colocasse e fizesse viver, paradoxalmente, dentro de um nevoeiro, como atores que, por um capricho de empresário, representassem a peça no alto do Corcovado, em dia de espessa nebulosidade.

É inadmissível que a paisagem tropical fartamente colorida e iluminada, sensacional e invasora que forma o pano de fundo e a moldura das cidades brasileiras, inexistisse para um homem de larga e profunda visão, não obstante discreta, e que apenas disfarçava o seu culto voluptuoso da beleza. Ele a suprimiu conscientemente. Desdenhou-a talvez. Estava na sua estética de recolhido. Usava o seu processo.

A concentração e contensão de espírito reclamadas pelo estudo de homem, interior e social, levaram o conhecido inimigo de superfluidades a considerar supérflua a paisagem e somenos o labor de paisagista.

O grande artista não trabalhava ao ar livre, com pincéis e paleta, mas no recesso da oficina, manejando escopro e buril. Não foi pintor; foi escultor e gravador.

No seu teatro de vida ocupava-se com o drama e abstraía dos cenários. Deixou a outros menos atraídos pelo segredo das almas o prazer sensual que pode fluir dos panoramas luxuriantes.

Como quer que seja a sua obra, original, distinta e forte, obedeceu a um plano e foi das de mais difícil construção.

Machado de Assis construiu para a eternidade.

Fonte desta edição:

MARQUES, Xavier. "Notas sobre Machado de Assis". *Revista da Academia Brasileira de Letras*, Anais de 1939, julho a dezembro, Centenário de Machado de Assis, Rio de Janeiro, ano 38, vol. 58, pp. 86-9.

Transcrições: *A Tarde*, Bahia, 21 jun. 1939; MARQUES, Xavier. *Ensaios*, vol. 1, Rio de Janeiro: Academia Brasileira, 1944, pp. 95-8; *Leitura*, Rio de Janeiro, out. 1958, pp. 42-3.

Outro texto do autor a respeito de Machado de Assis:

MARQUES, Xavier. *Vida de Castro Alves*. Rio de Janeiro, Edição do Anuário do Brasil, 1924, pp. 120-2. Sobre a apresentação de Castro Alves a Machado de Assis.

MACHADO DE ASSIS
Max Fleiuss

m.f.

MAX FLEIUSS (Rio de Janeiro, Rio de Janeiro, 1868 – Rio de Janeiro, Rio de Janeiro, 1943): Jornalista, escritor, historiador, professor e memorialista. Filho do pintor e caricaturista Henrique Fleiuss, que fundou o Imperial Instituto Artístico, a *Semana Ilustrada* (1860-1876) e a primeira *Ilustração Brasileira* (1876-1878). Foi diretor de *A Semana* (1893/95), do *Século XX* e da *Renascença* (1904) e colaborador de *O Comércio de São Paulo*. Historiador, publicou crônicas, crítica e o romance naturalista *Femina*, com o pseudônimo Rodrigues d'Almeida. Foi amigo de vários literatos, como Raul Pompeia e Francisca Júlia. Principais obras: *A Semana* (1915); *Femina*, romance (1896); *Páginas brasileiras* (1919); *História administrativa do Brasil* (1923); *Esboço da História do Instituto Histórico e Geográfico Brasileiro* (1931); *Apostilas de História do Brasil* (1933); *Cem anos bem vividos* (1938); *Dom Pedro Segundo* (1940); *Recordando: casos e perfis* (1941).

Dom Casmurro, 20 maio 1939

om Casmurro manda e eu obedeço...

Aliás escrever algumas palavras sobre Machado de Assis é, para mim, justo motivo de contentamento.

Machado de Assis era muito amigo de meu pai, o grande artista que se chamou Henrique Fleiuss, fundador do Imperial Instituto Artístico, da *Semana Ilustrada* (1860-1876) e da primeira *Ilustração Brasileira* (1876-1878).

Foi propriamente na *Semana Ilustrada* que Machado de Assis firmou o seu nome de cronista, escrevendo as "Badaladas da Semana", sob o pseudônimo de Dr. Semana, depois, já consagrado mestre, a "História de Quinze Dias", na *Ilustração Brasileira*. Estas crônicas, deliciosas — pelo comentário e pelo estilo, eu as reuni todas no meu livro *Páginas de História*.

Tive a fortuna das relações com Machado de Assis e quando, com Valentim Magalhães, restabeleci a *Semana*, 1893-1895, fruímos todos o grande prazer de seu convívio.

A meu pedido traduziu ele a Introdução ao *Intermezzo* de Heine (edição brasileira feita pela *Semana*) e o francamente admirável conto — "Missa do Galo" —, que publiquei no número 41 de 12 de maio de 94. Mais tarde ainda na existência da *Semana*, pretendi fazer uma seleção dos nossos melhores contos e, nesse sentido, escrevi a Machado de Assis, pedindo-lhe que me indicasse, dentre os seus, o preferido. Respondeu-me imediatamente, em carinhoso bilhete, dizendo-me: "Primas de Sapucaia!".

Muitas vezes, ao anoitecer, passeávamos juntos, no Cosme Velho, onde morávamos. Machado de Assis sempre ao lado de sua amadíssima esposa, dona Carolina, irmã de Faustino Xavier de Novais, o conhecido poeta portuense, falecido no Rio de Janeiro em 1869.

Sentia-se desde logo que era um grande afetivo e de seu valor, como homem de verdadeiras letras, nunca demonstrava o menor orgulho. Sempre tímido, indulgente, se bem que humorístico, mas de um humorismo sadio só peculiar dos espíritos superiores.

Fonte desta edição:
FLEIUSS, Max. "Machado de Assis". *Dom Casmurro*, Rio de Janeiro, 20 maio 1939, p.13.

Outros textos do autor a respeito de Machado de Assis:
FLEIUSS, Max. *A Semana (1893-1895) (Chronica de Saudades)*. Rio de Janeiro: Tip. da Empresa Literária e Tipogr., 1915, p. 96, 115-6 e 207.
FLEIUSS, Max. *Páginas de História*. 2ª ed. Rio de Janeiro: Imprensa Nacional, 1930, pp. 581-2. Sobre o teatro de Machado de Assis.

MINHAS MEMÓRIAS DOS OUTROS: MACHADO DE ASSIS
Rodrigo Otávio

r.o.

RODRIGO OTÁVIO Langgaard Meneses (Campinas, São Paulo, 1866–Rio de Janeiro, Rio de Janeiro, 1944): Poeta, romancista, contista, novelista, memorialista, dramaturgo, conferencista, professor universitário, advogado, juiz de direito, membro fundador da Academia Brasileira de Letras. Sua estreia poética — *Pâmpanos* —, publicada em *A Estação* (1886), foi resenhada por Machado de Assis. Dedicou-se à implantação e ao desenvolvimento da Academia, que o elegeu primeiro secretário em janeiro de 1897. Publicou, entre outras obras: *Pâmpanos*, poesia (1886); *Sonhos funestos*, drama em verso (1895); *Bodas de sangue*, novela (1895); *A Balaiada*, crônica histórica (1903); Águas passadas, novela (1914); *Coração de caboclo*, poema (1924). E jurídicas: *Os sucessos de abril perante a Justiça Federal* (1893); *Do Domínio da União e dos Estados segundo a Constituição Federal* (1924). *Minhas memórias dos outros* (1934, 1935 e 1936) traça perfis de amigos como Machado de Assis, Nabuco e Rio Branco.

Dom Casmurro, 20 maio 1939

I — O PASSADO

Privilégio da velhice, compraz-me viver dentro de minhas saudades, ocupar-me de coisas passadas que, para mim, não são mortas. Aliás, não me ressinto dessa velhice, apesar de que, nesta altura da vida, inteirado dos homens e curado de ambições, outro desejo não tenho senão que trabalho algum se me acrescente aos já complexos, absorventes, labores de ser avô.

Realmente, se não fossem ocasionais encontros com antigos companheiros do tempo de colégio e da Faculdade, que tiveram a falta de gosto de se fazerem velhos, e ora passeiam, à luz radiosa da cidade, o frangalho de uns corpos bambos e a desolação de uma figura abatida, acreditar-me-ia da idade de outros que, em torno de mim, se movem lépidos e risonhos na despreocupação de viver. Encontros com esses meus depauperados colegas como que me põem defronte de um espelho do que sou, por certo, mas do que podia ser. E os fico detestando.

Não me sinto velho. Nem o fato de me estar ocupando, desde alguns meses, com revolver vividas reminiscências, me dá impressão de velhice, porque, se essas coisas são de muitos anos atrás, eu as tenho na memória e no coração como se fossem de ontem.

Assim, a persistência do convívio com Machado de Assis, que, durante quinze anos, foi de todos os dias e cessou, materialmente, desde 1908, em que o vi morrer no pequeno quarto contíguo à sala de jantar do pitoresco chalé do Cosme Velho, esse convívio ainda me encanta e enche, no suave prazer de viver, de olhos fechados, horas em que não faço nada e que não reputo perdidas.

II — NOSSO CONHECIMENTO

A lembrança que guardo de Machado de Assis é das mais intensas de minha vida.

Encontrei-me com ele, pela primeira vez, no banquete oferecido a Luís Guimarães quando, de Lisboa, onde desde muitos anos servia como secretário de nossa Legação, veio a esta capital, em 1886, após o retumbante sucesso do livro dos *Sonetos e rimas*. No vasto salão do segundo andar do velho Globo, hotel desde muito desaparecido, e que foi clássico local de banquetes, à sombra das frondosas figueiras bravas do Carceller, esse banquete reuniu a flor de nossas letras. Machado presidiu, e eu, estudante ainda, tendo publicado, pouco antes, meu livrinho dos *Pâmpanos*, fui honrado com um convite, distinção que me subiu à cabeça e me fez crer que eu era alguma coisa! Nabuco era dos da festa e, convidado para falar, achou mais oportuno, em ágape de poetas, mostrar-se um deles, e recitou, com aquela voz enérgica e musical, aquela presença dominadora e bela, os magníficos alexandrinos franceses de seu poema a "Epitecto".[1]

Machado, que havia publicado, sobre o meu livrinho de versos, umas palavras amáveis em *A Estação*, jornal de modas, editado pela velha tipografia Lombaerts, que continha uma preciosa seção literária, de que ele era uma espécie de diretor espiritual, nessa festa em que nos encontramos pela primeira vez, foi para comigo de uma afabilidade que me encheu de desvanecimento. Nesse mesmo ano, um pouco mais tarde, outro banquete comemorou o vigésimo[25] aniversário da publicação das *Crisálidas*, primeiro livro de Machado. O banquete foi a 6 de outubro, fim de ano, tempo em que andava eu agarrado aos livros, em São Paulo. Daí mandei ao Poeta festejado um pobre soneto a que Olavo Bilac, recitando-o, quis generosamente dar todo o prestígio de sua glória nascente.

Alguns dias depois da festa a Luís Guimarães, fui uma tarde visitar Machado de Assis na casa Lombaerts, ponto a que então ele ia, quase diariamente. Era essa tipografia estabelecida no princípio da rua dos Ourives, entre Assembleia e Sete de Setembro, parte da velha rua que foi seccionada pela construção da avenida Rio Branco e formou rua independente, sob o nome de Rodrigo Silva.

A Estação, como já disse, era um jornal de modas impresso nessa casa, mas gozando de tão alto prestígio que foi nele que apareceram alguns admiráveis contos do livro das *Histórias sem data* e todo o *Quincas Borba*, tendo se aproveitado a composição para a primeira edição desse livro.

Machado acompanhava esses trabalhos de impressão com grande cuidado e nessa visita, acentuando o prazer de acompanhar as diversas fases da publicação de um livro, deu-me conselhos — conselhos, dizia ele, que correspondiam a coisas que, até então, não havia podido observar, mas que desejava que os futuros escritores pudessem fazê-lo. Referia-se ao cuidado tipográfico, à escolha do papel, à nitidez da impressão, à beleza do livro, enfim. Muitos anos passaram, e tudo isso, apesar do enorme progresso da indústria de impressão entre nós, ainda é muito difícil. Aloísio de Castro, para conseguir fazer brotar de nossos prelos a maravilha, de gosto e de perfeição que são seus livros, deve ser feliz possuidor de uma preciosa vara de condão...

A velha casa Lombaerts não sobreviveu à demolição do prédio em que funcionava. Em compensação, com as transformações da cidade a Casa Garnier mudou de aspecto. Era, desde muitos anos, um pequeno armazém, de duas portas, baixo, escuro, triste, à rua do Ouvidor, depois da

25. Era o vigésimo segundo aniversário de publicação de *Crisálidas* (1864).

rua da Quitanda. Coelho Neto, nas páginas tão cheias de evocação e saudade de seu *Fogo fátuo*, assim o descreveu: "Casebre de aspecto ruinoso, achaparrado, poento, com o soalho frouxo, mole que nem palhada, o teto ensanefado a teias de aranha, tão escuro para o fundo que nem se distinguiam os vultos que por lá andavam em cuscuvilhice bibliófila e entre eles a figura rabínica do velho editor, pigarrento, sempre de brim pardo, barrete seboso, afurando pelos cantos em rebusca de avaro, a sacudir brochuras, limpando-as à manga do paletó".

Com a remodelação da cidade, transformou-se essa biboca escura e baixa no opulento, arejado e luminoso edifício de nossos dias.

E era aí que, em seus últimos anos, à tarde, depois da hora da repartição o mestre se encontrava com os amigos, num recanto, à direita de quem entrava. A companhia não era numerosa; mas nem sempre havia cadeiras para todos. Machado de Assis, sentado no meio do grupo, risonho e afável, ouvia a movimentada palestra, pontilhando-a, de quando em vez, com a nota de sua fina ironia, mordaz, por vezes, mas sem veneno. Chegada a hora da debandada, os mais íntimos íamos levá-lo no seu bonde de Laranjeiras, e o grupo se dissolvia para os quatro cantos da cidade.

III — MACHADO E A ACADEMIA

Certa vez, em uma destas idas até o ponto do bonde, ocorreu um pequeno episódio que dá a medida do interesse de Machado pela respeitabilidade da Academia, a que ele, presidindo desde o seu nascimento e corporificando-a mesmo, emprestou toda a própria circunspecção e prestígio. Por essa forma, contribuiu certamente, e muito, para que ela atravessasse incólume o período indispensável para que se acreditasse resolvida a viver, crescer e vencer.

Machado entendia, e não cessava de o dizer, que a Academia devia ser, também, uma casa de boa companhia; e o critério das boas maneiras, da absoluta respeitabilidade pessoal, não podia, para ele, ser abstraído dos requisitos essenciais para que ali se pudesse entrar. Por esse tempo, alguns de nossos colegas andavam procurando criar no ânimo de Machado uma ambiência favorável à aceitação da candidatura de certo Poeta, de notório talento, mas de temperamento desabusado e assinalado sucesso em rodas de boêmios... Nesse dia o nome do poeta veio à tona; a controvérsia fora acalorada. Machado não interveio nela; conservou-se calado; mas, quando o levávamos para o bonde, na avenida, ao chegar ao canto da rua da Assembleia, ele nos convidou a que seguíssemos por essa rua, e, a dois passos, nos fez entrar em uma cervejaria, quase deserta nesse momento. Não sabendo de todo o que aquilo significava, nós o acompanhamos sem dizer palavra, e vimo-lo deter-se no meio da sala, entre mesinhas e cadeiras de ferro, e, também sem dizer palavra, estender o braço, mostrando, ao alto de uma parede, um quadro, a cores vivas, em que, meio retrato, meio caricatura, era representado em busto, quase do tamanho natural, grandes bigodes retorcidos, cabelo revolto na testa, carão vermelho e bochechudo, o Poeta, cuja entrada no seio da imortalidade se pleiteava, sugestivamente empunhando, qual novo Gambrinus, um formidável vaso de cerveja... A cena causou em todos profunda impressão e, tal era o respeito havido por Machado, que, em vida dele, não se falou mais na candidatura de Emílio de Meneses...

*   *   *

Pode-se afirmar que o prestígio e o sucesso da Academia Brasileira eram a grande preocupação do Mestre.

Machado não era um homem sociável, era mesmo de difícil familiaridade. Finamente polido, atencioso para com toda a gente, tinha ele, entretanto, um muito limitado círculo de relações de visita, e essas mesmas, confinadas no seu bairro, dentro de um pequeno raio da casa em que, por tantos anos, viveu.

Era natural que, a homem dotado de tal temperamento, não fosse fácil incorporar-se a grêmios, participar de sociedades, procurar fazer vida comum e conjunta. A Academia, entretanto, o conquistou. Machado se entregou de corpo e alma ao novo instituto que foi para ele a preocupa-

ção permanente, consoladora e luminosa de seu derradeiro decênio.

Do interesse, da atenção constante de Machado pela
Academia, interesse e atenção sempre manifestados, podem dar testemunho todos os que com ele entretiveram
correspondência literária. De tal asserto é demonstração
eloquente o belo livro de Graça Aranha sobre a correspondência de Machado e Nabuco. Não há linha nessas cartas,
de um e de outro, que não houvesse sido animada pelo
amor dessa Casa, e, vindo esse alto e contínuo interesse de
homens de tão superior espírito, é esse, sem dúvida, justi-
ficado motivo de desvanecimento e orgulho para a egrégia
Companhia. E deve valer qualquer coisa, deve ter alguma
significação um instituto que, de modo tão vivo e diuturno,
preocupou espíritos que pairavam em tão alevantado nível.

IV — O GRÊMIO DE LETRAS E ARTES
E O CLUBE BEETHOVEN

Em 1887, fundou-se nesta cidade o Grêmio de Letras e Artes, que recolheu desde logo a adesão de um respeitável
núcleo de artistas e de letrados.

Machado de Assis, cujo nome fora escrito no quadro
social, foi eleito seu Presidente; declinou, porém, da honra, alegando, em carta de 28 de março de 1887, que ainda
conservo, que pertencia à Diretoria do Clube Beethoven,
cujos Estatutos não permitiam que seus diretores fizessem parte da Diretoria de outras associações congêneres...

Esse Clube Beethoven foi uma sociedade musical, constituída por meia dúzia de amadores executantes de músi-
cas de câmera, em torno dos quais se agruparam algumas
dúzias de anunciadores de boa música. Teve sede primiti-
va em um modesto sobradinho do Catete, do lado oposto
ao do Palácio do Governo, então de Nova Friburgo.

Aí, os sócios reuniam-se para palestra e jogos inocentes, realizando-se frequentemente concertos de melhor
música, para seu regalo exclusivo.

Era artigo fundamental dos estatutos a não admissão de
senhoras na sede social, e dizem que, por isso, a sociedade se

confinou em seus intuitos salutares e prosperou. Ia-se, pois, ali, apenas para ouvir música, a dos violinos e do piano...

Para o grande mundo, dando arras de uma existência brilhante, que de fora todos ignoravam, o Clube celebrou os luxuosos salões do Cassino Fluminense, hoje Automóvel Clube, alguns grandes concertos que foram, no seu tempo, dos mais notáveis acontecimentos sociais e artísticos do Rio de Janeiro. Dirigia esses concertos um jovem e elegante cavalheiro, violinista amador, muito conhecido nos círculos sociais por suas apreciáveis qualidades, porque gerente de uma famosa companhia americana de seguros de vida, The York Life Insurance Company, a primeira que aqui se estabeleceu, era visto, a toda hora, circulando num pequeno e sutil *coupé* de rodas vermelhas, único no seu tempo, e que fazia inveja a muita gente. Chamava-se esse diretor artístico do Clube, Roberto Benjamin Kissman...

E o sucesso dos grandes concertos subiu à cabeça de uma grande parte dos sócios do modesto e cauteloso clube de homens... Era preciso dar ingresso ali ao sexo... frágil? Não sei! Resolvamos o caso dizendo simplesmente ao outro sexo... Para tanto era preciso alargar-se a instalação do Clube, pô-lo condignamente num local de mais conforto, e, em proporções tais, que os recalcitrantes inimigos da promiscuidade pudessem, numa ala da casa, continuar asimesmados na vida que lhes aprazia... E o Clube, cujas finanças eram prósperas, adquiriu o grande prédio do largo da Glória, em frente ao relógio de hoje, um dos poucos então de dois andares da cidade, ao lado do quase igual que faz esquina com a antiga rua D. Luísa, agora Cândido Mendes. E, sendo ainda pouca tanta casa para o impulso megalômano do Clube, construiu-se, no jardim dos fundos, um grande pavilhão para restaurante, e para cujo frontal grego, olhando para o portão da entrada, Rodolfo Bernardelli esculpiu, em magnífico medalhão, a cabeça sugestiva do celebrado patrono...

E, instalada a nova sede, começada a nova fase rutilante de vida, iluminado com o brilho dos olhos femininos, juntada, aos harpejos de velhos estradivários e à teoria sonora de complexos harmônios, a música irresistível do gorjear de bocas moças, o Clube faliu e fechou... E, dele, por muito tempo, não restou mais que o nome de Beethoven, ligado a uma pensão que na casa se estabeleceu, nome certamente mantido pelos astutos hoteleiros para se fazerem sucessores do prestígio do local e aproveitar a significação do lindo medalhão ali conservado e que, sob a trivialidade de uma mão de oca, adorna ainda o frontal do pavilhão.

* * *

Machado, conduzido não sei por que poderosas circunstâncias, contra todos os índices de sua vida, entrou para o Clube Beethoven e condescendeu em se deixar fazer um de seus diretores. Ventos iguais não sopraram, porém, para nosso lado e não quis presidir a sociedade de homens de letras e artistas, fundada em 1887; o posto na diretoria do Beethoven lhe serviu de pretexto.

O natural, porém, é que ele, homem previdente e cauto, certamente acreditava (e com que segurança o acreditou!) que o pessoal heterogêneo e irrequieto do Grêmio não era de tipo a criar uma sociedade que lhe conviesse à calma do temperamento e ao recato do feitio. Com ele, Paulo Nei havia sido eleito secretário-geral...

Na deficiência de sede, obteve-se para a reunião, que se efetuou à noite, a sala do Clube Tiradentes, numa das ruas paralelas à rua do Ouvidor, Rosário ou Hospício, nas proximidades de Uruguaiana, zona, a tais horas, impressionantemente soturna. Foi isso aos 12 de fevereiro, data que encontrei registrada em meus assentamentos.

Procedeu-se nessa reunião à eleição da mesa, e foi essa a última reunião do Grêmio nesse local de empréstimo porque ocorreu um caso inaudito... Um dos confrades, não encontrando papel mata-borrão para secar a chapa em que escrevera, com grossa pena e muita tinta, o nome de seu candidato, teve a sem-cerimônia irreverente de secar na larga testa do busto em gesso do Mártir da Inconfidência, patrono do Clube, que pousava num consolo ao fundo amplo do salão... O ato irrefletido deixou indelével e comprometedoramente inscrito, em nítida mancha de tinta, um nome, de trás para diante, na altiva fronte alvíssima. E este ato, certamente, apenas de distração, foi tomado por uma propositada afronta ou manobra intencional de algum monarquista irritado, e valeu para o grêmio nascente por um mandado de despejo... O Grêmio teve de se acomodar numa pequena sala de aluguel num primeiro andar da rua do Hospício, onde residiu os três meses que teve de vida, de tumultuária e ingrata vida.

Não se enganara Machado.

Aliás, esse havia sido o vaticínio de muita gente. O *Jornal do Commercio* de 14 de fevereiro de 1887 deu na "Gazetilha" minuciosa notícia da instalação do Grêmio. Nas "Várias", entretanto, seção criada, para si, pelo velho Castro e em que, em pequenas notas de algumas linhas, em prosa e verso (os versos deviam ser do Otaviano Hudson, [2] o poeta oficial da casa), dardejava finas setas de ironia, às vezes pungentes, apareceu nesse mesmo dia o seguinte comentário:

> Depois de sérios estudos
> Conseguiu-se sem mais tretas
> Formar-se nesta cidade
> O clube d'homens de letras.
>
> Que surpresa! que vitória!
> É coisa para admirar
> Que se formasse tal clube
> Sem ser depois de um jantar.
>
> Pois senhores, mil aplausos
> Pela dispensa d'açordas.
> Mas não queiram literatos
> Chamados de letras gordas.[3]

V — A CONVIVÊNCIA LITERÁRIA

Por esse tempo quase não havia entre nós convivência literária, excluídos os encontros de amigos e de companheiros nas salas dos jornais e mesas de confeitaria. Entretanto, alguns jornais houve que, pelo acentuado feitio literário e pela individualidade atraente de seu núcleo de redatores, se constituíram, em diversas épocas, assinalados pontos de convívio de poetas e escritores. Assim, a "Gazetilha"; depois

"A Semana", como mais tarde a *Revista Brasileira*, de cuja excelsa roda era Machado a figura primacial. Servia-se aí às 5 horas um modesto chá com torradas. Foi nessa pequena sala da travessa do Ouvidor que, em 1896, se concertou a criação da Academia Brasileira de Letras e se fundou realmente.

Desaparecida a *Revista Brasileira*, a Casa Garnier, que pouco depois instalava seu novo e magnífico edifício, deu abrigo aos náufragos. Foi aí que os dispersados companheiros se foram habituando a encontrar-se de novo, à tarde. Não foi preciso mais do que dobrar a esquina da rua Nova do Ouvidor.

Machado, na extraordinária atração de sua pessoa, aliás modesta e esquiva, era a alma daquelas reuniões e tanto que, morto ele, o grupo automaticamente se desagregou. A ausência de Machado era tão sensível que não volvemos mais, à hora habitual, ao Garnier, sabendo que já o não encontrávamos ali, e as agradáveis reuniões daquela clara e alegre casa de livros cessaram, como por encanto, de um dia para outro, sem prévia combinação. Aliás, Machado era, no fim de sua vida, tido como um deus tutelar da casa que se beneficiava do prestígio de suas obras por ela editadas. No dia da inauguração do novo edifício, o presente que receberam os convidados, para memória do acontecimento, foi um volume de Machado de Assis com a assinatura autógrafa do mestre e a data — 19 de janeiro de 1901 — A mim coube um exemplar da terceira edição do *Brás Cubas*, que conservo.

Já estava, a esse tempo, fundada a Academia de Letras. Empreendimento que se iniciou prestigiado por grandes nomes, por alguns de nossos maiores nomes, trouxe desde o nascedouro prognósticos de estabilidade e circunspecção.

Machado não recusou coisa alguma do que se lhe pediu para o novo instituto; tomou parte efetiva e eficiente nas reuniões preparatórias; contribuiu para a elaboração dos estatutos e do regimento interno; aceitou de boa mente a presidência que se lhe assinalou. Nessa primeira diretoria, coube a Joaquim Nabuco o posto de secretário-geral e de mim, tão somente pelo que a Academia contava esperar de minha jovem operosidade, se fez o primeiro-secretário.

Não foi de folga e segurança o primeiro período de vida da Academia, carecedora de tudo, sem patrimônio de espécie alguma, sem casa que desse abrigo à sua existência meramente espiritual.

Machado não arrefeceu em sua confiança; não teve um movimento de desânimo; acompanhou-a na sua pobreza franciscana, na sua peregrinação em busca de um pouso... E partiu da vida sem que houvesse tido a satisfação de ver a Academia enriquecida pela generosa doação do livreiro Francisco Alves.

VIII — A VIDA E A MORTE[26]

Fundada a Academia, Machado presidente e eu secretário, não cessou, até seu último momento, meu contato com o Mestre... Nós nos encontrávamos diariamente na sala da *Revista*. Desaparecida a *Revista*, Machado quase todos os dias passava pelo meu escritório e era sempre interesse da Academia que o levava.

Muitas vezes não me encontrava, tanto pelas exigências de minha atividade forense, como pela hora em que passava, caminho da Secretaria da Viação — que ele, fazendo o *"chemin des étudiants"*, alcançava, procurando a rua do Ouvidor...

Deixava-me, então, algumas palavras escritas, um lembrete, uma recomendação; — que convocasse a reunião para o dia tal; — que não deixasse de dar notícia da sessão anterior, ou coisa semelhante...

E era tal a dedicação de Machado pela Academia que tudo fazia por ela: até escreveu notícias para os jornais. Um desses escritos, deixado num cartão de visita, com data de 22 de junho de 1900, reza assim: "Não pude vê-lo ontem para falar-lhe de uma sessão da Academia, que convém fazer amanhã, sábado, às 3 horas, na *Revista*. Vou mandar notícia para os jornais...".

Machado de Assis era uma criatura do mais agradável trato.

Apesar da proeminência a que atingiu, pontífice de nossas letras, jamais perdeu a atitude modesta, humilde mesmo, com que se apresentava. Não falava muito, talvez

---

26. Conforme publicado em *Dom Casmurro*, o artigo passa do intertítulo v para o viii.

devido a uma pequena gagueira que o afligia e que ele procurava dissimular; mas conversava, na roda dos amigos, com vivacidade e espírito.

E a propósito dessa gagueira circulou um caso por certo, de pura invenção, mas interessante. Diz-se que tendo Machado sabido na repartição que Cardoso de Meneses ia receber o título de Barão de Paranapiacaba foi dar a agradável notícia a Ferreira de Araújo que vira à porta da *Gazeta de Notícias* ao passar, à tarde, pela rua do Ouvidor.

E este diálogo se travou entre os dois:

— Sabe, o nosso João Cardoso vai ser feito barão.

— Barão? — de quê?

— De Pará... Paraná... Pa-paraná... Paranápi...

— Acaba, homem!

— Acertaste! É isso mesmo... Paranapiacaba.

De modesta estirpe, começou modestamente a vida; foi, a princípio, sineiro, na igreja de São Francisco de Paula; depois tipógrafo, em jornais desta cidade. Ascendeu a revisor de provas, passou à redação, atingiu ao principado das letras.

Nunca aspirou a coisa alguma. Pequeno funcionário da antiga Secretaria da Agricultura, Comércio e Obras Públicas, fez sua carreira, sem estrépito, até o mais elevado posto. Nunca viajou; sua primeira excursão, já velho, foi até Teresópolis,[27] onde passou uma semana na chácara de um amigo. Casou-se com a Carolina, essa do famoso soneto, dos mais belos da língua portuguesa e que nunca é demais repetir:

Querida, ao pé do leito derradeiro
Em que descansas dessa longa vida,
Aqui venho e virei, pobre querida,
Trazer-te o coração do companheiro.

27. No artigo presente neste volume, Medeiros e Albuquerque refere dois destinos de viagem de Machado de Assis: Petrópolis e Nova Friburgo. Filinto de Almeida recorda haver conhecido o escritor em Petrópolis em 1882, ano seguinte ao da publicação de *Brás Cubas*. Antes, em 1878, Machado passara sua licença médica em Friburgo, região a que volta em janeiro de 1904, quando Carolina estava doente. O escritor esteve também em Minas Gerais em 1890, em especial em Barbacena, terra de Rubião, de *Quincas Borba*.

Pulsa-lhe aquele afeto verdadeiro
Que, a despeito de toda a humana lida,
Fez a nossa existência apetecida
E num recanto pôs um mundo inteiro.

Trago-te flores, — restos arrancados
Da terra que nos viu passar unidos
E ora mortos nos deixa e separados.

Que eu, se tenho nos olhos malferidos
Pensamentos de vida formulados,
São pensamentos idos e vividos.

Dona Carolina era portuguesa, irmã do poeta Faustino Xavier de Novais, mais velha que Machado.

A casa, já demolida, em que morou por mais de 24 anos, era à rua do Cosme Velho, n. 48; pequeno chalé dentro de um pequeno jardim.[4] O casal não teve filhos e vivia só. Mobília simples. Coisa alguma de luxo. Na sala de jantar havia uma cadeira de balanço dupla, em que duas pessoas se sentavam, uma para cada lado, e se podiam balançar ao mesmo impulso, olhando-se de frente. Era aí que geralmente se assentavam os dois, nas horas do tocante idílio que durou até a morte da esposa.

Essa cadeira aparece no *Memorial de Aires*, último livro de Machado escrito depois da morte de Carolina e onde sua memória perpassa em cada página, e os íntimos do casal encontraram, idealizada e poetizada, sua vida incomparável.

Trabalhador constante, Machado nunca falava do livro em que estava trabalhando, cujas provas estava mesmo revendo. Até para seus mais próximos amigos, excluído talvez, nos últimos tempos, apenas Mário de Alencar, o aparecimento nas livrarias de um novo romance de Machado era sempre uma surpresa.

Raros souberam, como ele, guardar a altiva dignidade, o recato, o pudor mesmo do obreiro do pensamento e da palavra.

Machado não tinha saúde. Sofria de uns ataques que o prostravam subitamente. Teve-os uma vez na própria Livraria Garnier, entornando pânico entre os circunstantes;

mas não tenho ideia de o ter sabido de cama. Deitou-se para morrer. Não foi no seu quarto de dormir, no sobrado de sua casa, que morreu, mas em pequeno quarto que dava para a sala de jantar. Não lhe faltaram cuidados. De família tinha apenas uma sobrinha, casada com um oficial do Exército. Não lhe faltou, porém, o constante conforto de amigos e a casa esteve sempre cheia de senhoras, de sua grande estima, antigas moradoras nas vizinhanças dele e que se revezaram na dispensa dos mais carinhosos cuidados que seu estado exigia.

Morreu perfeitamente lúcido. Fui testemunha desse trágico momento. Machado se afligia do incômodo que sua demorada agonia estava dando a seus amigos. Olhava-nos compungido; dominava a expressão das dores que sofria para não nos afligir mais; e, quando podia articular umas palavras, era para pedir desculpas da demora que estava tendo naquele fim...

Euclides da Cunha, também testemunha desse emocionante trespasse, descreveu-o numa página de comovedora eloquência, referindo-se à derradeira visita que ao Mestre moribundo foi feita. Euclides escreveu:

[...] ouviram-se umas tímidas pancadas na porta principal da entrada.

Abriram-na. Apareceu um desconhecido: um adolescente de dezesseis a dezoito anos no máximo. Perguntaram-lhe o nome. Declarou ser desnecessário dizê-lo: "Ninguém ali o conhecia; não conhecia por sua vez ninguém; não conhecia o próprio dono da casa, a não ser pela leitura de seus livros, que o encantavam. Por isso, ao ler nos jornais da tarde que o escritor se achava em estado gravíssimo, tivera o pensamento de visitá-lo. Relutara contra esta ideia, não tendo quem o apresentasse: mas não lograra vencê-la. Que o desculpassem, portanto. Se não lhe era dado ver o enfermo, dessem-lhe ao menos notícias certas de seu estado".

E o anônimo juvenil — vindo da noite — foi conduzido ao quarto do doente. Chegou. Não disse uma palavra. Ajoelhou-se. Tomou a mão do mestre; beijou-a num belo gesto de carinho filial. Aconchegou-o depois por algum tempo ao peito. Levantou-se e, sem dizer palavra, saiu.

À porta José Veríssimo perguntou-lhe o nome. Disse-lho.

Mas deve ficar anônimo. Qualquer que seja o destino desta criança, ela nunca mais subirá tanto na vida. Naquele momento o seu coração bateu sozinho pela alma de uma nacionalidade. Naquele meio segundo — no meio segundo em que ele estreitou o peito moribundo de Machado de Assis — aquele menino foi o maior homem de sua terra.

Pouco depois da morte que ocorreu às três e meia da tarde, uma tarde luminosa, Rodolfo Bernardelli, avisado por mim, veio à casa do Mestre e moldou-lhe o rosto, em gesso. Não sei, porém, o que houve a respeito: essa máscara não apareceu. E só em 1934, quando, por um ato de depredação lamentável, morto Rodolfo, foram demolidas as paredes sagradas que abrigaram, por um quarto de século, seu labor genial, que essa máscara foi, pelo irmão do escultor, enviada ao Instituto Histórico, em cujo museu se encontra.

E anos têm passado, e a figura extraordinária do homem que saiu desse pequeno sineiro de igreja cresceu, avolumou-se e se destacou, incomparável, no cenário de nossa vida.

Rui Barbosa, elevado por sua morte a presidente da Academia, que sempre lhe coubera, fez-lhe o retrato nestas palavras lapidares: "o clássico da língua; o mestre da frase; o árbitro das letras; o filósofo do romance; o mágico do conto; o joalheiro do verso; o exemplar, sem rival entre os contemporâneos, da elegância e da graça, do aticismo e da singeleza no conceber e no dizer: o que soube viver intensamente da arte, sem deixar de ser bom".

Remetendo a Graça Aranha para que a Academia entregasse a Machado, como um símbolo de consagração, um ramo colhido do velhíssimo carvalho fronteiro ao Convento de Santo Onofre, e a cuja sombra escassa Torquato Tasso, nos seus últimos anos, se protegeu dos rigores do verão de Roma, Joaquim Nabuco escreveu: "Devemos tratá-lo com o carinho e a veneração com que no Oriente tratam as caravanas às palmeiras às vezes solitárias do Oásis".

Assim foi. Machado viveu e morreu dentro da veneração e do carinho. E ele o sentia, e isso fazia-lhe o sabor da vida.

NOTAS PRESENTES NO JORNAL:

1) Mais tarde esse poema foi publicado em plaquete de que houve um exemplar que se perdeu. Tinha o seguinte título — *Escravos! versos franceses a Epicteto*, por Joaquim Nabuco, Rio, 1886, Tip. Leuzinger.

2) Otaviano Hudson era um velho repórter do *Jornal do Commercio*. Escreveu durante muitos anos uma seção diária chamada "Musa do Povo" na qual, em versos fluentes, mas sem grande arte, se ocupa do caso do dia. Era uma criatura original, muito cabeludo e barbado, que parecia um monge, sempre enfiado num longo sobretudo preto.

3) Em seu número de 14 de fevereiro de 1927, o *Jornal do Commercio*, sob o título "Efemérides", reproduziu a "Gazetilha" e os versos aparecidos nas "Várias", seção que depois se modificou nas "Várias Notícias", de hoje. Pela "Gazetilha" se vê que foram eleitos para o Conselho do Grêmio os senhores Machado de Assis, Artur Azevedo, Ciro de Azevedo, Rodolfo Bernardelli, Valentim Magalhães e Belmiro de Almeida; suplentes os senhores Miguel Cardoso, Alberto de Oliveira e Olavo Bilac; havendo comparecido à sessão os senhores Aluísio Azevedo, Coelho Neto, Guimarães Passos, Rodrigo Otávio, Figueiredo Coimbra, Alberto Silva, Bernardo de Oliveira, Oscar Rosas, Artur Duarte, Azeredo Coutinho, Cunha Vieira Braga, Coelho Lisboa e Fiuza, tendo se feito representar os senhores Luís Murat, E. Salamonde, E. de Magalhães, Alfredo Gonçalves, Filinto de Almeida, Valentim Magalhães, Machado de Assis, Alberto de Oliveira, Alcindo Guanabara, Moraes e Silva e Alfredo Gomes.

4) Nessa casa, depois da morte de Machado fez a Academia colocar uma lápide com a seguinte inscrição:

MACHADO DE ASSIS
Nasc. nesta cidade a
21-6-1839
habitou esta casa 24 anos, nela
escreveu a maior parte de sua obra e
faleceu a
29-9-1908
A Academia Brasileira da qual ele foi o
primeiro presidente
colocou esta lápide a
28-9-1908

Fonte desta edição:

OTÁVIO, Rodrigo. "Minhas memórias dos outros: Machado de Assis". *Dom Casmurro*, Rio de Janeiro, 20 maio 1939, p. 8.

Publicado em:

Minhas memórias dos outros. Rio de Janeiro: José Olympio, 1935, vol. 2, pp. 58-92. Versão inicial: "Cousas velhas sobre Machado de Assis". *Ilustração Brasileira*, Rio de Janeiro, out. 1926. Discurso pronunciado na Academia Brasileira de Letras a 30 set. 1926, em sessão comemorativa do 18º aniversário de falecimento de Machado de Assis.

Transcrições:

Revista da Academia Brasileira de Letras, Rio de Janeiro, fev. 1928, n. 74, vol. XXVI, pp. 775-62; *Jornal do Commercio*, Rio de Janeiro, 23 set. 1934.

Outros textos do autor a respeito de Machado de Assis:

OTÁVIO, Rodrigo. "Uma visão de Machado de Assis", *Ilustração Brasileira*, Rio de Janeiro, jun. 1939, pp. 6-7.

OTÁVIO, Rodrigo. "Machado de Assis". *O Malho*, "Antologia Pitoresca", seleção de Fragusto, ano XL, n. 13, fev. 1941. De *Minhas memórias dos outros*. Rio de Janeiro: José Olympio, 1934, vol. 1.

MACHADO
DE ASSIS, 1939
Mário de Andrade

m.a.

MÁRIO Raul **DE** Moraes **ANDRADE** (São Paulo, São Paulo, 1893 – São Paulo, São Paulo, 1945): Poeta, romancista e cronista, epistológrafo, crítico de literatura e de arte, musicólogo e pesquisador do folclore brasileiro. Foi um dos idealizadores da Semana de Arte Moderna, em fevereiro de 1922, e figura-chave do modernismo paulista. Em 1922, lançou *Pauliceia desvairada*, e em 1928, *Macunaíma, o herói sem nenhum caráter*, marcos da poesia e da prosa modernistas. Principais obras: *Há uma gota de sangue em cada poema* (1917); *Pauliceia desvairada* (1922); *Clã do jabuti* (1927); *Remate de males* (1930); *Lira paulistana* (1946); romances: *Amar, verbo intransitivo* (1927); *Macunaíma, o herói sem nenhum caráter* (1928); contos: *Contos novos* (1947); crônicas: *Os filhos da Candinha* (1943); diário: *O turista aprendiz* (1977); ensaio, crítica e musicologia: *A escrava que não é Isaura* (1925); *Aspectos da literatura brasileira* (1943); *O empalhador de passarinho* (1944).

I

Talvez eu não devesse escrever sobre Machado de Assis nestas celebrações de centenário... Tenho pelo gênio dele uma enorme admiração, pela obra dele um fervoroso culto, mas. Eu pergunto, leitor, pra que respondas ao segredo da tua consciência; amas Machado de Assis?... E esta inquietação me melancoliza.

Acontece isso da gente ter às vezes por um grande homem a maior admiração, o maior culto, e não o poder amar. Ama-se o Dante menos genial da *Vita Nuova*, mas me parece impossível a gente amar o Dante mais velho e genialíssimo que compôs o "Inferno". Ama-se Camões, adora-se Antônio Nobre, mas é impossível amar Vieira. Gonçalves Dias, Castro Alves, Euclides da Cunha são outros tantos grandes artistas que, além de admirar, nós amamos também. Nestes casos felizes, a admiração, o culto, coincide com o amor. Há estima e camaradagem irmanadas.

Porque em certos artistas, pela vida e pelas obras que deixaram, perpassam dons humanos mais generosos em que o nosso indivíduo se reconforta, se perdoa, se fortalece. A própria infelicidade, a própria desgraça amarradas à existência de um artista, não podem, ao meu sentir, serem motivos de amor. Todos os seres somos fundamentalmente infelizes, e é preciso não esquecer que psicologicamente, em oitenta por cento dos artistas verdadeiros, o próprio fato de serem eles artistas é uma definição de infelicidade. Amor que nasça de piedade nem é amor e nem exalta, deprime. E sobra ainda lembrar que certas desgraças não o são exatamente. Nascem do nosso orgulho; nascem de uma certa espécie de pudor muito confundível com ambições falsas e com o respeito humano. Estou me referindo, por exemplo, a preconceitos de raça ou de classe.

E aos artistas a que faltem esses dons de generosidade, a confiança na vida e no homem, a esperança, me parece impossível amar. A perfeição, a grandeza da arte é insuficiente para que um culto se totalize tomando todas as forças do crente. Sabes a diferença entre a caridade católica e o livre exame protestante?... A um Machado de Assis só se pode cultuar protestantemente.

* * *

Com raríssimas exceções, e já passaram por minhas preocupações várias dezenas de almas moças, só vi o culto por Machado de Assis principiar depois dos trinta anos. Não que os moços o ignorem, mas quando lhes falamos nele, fazem um silêncio constrangido e concordam muito longínquos e desamparados. As exceções existem pelo simples fato de existirem moços que aos vinte anos já têm trinta, já têm quarenta e mesmo mais meticulosas idades. Para se cultuar Machado de Assis, há que ser meticuloso...

* * *

Mas Machado de Assis foi um gênio. Forte prova disso, dentro de uma obra tão conceptivamente nítida e de poucos princípios, está na multiplicidade de interpretações a que ela se sujeita. Não me sai da ideia um ilustre representante da República me contando que relera na véspera o *Dom Casmurro* e encontrara desta vez, não o imoralista, ou melhor, o amoralista de que estava lembrado, mas um moralista castigador. E, no livro, a defesa perfeitamente moral do princípio do casamento.

Aliás, Astrojildo Pereira veio recentemente acentuar essa afirmativa muito duvidosa, provando que Machado de Assis defendeu o princípio da família e da estabilidade do lar, censurando sempre em seus livros, e às vezes irritadamente, o "casamento de conveniência". Era partidário do casamento por amor. No que, aliás, Machado de Assis era exatamente um representante dos interesses burgueses do Segundo Reinado, como provou Astrojildo Pereira no seu habilíssimo artigo.

Mas preferi confirmar a genialidade de Machado de Assis por esse mesmo excelente número da *Revista do Brasil* em que saiu o estudo acima citado. Milietas de interpretações distintas para uma só divindade. Só os gênios verdadeiros se prestam a este jogo dos interesses e das vadiações humanas. São tudo, aristocráticos, burgueses, populistas. Morais, imorais e amorais. E todos eles, em geral, acabam fatalmente profetizando a vinda do submarino, do aeroplano e de algum cometa novo.

Quanto ao nosso admirável Machado de Assis, estou agora recordando aquela frase de Cervantes descrevendo um *"colchón que en lo sutil parecía colcha"*. Gênio fracamente confortável e pouco generoso, talvez seja preferível não o interpretar por demais. Em todo caso me parece indispensável que não lhe atribuam a profecia do avião nem do submarino. Lhe bastou e preferiu inventar Humanitas e nos mostrar que devemos sempre ser qualquer coisa de mais utilitário na vida, dando uma das maiores vaias que jamais sofreu o pensamento desinteressado.

* * *

Peregrino Júnior escreveu sobre a *Doença e constituição de Machado de Assis* um livro de grande interesse, muito bem trabalhado. Não há dúvida nenhuma que o contista de *Pussanga* comprovou pelas manifestações da obra a triste enfermidade que fez de Machado de Assis um infeliz.

A minha hesitação principal não é a respeito do livro e sim da ciência. Ou antes, do método científico. É, por exemplo, incontestável que o ritmo ternário, característico de certas enfermidades, ocorre na obra de Machado de Assis. Peregrino Júnior o prova com abundância. Mas para que essa prova prove alguma coisa, não seria indispensável a aplicação de métodos comparativos e estatísticos? Seria preciso examinar também as vezes em que o escritor empregou o ritmo binário e as vezes em que bordou o substantivo apenas com um qualificativo. Só então, pela maior ou menor ocorrência de cada ritmo, seria possível interpretar mais sossegadamente. Já, porém, a respeito do recalque de nomes femininos, não vejo necessidade de estatísticas nem de comparações. O caso é tão excepcional que prova só por si, e o que Peregrino Júnior descobriu me parece de interesse vasto.

*   *   *

O caso dos olhos. Ainda foi o sr. Peregrino Júnior quem primeiro levantou esta lebre, mostrando com fartura que Machado de Assis não só tinha obsessão pelos braços femininos, como pelos olhos femininos também. Preocupação que culmina com o genial achado dos "olhos de ressaca" da Capitu.

Ora, aqui, mais que tudo, me parece indispensável a aplicação do método comparativo, e indispensável também distinguir. Antes de mais nada, descrever olhos e olhares é preocupação universal. E dado mesmo que a descrição de olhos compareça com enorme frequência na obra de um determinado autor, resta saber o que isso prova. Igualar essa preocupação à dos braços é que me parece impossível. Os olhos, só por si, por suas qualidades intrínsecas, não são objeto de excitação e nem mesmo objeto de maneirismos sensuais. A descrição de olhos, do que fazem e do que dizem, é elemento especialmente de ordem psicológica; e a contínua citação e descrição deles na obra de Machado de Assis não me parece provar nenhuma peculiaridade temperamental, como é o caso da preocupação pelos braços.

Ainda mais: nem se poderá afirmar que houve preocupação especial sem que primeiro submetamos o problema a diversas experiências comparativas. Assim, logo uma primeira comparação selecionadora se impõe sobre o que é lugar-comum e o que é excepcionalidade na caracterização do olhar. Positivamente não é a mesma coisa dizer de uns olhos que são "olhos de convite", como diz Machado de Assis dos de Virgília, e falar em olhos "grandes e claros", em "grandes e perdidos" ou "pretos e tranquilos", imagens estas gerais, nada machadianas e pertencentes a todos os escritores.

E pois que pertencem a todos os escritores, caberia nova comparação. Ver em outros romancistas, pelo menos uma dezena deles, se não existe igual preocupação por olhos femininos. E não caberia também, dentro do próprio Machado de Assis, ver de que maneira ele trata os olhos masculinos? Só então, creio, seria possível concluir alguma coisa.

* * *

Na obra de Machado de Assis as mulheres são piores que os homens, mais perversas. Não que os homens sejam bons, está claro, mas são mais animais, se posso me exprimir assim, mais espontâneos. As mulheres não: há em quase todas elas uma inteligência mais ativa, mais calculista; há uma dobrez, uma perversidade e uma perversão em disponibilidade, prontas sempre a entrar em ação. Talvez nisto, se possa ver ainda uma boa prova da forte sensualidade nitidamente sexual do artista.

Assim, na concepção, na exposição do problema do amor, o que interessa a Machado de Assis é muito menos o amor propriamente que o eterno feminino. As mulheres dominam a vida do homem, que sofre e se torna um destino nas mãos femininas. As mulheres são mais inteligentes, mais capazes de dar uma finalidade mais complexa à vida. As mulheres são francamente mais fortes que os homens. Estes são pobres animálculos sem mistério nem sutileza. Estúpidos. Baços. Tímidos. Ou daquela já experiente passividade do conselheiro Aires, se já passados do agudo tempo do amor. E com tudo isso não há propriamente amor. Não há embate, luta, conjugação de seres, forças, interesses iguais. Há o eterno feminino dominador. Vênus nasce do mar, salgadíssima, e a maré montante, que triunfalmente a transporta, inunda a terra dos homens. E é vê-los se debatendo, os coitadinhos. No fim, se afogam.

* * *

Já como lição de vida, o que mais sobra da biografia de Machado de Assis é o golpe total que ele dá na disponibilidade amorosa dos nossos românticos. Casou, viveu com uma só mulher. Marañon diria dele que foi a expressão do macho perfeito, sem nenhuma inquietação sexual, o que não parece ser a verdade verdadeira. Almir de Andrade chega a dizer de Machado de Assis que "não teve amores". Que não tenha tido paixões é possível, mas Carolina é sempre uma expressão de amor, e das mais belas na biografia dos nossos artistas. Mais uma grande vitória de Machado de Assis, e aquilo em que ele se tornou perfeitamente expressivo da sociedade burguesa do Segundo Reinado e imagem reflexa do nosso acomodado Imperador. A escravaria, por culpa do branco e dos seus interesses, ficou entre nós como expressão do amor ilegítimo. Não só relativamente à casa-grande, mas dentro da própria senzala. Machado de Assis nem por sombra quer evocar tais imagens do sangue que também tinha. Ele simboliza o conceito do amor burguês, do amor familiar, e o sagra magnificamente. E desautoriza por completo a inquietação sexual, e mesmo a inquietação moral do artista, pela vida honestíssima que viveu.

* * *

Pra meticuloso, meticuloso e meio. É opinião passada em julgado que Machado de Assis é o romancista da Cidade do Rio de Janeiro. O será, de alguma forma, desde que nos entendamos. Me parece indiscutível que Machado de Assis, nos seus livros, não "sentiu" o Rio de Janeiro, não nos deu o "sentimento" da cidade, o seu caráter, a sua psicologia, o seu drama irreconciliável e pessoal. Será que a cidade e o seu carioca não tinham ainda se caracterizado suficientemente então? É impossível. Esse caráter, essa irreconciliabilidade já existiam vivos, nítidos, nos tempos do Sargento de Milícias.

Machado de Assis, temperamento fracamente gozador e ainda menos amoroso da vida objetiva, tinha a meticulosidade freirática dos memorialistas: e não será à toa que a dois dos seus principais personagens fez memorialistas. Às vezes chega a ser pueril a paciência topográfica com que descreve as caminhadas dos seus personagens. Porque tomou pela rua Fulana, seguindo por esta até a esquina da rua Tal, que desceu até chegar no largo do Sicrano, etc. Esta necessidade absoluta de nomear ruas e bairros, casas de modas ou de pasto, datar com exatidão os acontecimentos da ficção, misturando-os com figuras reais e fatos históricos do tempo, se agarrando à verdade para poder andar na imaginação, me faz supor nele o memorialista. Crônicas como a sobre o Senado fortificam esta minha suposição. E, dada a sua faculdade de análise e o vingativo poder de não perdoar, que geniais memórias não teria deixado! A maior faculdade dele não era criar sobre o vivo, mas recriar o vivo. Recriar conforme à sua imagem e semelhança... Não. Machado de Assis ancorou fundo as suas obras no Rio de Janeiro histórico que viveu, mas não se preocupou de nos dar o sentido da cidade. Na estreiteza miniaturista das suas referências, na sua meticulosidade topográfica, na sua historicidade paciente, se percebe que não havia aquele sublime gosto da vida de relação, nem aquela disponibilidade imaginativa que, desleixando os dados da miniatura, penetra mais fundo nas causas intestinas, nas verdades peculiares, no eu irreconciliável de uma civilização, de uma cidade, de uma classe. Por certo há muito mais Rio nos folhetins de França Júnior ou de João do Rio, há muito mais o *quid* dos bairros, das classes, dos grupos, na obra de Lima Barreto ou no *Cortiço*. Sem datas, sem ruas e sem nomes históricos.

Mas haverá alguma utilidade em procurar no genial inventor de Brás Cubas o que ele não teve a menor intenção de nos dar! Como arte, ele foi o maior artesão que já tivemos. E esta é a sua formidável vitória e maior lição. Ele vence, ele domina tudo, pelo artista incomparável que soube ser. Tomando a sério a sua arte, Machado de Assis se aplicou em conhecê-la com uma técnica maravilhosa. É impossível se imaginar maior domínio do *métier*. Fonte de exemplo, fonte de experiência, treino indispensável, dador fecundo de saúde técnica. Agora, mais do que nunca, neste período de domínio do espontâneo, do falso e primário espontâneo técnico em que vivem quase todos os nossos artistas, teríamos que buscar em Machado de Assis aquela necessidade, pela qual todos os grandes técnicos são exatamente forças morais.

■■

Procuro sempre nos críticos de Machado de Assis alguma referência especial ao poema das *Americanas* que o poeta chamou de "Última jornada". Não creio exagerar, na admiração enorme que tenho por esses versos, uma das mais belas criações do mestre e da nossa poesia.

As *Americanas*, como concepção lírica, são no geral muito fracas. Pertencem àquela fase de cuidadosa mediocridade, em que o gênio de Machado de Assis ainda não encontrara a sua expressão original. Aliás esse período inicial, tanto da prosa como da poesia machadiana, se caracteriza menos pela procura da personalidade que do instrumento e do material. Antes de se querer criador, Machado de Assis exigia de si mesmo tornar-se ótimo artífice. É a perfeição da linguagem que o preocupa mais. E, como notou Manuel Bandeira, no momento em que alcança uma expressão mais livre de personalidade, com as *Ocidentais*, porta das grandes obras, Machado de Assis abandona a poesia. À sua inteligência já formada, terrivelmente realista, à sua desilusão guardada no humorismo, à sua nenhuma ingenuidade ante os homens e a vida, a poesia mais confiante, primordialmente e por essência com os joelhos atados ao confessionário, não interessava mais. Se ainda por meio dela pôde nalguns dos amargos poemas das *Ocidentais* criar poesia verdadeira, não condizia já agora com as exigências da poesia, com seu não conformismo instintivo, seus apelos às forças subterrâneas do ser, seu dom de magia e de escureza criadora de fantasmas e gritos, o homem que se recusava o dom precioso da cegueira e de poder se embebedar de vida. É curioso, aliás, verificar que, com esse abandono, Machado de Assis leva a poesia até às portas do Parnasianismo e a deixa aí. Para que os outros a degenerem... Teria descoberto que, com a estética parnasiana, a poesia abandonava o melhor do seu sentido?...

Por si, não precisara do Parnasianismo para cuidar da forma e da expressão vernácula. Toda a sua primeira fase se apresenta como um longo e minucioso aprendizado técnico. Se o criador ainda hesita, o artista avança voluntarioso na sua determinação de adquirir uma técnica perfeita.

Talvez a mediocricidade geral das *Americanas* tenha impedido à crítica salientar a beleza altíssima de "Última jornada". E é mesmo estranho que o poeta, numa época e dentro duma temática que só lhe deram poesias frágeis, tenha de repente alcançado tamanha força de ideação lírica e forma poética tão lapidar. Na forma, sempre é certo que ele já construía por esse tempo fortes e sonoros versos, porém nunca ele os fez mais belos e perfeitos que nesse poema. Nem mesmo nas *Ocidentais*.

O que primeiro ressalta, na dicção do poema, é a firme desenvoltura com que o poeta funde a tradição de uma linguagem castiça, mesmo levemente arcaizante, com a metrificação romântica. Aos acentos de quarta e oitava no decassílabo, tão preferidos pelos românticos, se intercala mais discreta a acentuação heroica na sexta sílaba, dando ao poema um movimento de grande riqueza rítmica. Nem o tambor excessivamente "heroico" do verso clássico, nem aquela sensaboria melosa que resulta da sequência de muitos versos com acentuação de quarta e oitava.

Os versos são quase todos admiráveis como beleza formal. Ricos de sons, nobres na dicção, nem preciosos nem vulgares na escolha dos termos. Percebe-se um sereno desimpedimento que não hesita em usar imagens conhecidas e lugares-comuns, desses que dão à obra-de-arte, se habilmente empregados, um sabor tradicional de boa linhagem. De tal forma Machado de Assis é hábil nisso que a sensação obtida é de uma obra clássica, no melhor sentido da concepção, em que ao casto sabor de antiguidade se ajunta um sentimento de perfeição exemplar.

A segurança com que o assunto se desenvolve é também notável. Só se poderia desejar talvez que a fala do guerreiro fosse um bocado mais curta. O morto, na sua caminhada aérea, para a "noite dos imortais pesares", era daqueles que não agradavam muito a Machado de Assis, um derramado...

No resto, a gradação da ideia me parece perfeita: um primeiro terceto fixa a noção do assunto. Mortos a esposa e o seu guerreiro, eles se vão deste mundo. Segue imediatamente a pintura do quadro, os dois seres voando, pouco a pouco se afastando um do outro. Embora tratando de índios, Machado de Assis, que já toma a liberdade de descrevê-los mortos e dotados sempre de seus corpos, adota ainda a mais nítida divisão cristã de inferno e paraíso. Veremos adiante de onde lhe nasceram estas liberdades conceptivas. Após essa descrição que é de esplêndida beleza de forma, o guerreiro inicia o seu lamento. A evocação que faz (versos de 27 a 40) é da maior beleza. Logo a seguir, apenas com um terceto, também magistral pelo apropósito com que se intercala entre a evocação e a descrição do drama que lhe segue, o poeta antecipa o fim da história. A gradação é admiravelmente adequada e nos liberta da medíocre curiosidade pelo fim do caso. A descrição, como falei, se derrama um pouco demasiadamente. Machado de Assis como que se entrega à tradição romântica de descrever. Ainda assim, e sempre entre versos lindíssimos, surgem manifestações sintéticas de descrição, perfeitamente comparáveis àquela esplêndida energia descritiva que Gonçalves Dias atingiu nas partes centrais do "I-Juca Pirama".

Num aparente descuido, Machado de Assis faz o guerreiro dizer da esposa (versos 56 e 63) que, ao resolver voltar para a taba dos pais, tinha o rosto "carregado e triste" e ao mesmo tempo partia "leve e descuidada". Será contradição em versos tão trabalhados? As duas imagens contraditórias são sempre psicologicamente explicáveis. Não se trata de atos simultâneos. É o rosto que "um dia" ela volve "carregado e triste" para o lado onde ficava a taba nativa, e só depois disso, um terceto intercalado imaginando as razões que a moviam, é que ela resolve partir. Fixada esta resolução, ela parte "leve e descuidada", o rosto se lhe descarregara, a tristeza desaparecera, e ela fugia para a felicidade que a chamava.

Findo o reconto do drama surge o esplêndido final, versos realmente maravilhosos pela beleza da forma e das imagens, sem uma palavra demais, de um castiçamento rijo de expressão, tensos, perfeitíssimos. Só um "derramamento" admiravelmente expressivo: uma primeira e única vez no poema, surge o ritmo ternário dos adjetivos. Antes, quando muito dois adjetivos qualificavam a moça, "mísera e ditosa", "fugitiva e amada". Mas agora é a derradeira vez que o guerreiro contempla a moça já longe, quase a mergulhar na aurora. E ansioso ele se apressa em cobri-la dos valores que a elevam em seu amor desesperançado: há uma afobação em qualificar, uma incontinência desabrida, um como que pavor de esquecimento das qualidades sublimes da "doce, mimosa, virginal figura". A incontinência de qualificativos, no caso, é de ótimo valor psicológico, um verdadeiro achado de expressão.

O que teria levado Machado de Assis a criar esta isolada obra-prima? quem o teria inspirado?... A mim, tenho como certo que foi Dante, no episódio de Paolo e Francesca. Que Machado de Assis conhecia a *Divina comédia* não tem dúvida. Pelo menos do "Inferno" tinha mesmo estudo muito particular, pois lhe traduziu um dos cantos mais estranhos, o em que vem aquela pérfida fusão de homens e serpes. É difícil imaginar a razão que teria levado o poeta a escolher justamente esse Canto xxv pra traduzir. Talvez já aquela mesma ironia, aquela mesma falta de generosidade da sua concepção crítica da vida e dos homens. Essa pérfida invenção de homens-serpentes talvez não fosse desagradável, talvez não fosse exatamente o "inferno" para o humorista frio.

Na "Última jornada" há reminiscências pequenas e, reconheço, discutíveis, do Canto V do "Inferno". Este começa, por exemplo, com o verso:

"Cosi discesi dal cherchio primaio"

e Machado de Assis começa o seu:

"E ela se foi nesse clarão primeiro".

Pura coincidência talvez. Mas outras coincidências ou reminiscências prováveis aparecem. A imagem "Como um tronco do mato que desaba, tudo caiu" evoca irresistivelmente o *"E caddi come corpo morto cadê"*, tanto mais que entra brusca no contexto machadiano, sem nenhum preparo, sem nenhuma concatenação necessária de ideias. E Machado de Assis insiste no movimento lento e sereno do seu par nos ares. Também Dante, que pusera os seus castigados num ventarrão de tempestade (*"La bufera infernal che mal non resta.* [...] *Voltando, e percotendo li molesta"*) instintivamente se apieda e apieda o vento, ao virem Paolo e Francesca: *"E paion si al vento esser leggieri".* Não tem dúvida, porém, que estes elementos seriam por si insuficientes para dar o Canto V como base inspiradora da "Última jornada", mas outros intervêm, tanto na forma como na ideação, que me parecem decisórios.

Machado de Assis emprega exatamente o mesmo corte estrófico de Dante. É a única vez que o emprega, além da tradução dantesca que nos deu. Ora o terceto é muito pouco usado na poética portuguesa, tanto tradicional como do tempo. Os nossos principais românticos não me lembro agora que o tenham praticado uma vez só. A escolha da forma poética do terceto, que a qualquer um evoca irresistivelmente Dante, me parece consequência natural de uma inspiração dantesca.

E tanto mais que a imagem principal do poema é a mesma nas duas poesias: os dois corpos de casais amantes e desgraçados voando pelos ares. Além disso, o fato de Machado de Assis, em vez de se prender a qualquer concepção mais logicamente ameríndia, fazer dos seus mortos recentes seres sempre dotados de corpo e espírito e adotar a divisão cristã de céu e inferno, obedece exatamente à concepção dantesca. E finalmente, ainda há que lembrar a invenção genial de Dante, a que Machado de Assis corresponde. Em Dante só um dos amados fala; toda a descrição do caso é feita por Francesca. Em Machado só o guerreiro fala. Nos dois pares o outro ser conserva um silêncio de esplêndida e terrível expressividade. Há um ilogismo em relação ao teatral, à dialogação, à vida que em ambos os casos, talvez mesmo ainda mais em Machado de Assis que em Dante, é da maior força poética. A esposa nem perdoa nem se apieda nem censura, nada: afasta-se e mergulha de todo na aurora. Um Rostand, um Bilac mesmo, e certamente um Martins Fontes, não deixariam de dialogar. A coisa tal como está parece imperfeita, contra a lógica da vida e da arte. Mas nos dois grandes cantos, o silêncio do companheiro tem um poder de grandeza, de desequilíbrio, que é um golpe magistral de tragédia.

Mas, inspirada em Dante, a concepção é bem de Machado de Assis já, e o coeficiente machadiano é que vai dar ao poema o seu valor essencial. Uma primeira variação, que é de profundo significado machadiano, cria o "erro" genialmente poético da "Última jornada". Em Dante os dois seres são bons; em Machado de Assis são maus.

Com efeito, a mulher índia é principalmente má. Tem aquela perversidade impiedosa que me fez dizer no artigo anterior que em Machado de Assis as mulheres são piores que os homens. Porque é ela, sem razão perceptível, sem razão sensível pois que sempre amada, quem abandona o esposo e vai-se embora. O próprio poeta indaga, sem resolver, a razão dessa partida. O guerreiro só por si não é mau, fica mau. Foi enceguecido pela fuga da companheira que ele a matou com suplício.

No entanto ele será o castigado; ele é que um poder invisível derruba; ele quem irá padecer na região fria. Qual a razão deste castigo injusto? Por que a índia ingrata não é castigada também?... Dentre os casos facilmente inventados, facilmente lógicos das *Americanas*, sem nenhuma "necessidade" propriamente poética, "Última jornada" se desgarra violentamente. Neste poema o caso é por assim dizer sofrido pelo poeta, e tem aquele "mal inventado" tão frequente nas verdadeiramente grandes invenções. É o dom de poesia... A invenção não se origina propriamente de uma história a contar, de um caso que é uma realidade possível de suceder, mas de uma intuição íntima do poeta, da inquietação de um ser que se define e procura o sentido imanente das coisas, a triste alma das coisas. Aquele sentimento de fatalidade e pessimismo, aquela maldição de trágica impossibilidade de perfeição moral e alegria, que domina toda a obra de Machado de Assis, já neste poema se desvenda.

Essa a definição, essa a intuição que o leva a se inspirar na imagem dantesca e a derivar desta, a história que "Última jornada" relata. De forma que esta história não tem a menor preocupação de se basear na lógica da vida ou da moral preestabelecida. A origem do caso não deriva de nenhum confronto de interesses de viver, claramente definidos, e nitidamente deduzidos uns dos outros, mas de um sentimento-pensamento, de um transe lírico que consegue se abstrair e cria livremente, fora de qualquer concatenação logicamente vital. Daí o seu desnorteante, o seu admirável, o seu mistério fecundo — essa potência de atração, de domínio, de hipnotização, de enfeitiçamento, de sugestividade que o poema tem. E esta é a força, a essência mesma da verdadeira poesia.

III

É preciso concluir. De tudo quanto me dizem a obra e os críticos de Machado de Assis, consigo ver, com alguma nitidez arrependida e incômoda, a genial figura do Mestre. Ele foi um homem que me desagrada e que eu não desejaria para o meu convívio. Mas produziu uma obra do mais alto valor artístico, prazer estético de magnífica intensidade que me apaixona e que cultuo sem cessar. A lembrança do homem faz com que me irrite frequentemente contra a obra, ao passo que o encanto desta exige de mim dar a quem a fez um amor, um anseio de presença e concordância a que meu ser se recusa. E a minha nitidez, por isso, é desacomodada e se arrepende de ser tão nítida. Bem desejaria não apenas duvidar de mim (sempre duvido) mas ter a certeza de que essa nitidez é interessada, fruto do tempo e das minhas exigências pessoais. Porém não chego a ter certeza disto, antes sinto e quero em mim uma opinião perfeitamente filosófica, que contemple Machado de Assis na sua realidade finita e permanente.

Eu sei que o Mestre se imaginou um desgraçado. O seu pessimismo, o seu humorismo, a sua obra toda; o cuidado com que, na vida, procurou ocultar os seus possíveis defeitos, as suas origens, os elementos da sua formação intelectual e a sua doença. Por uma espécie de pudor ofendido, ele se revoltou; e a lição essencial da sua vida e da sua obra literária são o resultado dessa revolta. Mas, Machado de

Assis foi um vitorioso. Tudo o que ele quis vencer, embora na vida cerceando as suas vitórias, a um limite que o nacional desapego aos racismos poderia alargar, tudo o que ele quis vencer, venceu. Conseguiu uma vitória intelectual raríssima, alcançando que o considerassem em vida o representante máximo da nossa inteligência e o sentassem no posto então indiscutivelmente mais elevado da forma intelectual do país, a presidência da Academia.

Assim vitorioso na vida, ela ainda o foi mais prodigiosamente no combate que, na obra, travou consigo mesmo. Venceu as próprias origens, venceu na língua, venceu as tendências gerais da nacionalidade, venceu o mestiço. É certo que, pra tantas vitórias, ele traiu bastante a sua e a nossa realidade. Foi o antimulato, no conceito que então se fazia de mulatismo. Foi intelectualmente o antiproletário, no sentido em que principalmente hoje concebemos o intelectual. Uma ausência de si mesmo, um meticuloso ocultamento de tudo quanto podia ocultar conscientemente. E na vitória contra isso tudo, Machado de Assis se fez o mais perfeito exemplo de "arianização" e de civilização da nossa gente. Na língua. No estilo. E na sua concepção estético-filosófica, escolhendo o tipo literário inglês, que às vezes rastreou por demais, principalmente nessa flor opima de saxonismo, que é Sterne.

Nisto, aliás, escapou a Machado de Assis, que, de alguma forma, ele estava "mulatizando". Com efeito, na admiração pela Inglaterra, procurando imitá-la, Machado de Assis continua insolitamente na literatura aquela macaqueação com que a nossa Carta e o nosso parlamentarismo imperial foram na América uma coisa desgarrada. A França seria, como vem sendo mesmo, o caminho natural para nos libertarmos da prisão lusa. A Espanha e a Itália eram, na latinidade, "peculiares" por demais; ao passo que, na base da originalidade francesa, estavam exatamente o amor da introspecção, o senso da pesquisa realista, o gosto do exótico, o nacionalismo acendrado e o trabalho cheio de precauções que seriam pra nós o caminho certo da afirmação nacional. Mas aí Machado de Assis errou o golpe (ou o acertou pra si só...), preferindo a Inglaterra, que lhe fornecia melhores elementos pra se ocultar, a *pruderie*, a beatice respeitosa das tradições e dos poderes constituídos, o exercício aristocrático da hipocrisia, o *humour* de camarote. Branco, branco, ariano de uma alvura impenitente, Machado de Assis correu um perigo vasto. Mas com o seu gênio alcançou a sua mais assombrosa vitória: e, em vez de soçobrar no ridículo, na macaqueação, no tradicionalismo falso, conseguiu que essa brancura não se tornasse alvar. Antes, rico de tons e de fulgurações extraordinárias, o "arianismo" dele opõe o desmentido mais viril a quanto se disse e ainda se diz e pensa da podridão das mestiçagens.

Mas assim vitorioso, o Mestre não pôde se tornar o ser representativo do *Homo* brasileiro. Por certo que Gonçalves Dias, Castro Alves, o Aleijadinho, Almeida Júnior, Farias Brito e tantos outros o são bem mais, nas constâncias em que já conhecemos reconhecidamente o homem brasileiro. A generosidade, o ímpeto de alma, a imprevidência, o jogo no azar, o derramamento, o gosto ingênuo de viver, a cordialidade exuberante. Se objetará que Machado de Assis, neste ponto, foi vítima da sua desgraça, confeccionado em máxima parte, no caráter, pelo que sofreu. Mas o defeito grave do homem não estará justamente nisto?... Machado de Assis, vencedor de tudo, dado mesmo que fosse individual e socialmente desgraçado, como o foram Beethoven ou Camões, uma coisa não soube vencer. Não soube vencer a própria infelicidade. Não soube superá-la, como esses. Vingou-se dela, mas não a esqueceu nem perdoou nunca. E por isso foi, como a obra conta, o ser amargo, sarcástico, ou apenas aristocraticamente humorista, ridor da vida e dos homens. Mas também por isso lhe faltam qualidades brasileiras, as qualidades que todos somos geralmente, em nossas mais perceptíveis impulsividades. Quereis prova mais clara disso que o número especial da *Revista do Brasil*, dedicado a Machado de Assis? Os estudos, muitos deles excelentes, foram imaginados com visível intenção apologética. Mas quase todos eles deixam escapar alguma restrição, algum alheamento, se falam do homem. É que esses brasileiros não se acomodam passivamente com a pequena contribuição de alma brasileira existente no homem Machado de Assis.

Mas, noutro sentido, a contribuição brasileira do Mestre foi bastante farta. Escasso de nós em si mesmo, ele nos deu, no entanto, como já se tem dito, uma boa coleção de almas brasileiras e uma língua que, apesar de castiça, não é positivamente mais o português de Portugal. Talvez isto contra a sua própria vontade... Sim, se não reconheço Machado de Assis em mim, em compensação sou Brás Cubas, noutros momentos sou Dom Casmurro, noutros o velho Aires. Tenho encontrado dezenas de Virgílias e de Capitus. E qualquer um de nós traz um bocado do Alienista em si...

Como arte, Machado de Assis realizou o Acadêmico ideal, no mais nobre sentido que se possa dar a "academismo". Ele vem dos velhos mestres da língua, pouco inventivos, mas na sombra garantida das celas tecendo o seu crochê de boas ideiazinhas dentro de maravilhosos estilos. Assim os Bernardes e os Frei Luís de Sousa criaram um protótipo da escritura portuguesa tanto intelectual como formal. Isso é que Machado de Assis desenvolveu. No tempo em que os Camilos, os Eças, os Antônio Nobre estavam derrubando muros pra alargar o campo da inteligência literária de Portugal, Machado de Assis estava afincando os mourões de um cercado na vastidão imensa do Brasil. Está claro que viveu as necessidades do seu tempo, é um oitocentista. Mas, profundamente, o que ele melhor representa é a continuação dos velhos clássicos, continuação tingida fortemente de Brasil, mas sem a fecundidade com que Álvares de Azevedo, Castro Alves, Euclides e certos portugueses estavam... estragando a língua, enriquecendo-a no vocabulário, nos modismos expressionais, lhe dilatando a sintaxe, os coloridos, as modulações, as cadências, asselvajando-a de novo para lhe abrir as possibilidades de um novo e mais prolongado civilizar-se.

Machado de Assis, em vez, era ainda o homem que compunha com setenta palavras. Era aquele instrumento mesmo de setenta palavras, manejado pelos velhos clássicos, que ele adotava e erguia ao máximo da sua possibilidade acadêmica de expressão culta da ideia. Da ideia oitocentista. O que Vieira conseguira, tornar a sua linguagem a expressão máxima da língua culta portuguesa do tempo antigo, Machado de Assis o conseguiu também para os tempos modernos. Tempos modernos! Tempos que vieram até a Grande Guerra, pois que os contemporâneos já nos parecem bem outros. E Machado de Assis não os profetiza em nada, na acadêmica obediência e observação dos protótipos.

Seus contos e mesmo os dois memoriais, a parte principal da obra dele, são uma *Nova floresta*. Machado de Assis é um exemplar do academismo, e não foi à toa que se tornou o fundador justificatório da Academia. Como um acadêmico, era um desprezador de assuntos. Era um estético. Era um hedonista. Há contos dele movidos com tão pouca substância, tão sem uma base lírica de inspiração, que se tem a impressão de que Machado de Assis sentava para escrever. Escrever o quê? Apenas escrever. Sentava para escrever um gênero chamado conto, chamado romance, porém não tal romance ou tal conto. E é porque tinha no mais alto grau uma técnica, e bem definida a sua personalidade intelectual, que saiu este conto ou aquele romance.

Deste conceito de academismo resultaram as melhores obras-primas do Mestre. Tinha ele a fatalidade do contista? Do homem que é obrigado a se realizar dentro da psicologia do conto, à maneira de um Maupassant, de um Poe, de um Boccacio e das *Mil e uma noites*? Certamente não. Machado de Assis dominava magistralmente a "forma" do conto, não, porém, a sua "psicologia" mais essencial. E neste sentido nem será o nosso maior contista. E terá sido o nosso maior romancista? Absolutamente não. Não só, neste caso, lhe faltava a psicologia do romance como também a forma. Foi acaso o nosso maior poeta? Aqui então a própria pergunta é um absurdo. Mas há uma outra resposta mais verdadeira que dar a todas estas perguntas impertinentes. É que Machado de Assis, se não foi nosso maior romancista, nem nosso maior poeta, nem sequer maior contista, foi sempre, e ainda é, o nosso maior escritor. E por isso deixou, em qualquer dos gêneros em que escreveu, obras-primas perfeitíssimas, de forma e de fundo, em que, academicamente, a originalidade está muito menos na invenção que na perfeição. Obras imortais em que, como em nenhumas outras já produzidas pela nacionalidade, sente-se aquela síntese, aquele ajustamento exato de elementos estéticos tradicionais, com que nas obras-primas de caráter acadêmico a beleza se cristaliza e se torna imóvel. Não é possível ir mais alto, e a perfeição se isola na infecunda tristeza da imobilidade.

Machado de Assis é um fim, não é um começo e sequer um alento novo recolhido em caminho. Ele coroa um tempo inteiro, mas a sua influência tem sido sempre negativa. Os que o imitam, se entregam a um insulamento perigoso e se esgotam nos desamores da imobilidade. Fazer de Machado de Assis um valor social, não será forçar um socialismo de ilusão em busca de ídolos?... Machado de Assis não profetizou nada, não combateu nada, não ultrapassou nenhum limite infecundo. Viveu moral e espiritualmente escanchado na burguesice do seu funcionarismo garantido e muito honesto, afastando de si os perigos visíveis. Mas as obras valem mais que os homens. As obras contam muitas vezes mais que os homens. As obras dominam muitas vezes os homens e os vingam deles mesmos. É extraordinária a vida independente das obras-primas que, feitas por estas ou aquelas pequenezas humanas, se tornam grandes, simbólicas, exemplares. E se o Mestre não pôde ser um protótipo do homem brasileiro, a obra dele nos dá a confiança do nosso mestiçamento, e vaia os absolutistas raciais com o mesmo rijo apito com que Humanitas vaiou o sedentarismo das filosofias de contemplação. E se o humorismo, a ironia, o ceticismo, o sarcasmo do Mestre não o fazem integrado na vida, fecundador de vida, generoso de forças e esperanças futuras, sempre é certo que ele é um dissolvente apontador da vida tal como está.

E é por tudo isto que a esse vencedor miraculoso não lhe daremos as batatas de que teve medo e antecipadamente zombou. Damos-lhe o nosso culto. E o nosso orgulho também. Mas estou escrevendo este final com uma rapidez nervosa... Meus olhos estão se turvando, não sei... Talvez eu já não esteja mais no terreno da contemplação. Talvez esteja adivinhando...

Fonte desta edição:

ANDRADE, Mário de. "Machado de Assis". In: *Aspectos da literatura brasileira*. São Paulo: Martins, s/d., pp. 89-108.

Versão original:

"Machado de Assis — I", "Última jornada — II", "Machado de Assis — III". *Diário de Notícias*, "Vida Literária", Rio de Janeiro, 11, 18 e 25 jun. 1939, 1º Suplemento, p. 2 [Ao final das partes I e II, havia uma lista de livros recebidos pelo autor]. Transcrições da parte I: "Machado de Assis", *Roteiro*, São Paulo, 21 jun. 1939; *Hoje*, São Paulo, n. 18, pp. 62-8, jul. 1939.

Outros textos do autor a respeito de Machado de Assis:

ANDRADE, Mário de. "Contos e contistas". *O Estado de S. Paulo*, São Paulo, 13 nov. 1938; ANDRADE, Mário de. *O empalhador de passarinho*. 3ª ed. São Paulo; Brasília: Martins; INL, 1972, pp. 5-8.

ANDRADE, Mário de. Carta a Maurício Loureiro Gama. Rio de Janeiro, 10 jun. 1939. Apud GAMA, Maurício Loureiro. "Mário de Andrade: apontamentos". *Revista do Instituto de Estudos Brasileiros*, São Paulo, n. 33, pp. 190-6, 1992. Cf. a seção "Cartas" neste volume.

ANDRADE, Mário de. "A Exposição Machado de Assis". *O Estado de S. Paulo*, São Paulo, suplemento, 1ª quinzena ago. 1939 (apud catálogo da *Exposição Machado de Assis*, p. 221).

ANDRADE, Mário de. "A psicologia em ação", 19 nov. 1939. In: *O empalhador de passarinho*, cit., pp. 149-53.

ANDRADE, Mário de. "Os machadianos". *Diário de Notícias*, Rio de Janeiro, 24 dez 1939, 1º Suplemento e p. 2; *Diário da Manhã*, Recife, 31 dez. 1939.

ANDRADE, Mário de. "Noticiário". *Diário de Notícias*, 5 maio 1940, Terceira Seção.

MACHADO DE ASSIS
Monteiro Lobato

m.l.

José Bento Renato **MONTEIRO LOBATO** (Taubaté, São Paulo, 1882 – São Paulo, São Paulo, 1948): Escritor, jornalista, editor, tradutor, pintor e fotógrafo. Publicou, em 1914, os artigos "Velha praga" e "Urupês" em *O Estado de S. Paulo*, criando o personagem Jeca Tatu, que lhe deu fama imediata. Em 1918, estreou com o livro de contos *Urupês*, que esgotou 30 mil exemplares entre 1918 e 1925, e comprou a *Revista do Brasil*. Em 1920, fundou a editora Monteiro Lobato & Cia. E lançou *A menina do narizinho arrebitado*, primeira da série de histórias com que criou a literatura brasileira dedicada às crianças. Em 1925, fundou a Companhia Editora Nacional. Principais obras: Livros para crianças: *O Saci* (1921); *Reinações de Narizinho* (1931); *Caçadas de Pedrinho* (1933); *Memórias da Emília* (1936); *O poço do Visconde* (1937); *O Picapau Amarelo* (1939); *A reforma da natureza* (1941); *A Chave do Tamanho* (1942); *Os doze trabalhos de Hércules*, dois volumes (1944). Livros para adultos: *Urupês* (1918); *Cidades mortas* (1919); *Negrinha* (1920); *Mundo da lua* (1923); *O Presidente negro/O choque das raças* (1926); *Ferro* (1931); *América* (1932); *O escândalo do petróleo* (1936); *A barca de Gleyre* (1944).

Jun. 1939[28]

A 21 de junho do ano da graça de 1839, reinando no Brasil a jovem majestade de D. Pedro II, nascia no Rio de Janeiro, de pais pobres, uma criança de sangue mistura. Três quilos de carne humílima, pigmentada, nevrótica — mas que misteriosamente evoluiriam presididos por musas e filósofos, na predestinação de dar ao mundo Alguém.

> *Les petites marionettes*
> *Font, font, font,*
> *Trois petits tours*
> *Et puis s'en vont.*

Emergem do oceano do "Unde", dão três voltinhas e submergem-se no oceano do "Inde". Emergem as marionetes aos milhões, e aos milhões se submergem. Folhas

28. "Por ocasião do centenário de Machado de Assis, *La Prensa* encomendou a Lobato um artigo a respeito. Lobato escreveu-o comovidamente." *O Estado de S. Paulo* publicou o texto a 11 de junho de 1939.

da árvore da vida. As folhas passam, leva-as o vento — só a árvore parece eterna. Marionetes, marionetes — brancas, pretas, amarelas, cor de bronze, de olhos azuis ou negros, de cabelos encaracolados ou lisos. Surgem carne sensível apenas, rãzinhas nuas e inermes, que choram e mamam, e exigem das mães prodígios de amor para lhes assegurar uma sobrevivência que qualquer filhote de inseto alcança sem o ajutório de ninguém. Crescem, *"font trois petits tours et puis s'en vont"* — desintegram-se na crise da morte, desaparecendo do plano físico.

Nem todas se somem, entretanto. Nalgumas de exceção, por influxo de causas misteriosas, uma coisa imponderável e inanalisável se desenvolve, a que chamamos inteligência criadora, esse algo que aumenta a natureza por meio de contribuições não previstas pela Mater Suprema: que a aumenta com as obras do pensamento artístico. Do pensamento. Todas as marionetes pensam. Sua função última é pensar, mas pouquíssimas — uma em milhares — pensam construtivamente e de modo a darem ao mundo flores novas.

Muitas dessas flores vieram da Grécia antiga — e nenhuma da moderna. Outras nasceram em Roma. No marasmo medieval o clarão das fogueiras iluminou uma orquídea preciosa — Erasmo. A liberdade moderna fez que desabrochassem muitas. Essas flores, filhas do pensamento, penetram na história simbolizadas pelas poucas letras de um nome. Dizemos Homero, dizemos Horácio, dizemos François Villon — iremos dizer Machado de Assis. Nomes. Nomes das orquídeas raras que floriram no caudal sem fim das *"marionettes qui font, font, font, trois petits tours et puis s'en vont"*.

Ninguém as adivinha ao nascedouro. Todas nascem a mesma coisa — três quilos de carne que mama e chora. As que vingam sobreviver transformam-se em seres astuciosos ou tontos — os adultos — cheios de defeitos ou tortuosidades adaptativas, deformados pela terrível premência de serem forçados a viver na multidão sob o regime darwínico da luta, a parasitarem-se uns aos outros ou às ideologias que se vão formando — religiões, estados, morais. E morrem de mil maneiras, de mil moléstias, apagando-se da memória coletiva da maneira mais absoluta.

Que ideia, que lembrança, temos hoje dos milhões de criaturas que deram suas três voltinhas durante o grande século de Péricles?

No dia acima citado, de junho de 1839, nasceu no Rio de Janeiro a humílima criança que ia dar ao pedaço de mundo chamado Brasil o maior nome da sua literatura, isto é, a mais bela orquídea de pensamento jamais desabrochada nesse setor das Américas.

Joaquim Maria Machado de Assis. Um "pardinho". Era com este nome que as orgulhosas marionetes de tez branca denominavam pejorativamente os filhotes das marionetes de pele pigmentada. A pele pigmentada estava em desfavor, por ser característica dos homens primitivos que os brancos caçavam nos *kraals* africanos, para metê-los no trabalho duríssimo da cana-de-açúcar ou do café. Negros. O negro misturado com o branco dava o pardo.

Joaquim Maria veio ao mundo misturado. E pobre, paupérrimo, humílimo. Um zero. O mais absoluto dos zeros. Perfeito nada social.

Mas recebera a marca divina. Iria subir sempre. Talvez que o Destino o fizesse nascer no degrau último justamente para que a sua ascensão fosse completa e ele pudesse ter a intuição perfeita de tudo. Quem nasce em degrau do meio só adquire experiência daí para cima — e jamais será um completo.

E o moleque Machadinho foi crescendo na rua, e foi subindo o morro social. E foi estudando como e onde podia, ao acaso dos encontros e dos livros, sem mestres, sem protetores, apenas guiado pelas forças internas. E vendeu balas em tabuleiros, e ajudou missas como coroinha, e fez-se tipógrafo — meio de ainda no trabalho manual ir aperfeiçoando a sua cultura nascente. Aproxima-se dos letrados, ouve-os com respeito, assimila o que pode, observa-os, classifica-os. Aprender foi a sua primeira paixão, e vai aprendendo sobretudo a observar o jogo das marionetes entre si, na eterna luta miudinha da vida — a enganarem-se mutuamente, a pensar uma coisa e dizer outra, a fingir, a mentir em benefício próprio, a enfeitar os *"trois petits tours"* de todas as engenhosas truanices que a luta impõe.

Machado sobe sempre. Começa a escrever, isto é, a lançar no papel as suas ainda informes reações mentais. Mostra-se desde o começo extremamente cauteloso. Não inova. Não destrói. O senso da justa medida será sempre o eixo perfeitamente calibrado de sua existência e da sua estética.

Sobe. Firma o lado econômico da vida acarrapatando-se ao Estado. Compreende bem cedo que no Brasil só como funcionário público teria o sossego da ausência de cuidados materiais, propício à realização do seu sonho instintivo — perpetuar-se sob a forma de um nome. Mas admitiria ele, em seus devaneios de moço, que o seu nome iria no Brasil ser o maior de todos, o único inacessível à lima do tempo?

E no entanto o Destino marcara-o para isso. Machado de Assis é o grande nome do Brasil, tão grande que ficou em situação de absoluto destaque, acima até da meteórica rutilância de Rui Barbosa. Imenso gênio que este era, faltou-lhe o dom da criatividade artística para ascender ao degrau supremo da escada, lá onde Machado de Assis se assentou sozinho.

Talvez o mais luminoso espírito da crítica no Brasil, uma mulher, Lúcia Miguel Pereira, publicou sobre ele, há três anos, um livro. Trezentas e quarenta páginas espelhantes. A mais alta realização indígena em matéria de análise literária — uma lição da mulher aos homens. Não há estudo biográfico menos enriquecido de anedotas, menos policial, menos sensacionalista — nem mais empolgante.

Para abordar o perigoso tema, Lúcia Miguel Pereira deixa-se ficar no estado d'alma de Thoreau diante da placidez de Walden Pond. Situa-se diante da misteriosa lagoa humana que foi Machado de Assis e com extrema simplicidade conta as reações que a contemplação do plácido mistério lhe causa. E o leitor sai do livro com a sensação física do biografado.

Entre as obras de Machado de Assis cumpre acrescentar mais esta: a biografia que ele determinou.

Machado de Assis, na sua ascensão ao Perfeito, parte do quase enfadonho. O medo de inovar, de exceder-se, de dizer demais, tira qualquer interesse aos seus primeiros romances — mas o leitor enfadado sente que há ali uma inapreensível superioridade. Talvez a da língua, que começa a produzir efeitos novos. De uma plasticina pobre, como é a língua portuguesa, começam a brotar surpreendentes finuras — e ficamos sabendo que a riqueza de uma língua não vem da sua opulência vocabular. Pobre também é a argila, que dá toscas panelas nas mãos do oleiro ou dá o Perseu nas de Benevenuto Cellini. Por fim a grande revelação veio: não há língua pobre, não há argila pobre, para um grande artista. Há artistas pobres. Há artistas tão miseravelmente pobres que só sabem escrever jogando com toda a riqueza vocabular da língua. "Fizeste-la rica porque não pudestes fazê-la bela", disse Zeuxis ao discípulo que pintara uma Vênus excessivamente enfeitada.

Machado de Assis ensinou o Brasil a escrever com limpeza, tato, finura, limpidez. Criou o estilo lavado de todas as douradas pulgas do gongorismo, do exagero, da adjetivação tropical, do derramado, da enxúndia, da folharada intensa que esconde o tronco e o engalhamento da árvore.

Antes dele havia grandes mestres que começavam contos assim: "O pegureiro tangia o armento para o aprisco". Era o lindo, o extasiante, a beleza de espernear. Machado de Assis provou que isso é o idiotamente feio. Como o provou? Fazendo o contrário. Escrevendo. "O negro tocava o gado para o curral."

Machado de Assis expulsou do estilo todas as falsidades. Expulsou até o patriotismo e a grotesca brasilidade — essa intromissão da política de *terroir* na arte. Foi contemporâneo de casos de superidiotia, em que poetas de nome falavam em "céu brasileiramente azul". Para Machado de Assis um céu azul é simplesmente, e sempre, um céu azul — só.

Ensinou-nos a escrever tão bem, dando-nos uma série de obras tão perfeitas de equilíbrio e justa medida, que "abafou a banca", como diria um meu amigo analfabeto, impenitente jogador de roleta. E não só a abafou no Brasil, como ainda em Portugal. Nem o próprio Eça de Queirós, o talento mais rico em arte que Portugal produziu, chega à perfeição de Machado. Em Eça há "elegâncias", maneirismos, atitudes — deliciosas atitudes, mas que o impediram de planar nas regiões sereníssimas do estilo de Machado de Assis.

Os contos de Machado de Assis! Onde mais perfeitos de forma e mais requintados de ideia e mais largos de filosofia? Onde mais gerais, mais humanos dentro do local, do individual? Temos de correr à França para em Anatole France encontrarmos um seu irmão. Este, entretanto, desabrolhou no mais propício dos canteiros — animado por uma alta civilização, estimulado por todos os prêmios, rodeado de todos os requintes do conforto e da arte. Já o pobre Machado de Assis só teve como ambiente um sórdido Rio colonial, e prêmio nenhum afora a sua aprovação íntima, e parquíssima renda mensal para a subsistência; e como leitores, nada do mundo inteiro, que era o leitor de Anatole — mas apenas meia dúzia de amigos. O preço pelo qual vendeu ao editor Garnier a propriedade literária de toda a sua obra — oito contos de réis, 500$000 cada livro — mostra bem claro a extrema redução do seu círculo de leitores.

Mesmo assim, cercado por todas as limitações, foi de sua pena que saiu a primeira obra-prima da literatura brasileira, essas *Memórias póstumas de Brás Cubas*, livro que um dia o mundo lerá com surpresa. "Será possível que isto surgisse num país *in fieri*, lá pelos fundões das Américas?", dirão todos.

E deu-nos depois *Dom Casmurro*, o romance perfeito, e *Esaú e Jacó* e *Quincas Borba* e finalmente *Memorial de Aires*, obra em que estiliza e romanceia o nada — o nada de uma velhice — da sua velhice de quase setenta anos.

Entremeio aos romances foi produzindo contos — e que contos! Que maravilhosos contos, diferentes de tudo quanto se fez no Brasil ou na América! Contos sem truques, sem *machine*, sem paisagem de enchimento, tudo só desenho do mais cuidado, como os de Ingres. Tipos e mais tipos, almas e mais almas — uma procissão imensa de figuras mais vivas do que os próprios modelos. E em que estilo, com que pureza de língua!

A literatura brasileira é pobre de altos valores. Muita gente na canoa, muito livro, muito papel impresso, muita vaidade e, modernamente, muito cabotinismo. Mas está redimida de todos esses defeitos pela apresentação de uma obra de solidez eterna, tão duradoura quanto a língua em que foi vazada.

"Missa do Galo", "Uns braços", "Conto alexandrino", "Capítulo dos chapéus", "Anedota pecuniária" — é difícil escolher entre os contos machadianos, porque são todos água da mesma fonte. Ah, se a língua portuguesa não fosse um idioma clandestino...

Antes de escrever estas linhas reli várias obras de Machado de Assis — e só por já me haver comprometido com *La Prensa* é que me animei a dizer sobre ele, tão pequenino, tão insignificante, tão miserável me senti. Envergonhei-me de juízos anteriores em que, por esnobismo ou bobagem, me atrevi a fazer restrições irônicas sobre tamanha obra. E se não desisti da incumbência foi por me proporcionar ensejo de penitenciação em público. Porque, francamente, acho grotesco que na atualidade brasileira alguém ouse falar de Machado de Assis conservando o chapéu na cabeça. Nossa atitude tem de ser a da mais absoluta e reverente humildade. Quem duvidar releia o "Conto alexandrino" ou a "Missa do Galo".

Somos todos uns bobinhos diante de você, Machado...

A cautela desconfiada com que o Machado de Assis social viveu no meio carioca permitiu-lhe o máximo de felicidade possível no seu caso — um caso difícil, de extrema superioridade mental aliada a extrema sensibilidade de um orgulho sem licença de manifestar-se em vista do tom da pele e do cargo incolor que ocupava na administração. Quantos ministros orgulhosos e ocos não foram seus superiores legais e sociais — a ele que, por natureza, era o mais alto do Brasil? A vassoura do esquecimento já varreu para a lata do lixo o nome de todos esses magnatas, de todos esses seus "superiores", mas o nome de Machado de Assis continua em ascensão.

Havia nele um curioso gregarismo. Sempre gostou de grêmios, sociedades literárias; chegou até a fundar uma academia de "imortais" da qual foi o presidente e se tornou o único imortal sem aspas. A explicação disso talvez fosse a sua ingênita necessidade de observar o "jogo das marionetes": agremiando-as em torno de qualquer tolice humana, tinha-as comodamente à mão para o estudo, como o anatomista tem em seu laboratório reservas de coelhos, cães e macacos em gaiolas, para uso experimental.

A filosofia de Machado foi mansamente triste. Estudou demais as cobaias, conheceu demais a alma humana. Filosofia sem revolta, calmamente resignada. A conclusão última aparece em Brás Cubas, o herói da vulgaridade satisfeita que termina as memórias póstumas com um balanço em sua vida terrena. Balanço com saldo. Que saldo? "Não tive filhos, não transmiti a nenhuma criatura o legado da nossa miséria."

Saldo equivalente apresentou a vida de Machado de Assis. Não teve filhos. Não legou a criatura alguma os seus pigmentos, a sua gagueira, a sua tara epiléptica, o seu desencantamento das marionetes — já que não poderia legar-lhe também o seu gênio. E não houve em sua vida ato de maior generosidade. Que coisa terrível para uma criatura qualquer, ainda que de mediana sensibilidade, conduzir pela vida afora a carga tremenda de ser filho de Machado de Assis!

—Sabe quem é aquele corvo triste que vai saindo daquela repartição?

—Aquele corcovado, moreno, careteante?

—Sim. Pois é o filho de Machado de Assis...

Estamos a ver o ar de apiedada compunção que se estamparia no rosto do informado.

A natureza só permite aos gênios uma filha: sua obra. Machado de Assis compreendeu-o como ninguém, e depois de dar ao mundo a mais bela das filhas afastou-se do tumulto sozinho, cabisbaixo, na tranquilidade dos que cumprem uma alta missão e não deixam atrás de si nenhuma sombra dolorosa.

Fonte desta edição:

LOBATO, Monteiro. "Machado de Assis". In: *Mundo da lua e miscelânea.* 15ª ed. São Paulo: Brasiliense, [1946] 1982. *Obras completas de Monteiro Lobato*, vol. 10, pp. 327-37.

Inicialmente em:

La Prensa, Buenos Aires; *O Estado de S. Paulo*, São Paulo, 11 jun. 1939. Transcrições: *Jornal do Commercio*, Recife, 21 jun. 1939; *Dom Casmurro*, Rio de Janeiro, 8 jul. 1939, p. 2; *Hoje*, São Paulo, n. 18, pp. 54-61, jul. 1939; *Revista da Academia Paulista de Letras*, São Paulo, n. 7, pp. 158-63, 12 set. 1939; *A Manhã*, "Autores e Livros", Rio de Janeiro, 28 set. 1941, pp. 124-5; *Letras Brasileiras*, Rio de Janeiro, set. 1943, n. 5, pp. 5-9.

Outros textos do autor a respeito de Machado de Assis:

LOBATO, Monteiro. "'A Semana', Machado de Assis. Rio de Janeiro: Livraria Garnier, 1920". *Revista do Brasil*, n. 54, jun. 1920, *apud* LOBATO, Monteiro. *Críticas e outras notas*. São Paulo: Globo, 2009, p. 69.

LOBATO, Monteiro. "Letras brasileñas — Visión general de la literatura brasileña". *Nosotros*, Buenos Aires, 1921, tomo 38, pp. 96-100; Tradução: "Visão geral da literatura brasileira". *A Novela Semanal*, n. 12, 16 jul. 1921; LOBATO, Monteiro. *Críticas e outras notas*. São Paulo: Globo, 2009, p. 30.

LOBATO, Monteiro. "Machado de Assis é o ponto culminante de nossa orografia literária". *Jornal da Manhã*, São Paulo, 26 mar. 1939; *Revista do Brasil*, Rio de Janeiro, n. 12, pp. 146-7, jun. 1939.

LOBATO, Monteiro. *A barca de Gleyre*. São Paulo: Companhia Editora Nacional, 1944; São Paulo: Brasiliense, 1948; São Paulo: Globo, 2010. Na correspondência de Lobato com Godofredo Rangel, comparece Machado de Assis. Confiram-se algumas missivas na seção "Cartas" deste volume.

MACHADO DE ASSIS
Antônio Sales

a.s.

ANTÔNIO SALES (Paracuru, Ceará, 1868 – Fortaleza, Ceará, 1940): Romancista, poeta; deputado estadual, secretário da justiça e do interior. Em 1892, junto com Adolfo Caminha, Antônio Bezerra, Juvenal Galeno, Lívio Barreto e outros jovens intelectuais, fundou a Padaria Espiritual, movimento de renascença literária no Ceará. Redator do jornal *O Pão*, seu pseudônimo era Moacir Jurema. Amigo de Machado de Assis, participou da fundação da Academia Brasileira de Letras, mas não fez parte dela. Patrono da Academia Cearense de Letras, publicou: *Versos diversos*, poesias (1890); *Trovas do Norte*, poesias (1895); *Poesias* (1902); *Minha terra*, poesias (1919). Seu romance *Aves de arribação* saiu em 1913, e antes em folhetins do *Correio da Manhã*.

Revista da Academia Cearense de Letras,
set. 1939

P resumo que de todos os homens de letras aqui presentes talvez seja eu o único que conheceu de perto Machado de Assis. Sim, tive a honra e a fortuna de conviver com o mestre excelso e o grande homem de bem, que foi o autor de *Brás Cubas.* Durante vários anos nos encontramos diariamente, com exceção dos domingos e feriados, primeiro no escritório da *Revista Brasileira* e, extinta esta, na Livraria Garnier.

Assim, pude de perto admirar o milagre que era a personalidade literária e social de Machado de Assis. Ouvi-lhe muitas vezes palavras de afeto e estímulo e senti muitas vezes sua mão pousar-se no meu ombro com paternal carinho.

A natureza não concorreu em nada para esse milagre; ao contrário, parece que caprichou em torná-lo inapto para vencer na vida. Outros, que receberam dela maiores carinhos, passaram pela terra como seres nulos ou medíocres.

Mas no meio de todos esses entraves e deficiências ele possuía a força misteriosa do talento, que o fez vencer tudo, que o elevou da humildade de sua condição nativa à glória de chefe da literatura nacional.

Quando digo que a natureza não concorreu em nada para a formação da personalidade de Machado de Assis, talvez eu esteja cometendo um erro de psicologia. Quem sabe se, dessas misteriosas combinações de inferioridades, não resultou o produto que, por um fenômeno químico, se transformou na gema preciosa do talento?

Mas o gênio raramente anda ligado às altas qualidades morais, que são quase privativas dos homens normais. Machado de Assis aliava ao gênio literário uma perfeita sanidade moral. O menino do morro do Livramento tornou-se um homem de caráter puro, de elevados sentimentos e, o que é mais surpreendente ainda, de uma rara distinção de maneiras. Na roda da *Revista Brasileira* havia fidalgos de sangue, aristocratas apurados em várias gerações educadas no estudo e na prosperidade; entretanto, uma vez, pôde-me dizer Leão Veloso: — De todos os homens desta roda o mais polido é Machado.

Dos elevados sentimentos dão prova sua impecável probidade como funcionário e a sua perfeita correção como homem do lar. Contra a acusação que lhe fizeram de egoísta e indiferente, protestam os seus versos de amor e principalmente essa formosa confissão, que é o incomparável soneto a Carolina.

Diante desse conjunto de perfeições morais e intelectuais é irritante que biógrafos impiedosos porfiem em autopsiar a personalidade do Mestre para pôr em exibição suas taras físicas e a humildade de sua origem.

Nada disso interessa realmente ao público. Se a sociedade não pergunta aos ricaços e aos poderosos como formaram sua fortuna e seu prestígio, com que direito se encarniça em estudar Machado de Assis anatomicamente, como um cadáver anônimo, que se retalha na mesa de um anfiteatro?

Lúcia Miguel Pereira, na sua aliás excelente biografia do Mestre, teve o mau gosto de insistir sobre sua miséria fisiológica e o seu nascimento humilde.

Peregrino Júnior, médico e escritor, consagra um livro especialmente para estudar Machado de Assis como um caso patológico.

É desumano e antiestético... De Machado de Assis só nos interessa a sua obra de escritor de gênio e a sua vida de homem puro e digno.

Milagres não há só na religião; há-os também nas letras e nas artes.

Maravilhemo-nos como esse deserdado dos fados se pôde elevar para a glória em tão desamparadas condições de existência, como conseguiu formar essa personalidade diferente de todas as de seu tempo e por vários motivos superior a elas. Ele não se parece com qualquer outro vulto intelectual de sua época — seja poeta, romancista, *conteur*, teatrólogo, cronista e crítico.

E, sem se saber como, aprendeu tudo. Conhecia várias línguas antigas e modernas. Todos sabem com que perfeição ele versejava em francês, e a estupenda tradução de "O corvo" de Poe demonstra como ele possuía a fundo a língua inglesa. A antiguidade clássica, em sua história e literatura, lhe era perfeitamente familiar; familiar lhe era também a literatura moderna francesa, inglesa, alemã e italiana. E os fatos da história política ou literária são evocados em seus escritos com a facilidade e a naturalidade dos verdadeiros sabedores, e não com esse pedantismo dos eruditos apressados que forçam as ocasiões de impingir conceitos apanhados em suas últimas leituras. Ao tempo em que toda a gente escrevia mal o português no Brasil, ele o escrevia com esmerada correção; quando quase todos os poetas se exauriam em pieguices sensaboronas, ele produzia essas maravilhas de forma e pensamento que são a "Mosca azul", o "Círculo vicioso" e a tradução de "O corvo" de Poe.

No meio dos romances ingênuos e mal escritos de Bernardo Guimarães, Macedo e outros, Machado, depois de pagar seu tributo ao gosto do tempo com romances ligeiros e sentimentais como *Helena*, *Ressurreição* e *Iaiá Garcia* — ainda assim muito superiores aos outros autores românticos —, criou o romance psicológico com *Brás Cubas* e *Quincas Borba*, iniciando a série dessas obras-primas que o imortalizaram. Seus contos primam pela originalidade e pela engenhosidade da fatura. Suas peças de teatro — somente teatro de salão — são de uma elegância primorosa, de uma graça encantadora. Suas crônicas são de um incomparável aticismo, chegando à altura de páginas de grande História, como nessa famosa pintura do Velho Senado. Suas páginas de crítica revelam um agudo senso estético, um critério penetrante. E profundo sentimento de justiça.

De tudo isso se formou a gloriosa personalidade literária que nasceu há um século e que cada vez se nos mostra mais viva, mais rica em aspectos múltiplos e desconcertantes.

No momento em que a Academia Cearense de Letras se solidariza com todas as corporações literárias do país para glorificar Machado de Assis, não se deve, porém, esquecer que ao lado dele está José de Alencar, que foi o criador do romance nacional. Os dois mestres se estimavam e respeitavam mutuamente.

Não podia haver rivalidade entre eles: um era o artista sutil, o joalheiro de ideias, que incrustava as gemas da ironia no ouro puro do seu estilo; o outro era o escultor arrojado, que criava os grandes tipos, o pintor, que pintava com fortes coloridos as figuras e as paisagens da terra brasileira. Se um era Benevenuto Cellini, o outro era Miguel Ângelo.

Se Machado de Assis, ao lado das figuras amargas de Brás Cubas, Quincas Borba, Dom Casmurro e Conselheiro Aires, criou os tipos femininos de Iaiá Garcia, de Sofia Palha, de Capitu e da senhora da "Missa do Galo", José de Alencar nos deixou os vultos adoráveis de Ceci, Iracema e outras de sua galeria de mulheres, e derramou de sua pena torrentes de poesia, que é a expressão luminosa e ardente da vida tropical.

Machado de Assis e José de Alencar são os dois expoentes máximos da literatura de ficção no Brasil. São diferentes, mas não no valor absoluto da obra de cada um. São ambos grandes: cada um no domínio que lhe indicou seu temperamento. São duas glórias que não se repelem, mas que, ao contrário, se completam para elevar bem alto a mentalidade do Brasil.

Fonte desta edição:

SALES, Antônio. "Machado de Assis". *Revista da Academia Cearense de Letras*, Fortaleza, set. 1939, pp. 7-11.

Outros textos do autor a respeito de Machado de Assis:

SALES, Antonio [Moacyr]. Sonetos "Medalhas: I. Machado de Assis; II. Padre Correa de Almeida; III. Aluísio Azevedo", *O Pão*, Fortaleza, 1º jan. 1895, ano II, n. 7, p. 5.

SALES, Antônio. "Os nossos acadêmicos". *Revista Brasileira*, Rio de Janeiro, mar. 1897, tomo ix, pp. 339-40.

SALES, Antônio [Bonde]. "A Machado de Assis", 21 jun. 1897. *Apud* MAGALHÃES JÚNIOR, Raimundo. "A instalação da Academia". In: *Vida e obra de Machado de Assis*. Rio de Janeiro: Civilização Brasileira; Brasília: inl, 1981, vol. 4: Apogeu, p. 38.

SALES, Antônio. "Vida literária". *A Imprensa*, Rio de Janeiro, 21 out. 1898; MACHADO, Ubiratan. *Machado de Assis: roteiro da consagração*. Rio de Janeiro: Eduerj, 2003, pp. 207-9.

SALES, Antônio. "Esaú e Jacob". *Diário de Pernambuco*, Recife, 29 jan. 1905.

SALES, Antônio. Soneto a Machado de Assis, 1908. *Apud* BOIA, Wilson. "Machado de Assis". In: *Antonio Sales e sua época*. Apresentação de Sânzio de Azevedo. Fortaleza: bnb, 1984 (Coleção Antônio Sales, 9). Cf. a seção "Poemas" neste volume.

SALES, Antônio. "Machado de Assis". *Folha do Dia*, Rio de Janeiro, 30 set. 1908.

SALES, Antônio. "Machado de Assis". *Diário de Pernambuco*, Recife, 22 out. 1908.

SALES, Antônio. "Uma roda ilustre — reminiscências". *Revista da Academia Brasileira de Letras*, Rio de Janeiro, mar. 1929, n. 87, vol. xxix, pp. 345-54.

SALES, Antônio. "José de Alencar e Machado de Assis". *O Jornal*, Rio de Janeiro, 1º maio 1929; *Revista da Academia Brasileira de Letras*, Rio de Janeiro, maio 1929, n. 89, vol. xxx, pp. 108-12; SALES, Antônio. *Retratos e lembranças*. Fortaleza: Waldemar de Castro e Silva Editor, s.d., pp. 176-180 (com alterações).

"MACHADO DE ASSIS desconhecido e venerado — Decepção de um repórter em plena Praça do Ferreira — Ignorado pelo povo o maior escritor nacional — Entretanto... os intelectuais o exaltam e admiram — Pronunciam-se Antônio Sales, Martins de Aguiar, Leonardo Mota e Joaquim Alves". *Correio do Ceará*, Fortaleza, 21 jun. 1939.

SALES, Antônio. "Machadianas — Os três desgostos de Machado". *O Povo*, Fortaleza, 1º jul. 1939.

VELHO TEMPO...
(EVOCAÇÃO DE MACHADO DE ASSIS)
Alcides Maia

a.m.

ALCIDES Castilho **MAIA** (São Gabriel, Rio Grande do Sul, 1878 – Rio de Janeiro, Rio de Janeiro, 1944): Jornalista, político, contista, romancista e ensaísta. Estudou Direito, mas se dedicou ao jornalismo e à literatura. A partir de 1905, passou a colaborar na imprensa carioca, em *O País*, *O Imparcial*, *Correio da Manhã* e *Jornal do Commercio*. Foi diretor do Museu e Arquivo Histórico Júlio de Castilhos em Porto Alegre e bibliotecário do Pedagogium no Rio de Janeiro. Foi deputado federal e membro da Academia Brasileira de Letras. Principais obras: *Pelo futuro*, ensaio (1887); *O Rio Grande independente* (ensaio) (1898); *Através da imprensa* (1900); *Ruínas vivas*, romance (1910); *Tapera*, contos (1911); *Machado de Assis (Algumas notas sobre o humour)*, ensaio (1912).

Diário de Notícias, 8 out. 1939

Esse ontem, que tentarei evocar a traços indecisos, é para mim como um hoje respirado à flor da alma; e, todavia, quantas rajadas de tempo me envolveram e passaram depois de tudo isso! Foram-se... Vibra-me agora na retentiva, fugace, mas nítida, uma suave lembrança de serenas, luminosas jornadas. Estou como a fitar duas ou três telilhas, em aquarela, do Cosme Velho, miniaturas espirituais de juventude, riscadas e coloridas entre muralhas de montanhas hirsutas de árvores centenárias, de lianas, de palmas, de cactáceas soberbas e atraentes, mas agressivas, ao longe no seu complexo tropical. À pequena distância, tênue corrente, em despenho, de linfa murmura. Rua plácida. Gabinetezinho silente, com flores à frente, aos lados, um mármore discreto no limiar, duas altas estantes envidraçadas, austeras no tom, porém leves de edições modernas, a mesa de trabalho que lá está, na Academia.

Era a casa de Machado de Assis.

— Mestre...

* * *

Quantos éramos? Alguns escritores e poetas, do nosso grupo de novos, quase todos, na verdade, levados por mim. Visitávamos em geral a Machado, nessa época, aos domingos, pela manhã. Sentíamo-nos recebidos com simpatia e, certa vez, tivemos a honra da visita dele à rua das Laranjeiras n. 2, segundo andar, onde residimos durante anos, em companhia de Gregório Fonseca, Bastos Tigre, Marcolino Fagundes, Leal de Souza, Fábio Barros, Afonso de Aquino, Brás de Revoredo, Araújo Viana, onde frequentemente se hospedavam companheiros de luta e sonho, como Otávio Augusto Inglês de Sousa, Goulart de Andrade, Martins Fontes, Miguel Austregésilo, Raimundo Monteiro, Joaquim Viana, Malagutti, Oscar Lopes, Rafael Pinheiro, Sousa Lobo, outros e outros, não esquecendo os nomes de Pedro Moacir, que viveu dias inteiros conosco; de Campos Cartier, que chegou a passar em nossa residência férias parlamentares; de Luís Murat, de Coelho Neto, amigos indulgentes de nossa estreia mais ou menos boêmia; e de Múcio Teixeira, que, até altas horas da noite, muitas vezes, nos enlevava com as suas memórias e o seu anedotário, da lenda romântica, em quadros do Império...

Quando foi da visita do Mestre insigne do *Brás Cubas*, de *Quincas Borba*, de *D. Casmurro*, das *Várias histórias*, de *Esaú e Jacó* e do *Memorial de Aires*, ao tempo os nossos volumes prediletos (tal visita, única, previamente anunciada, durou das duas às quatro da tarde), estávamos, os companheiros avisados, de ideias... estilizadas. Assim perpetuou o feito uma caricatura da semana (do Calixto, se não nos falha a lembrança): — Machado de Assis, transfigurado à Daniel, um Daniel de gorra mefistofélica, entre pequeninas feras, de chavelhos dominando a juba, sobre cabeças tanto quanto humanizadas. Atitudes mansas, felinamente dissimuladas, corpos tombantes, caudas escondidas. Estes, ao acaso, dentre nós, com as pálpebras descidas, aqueles de olhos fechados, tais de vista ao revés, quais de todo vesgos. Eis a legenda: — "O Monstro entre bonecos...".

Uma obra-prima.

* * *

Não nos afastemos, contudo, da modesta, acolhedora, inolvidável mansão das Laranjeiras aqui evocada.

Surgira Machado de Assis, saudando-nos com o seu indefinido, indefinível sorriso.

— Mestre...

Conversação sempre literariamente impessoal, entre a secretária e raios de estantes, face a face com autores e vultos em galeria. De uma feita, aludimos ao filete d'água que desce tímido, pelas Águas Férreas, como se tentasse esquivar-se, deter-se ou fugir.

— Pobre velho rio das Caboclas! — comentou alguém da roda. Parece assustado. É como se adivinhasse a prisão, o abafamento próximo; porque, daqui até ao Flamengo, onde tem a sua foz hoje quase por todos ignorada, correrá encoberto, abafado pela engenharia municipal, em plena sombra. E, depois, só um minuto de céu, no clarão absorvente em que, anônimo, se dispersará no oceano. E pense a gente que o pobrezinho, vindo da serra impregnado de perfumes de mata, cujas folhas ainda lhe rolam verdes à superfície, já foi o rio-berço de tabas heroicas, o centro de resistência dos tamoios, aliados aos franceses, em cenário celebrado por cronistas e poetas. O visconde de Araguaia, por exemplo, que de versos lhe consagrou com algum estro! Não seria de justiça lhe erigirmos um monumento qualquer no sítio onde ali no Flamengo, esquecido, se funde com o mar? Um dos obeliscos em voga, um simples marco?

— Uma coluna truncada, talvez — sorriu Machado de Assis. — Lembraria os helenos e seria bem nossa como homenagem... Mas será melhor deixá-lo morrer assim, como vai.

Os índios também passaram. Lendas, poesias, eis o que resta e basta. Depois...

A truncatura das frases parecia ampliar-lhe o sorriso. Quem sabe se por isso, dizia Martins Fontes não ver naquele ríctus sardônico de plácida fisionomia mais que uma reticência de alma encoberta.

* * *

Ora, certo dia, comprometo-me com os amigos a alterar na palestra do seguinte domingo semelhante expressão escarninha do grande e venerado escritor.

— Impossível — comentou um deles. É máscara colada ao espírito: não lha arrancarás.

Consegui fazê-lo e não sou indiscreto ao confessar uma atitude talvez estouvada de minha juventude, visto como o fato já foi narrado em crônica e livro por Leal de Sousa e Fábio Barros. O primeiro escreveu em volume de memórias linda página a respeito de tal visita, versada pelo segundo em edição do *Correio do Povo*, de Porto Alegre, comemorativa do centenário do glorioso brasileiro (Victoriano Serra, *Crônica dos sete dias*, 1939).

Conversação sobre vultos, perfis femininos na opulenta, original — em letras pátrias incomparável —, galeria de criações do excelso pesquisador de almas.

— Ah! Como se refere às mulheres, Mestre! Quanta ironia! Salva-se uma (esta, só!) no vasto, profundo, empolgante mundo de suas personagens. Que perturbadora mutação de tom e traços. É uma suave, poética, silhueta de mulher. O próprio estilo... etc.... Fui quiçá longe demais...

Em determinado ponto, Machado de Assis, que ouvia sorridente, interrompeu com uma pergunta a insólita crítica:

— D. Fernanda, sim — respondi —, modelo escolhido lá nos pampas...

— Um retrato de corpo inteiro — concordou evocativo.

* * *

Desaparecera o sorriso...

Fonte desta edição:
MAIA, Alcides. "Velho tempo... (Evocação de Machado de Assis)". *Diário de Notícias*, Rio de Janeiro, 8 out. 1939.

Outros textos do autor a respeito de Machado de Assis:

MAIA, Alcides. "Machado de Assis". *A Notícia*, Rio de Janeiro, 30 set. 1904 e 1º out. 1904, p. 3; Cf. Anexo em: GUIMARÃES, Hélio de Seixas. *Os leitores de Machado de Assis: o romance machadiano e o público de literatura no século 19*. São Paulo: Nankin/Edusp, 2004; 2ª ed., 2012, pp. 390-2.

MAIA, Alcides. *Machado de Assis (Algumas notas sobre o* humour*)*. Rio de Janeiro, Livraria Editora Jacintho Silva, 1912; Rio de Janeiro: Academia Brasileira de Letras, 2015, Coleção Afrânio Peixoto, 110.

"AGITA-SE A OPINIÃO DOS HOMENS DE LETRAS, no país, em torno dos conceitos do sr. Coelho de Sousa sobre Machado de Assis". *Diário de Notícias*, Porto Alegre, 13 jan. 1939. Depoimentos de Pereira da Silva, Ataulfo de Paiva, Aloísio de Castro, Fernando de Magalhães, J. Neves da Fontoura, Adelmar Tavares, Lúcia Miguel Pereira, Manoelito Ornelas, Zeferino Brasil, Alcides Maia e Reinaldo Moura.

cartas

CARTA DE EUCLIDES DA CUNHA A REGUEIRA COSTA [29]

29. João Batista Regueira Costa (Recife, Pernambuco, 1845–Recife, Pernambuco, 1915): Bacharel em Direito e professor, foi secretário perpétuo e presidente de honra do Instituto Arqueológico Pernambucano. Abolicionista e republicano, amigo de Castro Alves e membro fundador da Academia Pernambucana de Letras, publicou: *Flores transplantadas*, poemas (1874); *A lírica de Maciel Monteiro* (1905); *Nova seleta clássica*, prosa e verso (1908). Cf. ANTUNES, Lívia de Lauro. *Por uma memória da nação: Abolição e pós-emancipação nos Institutos Históricos (uma abordagem comparada)*. Dissertação (Mestrado em História Comparada), Universidade Federal do Rio de Janeiro, 2014; OLIVEIRA JÚNIOR, Rômulo J. Francisco. *"Os operários das letras": o campo literário no Recife (1889-1910)*. Tese (Doutorado em História), Universidade Federal de Pernambuco, 2016.

Diário de Pernambuco, 25 out. 1908[30]

Rio, 7 de outubro de 1908.

Dr. Regueira Costa,

—É ainda sob a comoção profunda da morte do querido mestre que mando ao meu bom e saudoso amigo esta carta, para agradecer-lhe, em nome de todos os companheiros da Academia, as generosas palavras que nos enviou, em nome do Instituto Arqueológico de Pernambuco.

Elas, como tantas outras que nos acudiram, providas dos mais remotos pontos da nossa terra, demonstram que Machado de Assis deixou esta vida, como desejáramos que ele a deixasse: dentro de uma grande e nobilitadora comoção nacional.

Realmente, ele que fora tão esquivo, tão tímido, tão retraído, que a multidão parecia começar-lhe a partir de três ou quatro pessoas; tão recatado no trato dos homens que resumia em meia dúzia de entes queridos todo o gênero humano; tão aparentemente fugitivo à popularidade—teve os funerais de um triunfador. E a sua morte—uma resplandecente apoteose—revelou, de golpe, que não foram perdidos os seus quarenta anos de vida literária—porque nas manifestações que a rodearam, e foram as maiores que ainda fizeram, neste país, a um escritor—se observou pela primeira vez entre nós, abalando todas as camadas sociais, o prestígio da magistratura superior do pensamento. Deste modo o mestre foi um triunfador: não lhe bastou criar, a golpes de talento, a própria imortalidade; senão também que, ao mesmo passo, contribuiu para se educar o meio capaz de a compreender e de a conservar.

---

30. Lê-se no *Diário de Pernambuco*: "A propósito da morte de Machado de Assis, assim se pronuncia o eminente literato Euclides da Cunha, na carta que abaixo publicamos, agradecendo ao dr. Regueira Costa as palavras que lhe dirigiu, a respeito, em nome do Instituto Arqueológico".

Com este pensamento consolador, mando ao meu prezado amigo o meu agradecimento e as minhas saudades; e peço-lhe que envie sempre notícias suas a quem se subscreve, com a maior veneração,

Euclides [da] ***Cunha***. R. Humaitá, 61.

Fonte desta edição:
CUNHA, Euclides da. "Carta a Regueira Costa". *Diário de Pernambuco*, Recife, 25 out. 1908.

Cf. Euclides da Cunha também na seção "Artigos" deste volume.

CARTA DE JOAQUIM NABUCO A JOSÉ VERÍSSIMO

Revista da Academia Brasileira de Letras, jul. 1931

Washington, 25 de novembro de 1908.

Meu caro Amigo

Sua carta, contando-me a morte do Machado, foi uma nova prova da sua afetuosa bondade para comigo e muito lha agradeço. Ele teve a fortuna de reunir na velhice uma família de amigos, parentes pelo coração e pelo espírito, que muito o devem ter consolado da eterna orfandade. Desses o mais constante, pelo menos o mais chegado, assim como o mais querido, foi o senhor. O sr. foi o S. Pedro e o Mário [de] Alencar o S. João. Aquele fundará a Igreja, este escreverá o Evangelho. Éramos bem doze?

Eu quisera mandar-lhe as cartas que tenho dele, mas aqui só tenho as dos últimos anos. Prometo-lhe mais cedo ou mais tarde dar-lhe todas, mas não poderá ser tão cedo. A maior parte delas estão em Londres. Penso poder um dia pôr em ordem o meu arquivo, é esta hoje minha maior ambição, mas não o farei decerto nos Estados Unidos. Veja se me chamam para lá. A morte do Machado me faz inveja, comparada com a que posso ter no estrangeiro.

Seu artigo no *Jornal* está belíssimo, mas esta frase causou-me um arrepio: "Mulato, foi de fato um grego da melhor época". Eu não teria chamado o Machado *mulato* e penso que nada lhe doeria mais do que essa síntese. Rogo-lhe que tire isso, quando reduzir os artigos a páginas permanentes. A palavra não é literária e é pejorativa, basta ver-lhe a etimologia. Nem sei se alguma vez ele a escreveu e que tom lhe deu. O Machado para mim era um branco, e creio que por tal se tomava; quando houvesse sangue estranho, isto em nada afetava a sua perfeita caracterização caucásica. Eu pelo menos só vi nele o *grego*. O nosso pobre amigo, tão sensível, preferiria o esquecimento à glória com a devassa sobre suas origens.

Vamos ficando poucos, é o caso de cerrar fileiras.

Sempre muito afetuosamente, e com sincera admiração pela espontaneidade, frescura, e agudeza do seu talento,

Amigo e Colega obrigmo.

Joaquim.

Fonte desta edição:

NABUCO, Joaquim. Carta a José Veríssimo, Washington, 25 nov. 1908. *Revista da Academia Brasileira de Letras*, Rio de Janeiro, n.115, v. XXXVI, pp.387-8, jul. 1931; *Revista do Livro*, Rio de Janeiro, ano II, n. 5, p.164, mar. 1957.

Cf. também:

ARANHA, Graça. *Machado de Assis e Joaquim Nabuco. Comentários e notas à correspondência entre esses dois escritores*. São Paulo: Monteiro Lobato & Cia., 1923; *Machado de Assis & Joaquim Nabuco: correspondência*. 3ª ed. Organização, introdução e notas de Graça Aranha. Prefácio de José Murilo de Carvalho. Rio de Janeiro: Academia Brasileira de Letras; Topbooks, 2003.

CARTA DE ALUÍSIO AZEVEDO A OLIVEIRA LIMA

Política e Letras, 7 out. 1948

Nápoles, 15 de outubro de 1909.

Exmo. Amigo e querido Mestre,

Não sei que termos arranjar para lhe pedir desculpas pela demora deste agradecimento ao inestimável obséquio de me ter mandado um exemplar do seu livro sobre o grande Machado de Assis.[31] Se eu pudesse repetir agora uma parte dos pensamentos de admiração e de aplauso que me acudiram logo ao terminar a leitura desse livro tão fácil de conceber quão grandemente difícil de executar, dada a exatidão, clareza e completamento com que ele está feito, é possível que esta carta escapasse à banalidade de um simples cumprimento, mas não tenho remédio senão dizer apenas a razão daqueles pensamentos, o que, ainda assim, não sei se o conseguirei, sem melindrar a minha própria veneração pela memória do biografado. É que, se houve até hoje no Brasil uma individualidade artística verdadeiramente difícil de ser enquadrada num elogio biográfico, sem quebra da unidade das suas proporções magistrais, é sem dúvida Machado de Assis, porque ele viveu sempre escondido atrás dele próprio ou dos seus livros, que aliás só os intelectuais leram e compreenderam, atormentado eternamente no seu esconderijo pelas flagrantes contradições de seu próprio ser, onde a sua alma de eleito se confrangia como uma espada de fina têmpera dentro de uma bainha que não era a dela. Todo ele foi um composto de contrastes, estabelecidos cruelmente pela natureza entre o seu espírito rico e a sua matéria pobre, espírito cavaleiresco e fidalgo, servido por uns ingratos nervos, que lhe negavam ânimo para impulsos de entusiasmo e rasgos de altruísmo; adorador apaixonado da conversa elegan-

---

31. Trata-se de *Machado de Assis et son œuvre littéraire* (Paris: Louis-Michaud, 1909), reunião de textos apresentados em abril de 1909 na Sorbonne, em Paris, num evento em homenagem a Machado, falecido no ano anterior. Anatole France e Oliveira Lima estiveram entre os participantes do evento. A tradução do texto da conferência de Oliveira Lima, "Machado de Assis e sua obra literária", consta deste volume.

te e culta e dotado com a verve de grande conversador, a natureza entretanto o fizera gago; aristocrata por índole e enamorado sincero de tudo que na sociedade é distinto, apurado e clarificado, a natureza o fizera nascer homem de cor, o que foi para ele durante a vida o seu mais íntimo e maior tormento; partidário intransigente da elegância nos gestos e da graciosa altivez da força física, o que só a boa educação corporal combinada com a perfeita sinergia do organismo pode proporcionar, a natureza dera-lhe uma compleição débil, fazendo dele um desfibrado e até um epilético. E [de] tudo isso lhe proveio naturalmente aquela exagerada timidez, em flagrante desacordo com a consciência que ele tinha do seu valor intelectual e do apreço que a este lhe davam os homens de espírito; daí aquele oculto orgulho traduzido por uma espessa reserva que ele disfarçava ainda com maneiras muito corteses e friamente risonhas; daí aquele ar de desconfiança e de vaga prevenção contra o que quer que fosse, que ninguém sabia o que era, mas que o tornava impenetrável aos olhos de todos e até, não direi dos seus amigos íntimos, que nunca os teve, mas dos seus afeiçoados mais chegados. Entretanto, apesar de tudo isso, ou talvez por tudo isso mesmo, nunca existiu no mundo adorador mais fervoroso e sincero, posto que sempre profundamente dissimulado, da mulher fina e formosa, nem crítico mais exigente, mais sutil e mordaz, dos amores alheios, nem satírico mais friamente cruel e mais inexorável das imperfeições morais e físicas dos seus semelhantes. Dir-se-ia que ele, irreconciliável consigo mesmo, vingava-se desse modo nos outros, e que daí lhe vinha aquele seu pessimismo amável e humoristicamente taciturno, com que ele em geral reduzia à expressão mínima os impulsos generosos dos personagens dos seus romances, partindo sempre de um gesto largo, que lhe vinha d'alma, para chegar à mesquinhez egoísta, que lhe vinha dos nervos, como se vê bem claro no episódio do almocreve e do burro em que Brás Cubas, depois de formado, voltava de Coimbra. E daí ainda o tipo do próprio Cubas, essa imortal encarnação do egoísmo disfarçado e da sensualidade sorrateira e comodista, tão calculada esta e tão cautelosa como o apego ao dinheiro e a exagerada previdência daquele herói a quem o autor chegou a dar este pensamento: "A avareza nada mais *é que o exagero de uma virtude* — a economia". E é precisamente nesta falsa moral, é nesta inversão paradoxal, que se baseiam os principais personagens de Machado de Assis, todas as suas paixões, todos os seus vícios são exagerados de virtudes, como as suas boas qualidades são vícios exagerados. Para determinar a nota característica dos seus tipos, eu precisaria de um termo que não sei ao certo qual é. Como se chamará a qualidade oposta ao exagero? Regra? Justeza? Precisão? Não sei, só sei que, nos livros de prosa de Machado de Assis, a nota predominante é o exagero da qualidade oposta ao exagero, e esse poder de inversão, que assim chega a anular as qualidades, nivela os seus personagens, fazendo deles todos mais ou menos Brás Cubas. Já notou como nas adoráveis *Memórias póstumas* todas as figuras parecem animadas pela mesma alma egoística e sorrateira? pela mesma alma de gato, que "afaga o próprio lombo quando finge afagar a mão do dono"? Há ali Brás Cubas de todas as proporções, idades e condições, quer masculinos, quer femininos: o Lobo Neves é tão Brás Cubas quanto o é a Virgília, o Viegas, a Sabina, o Quincas Borba, Marcela etc., e todos eles, nas suas paixões e nas suas virtudes invertidas entre si pelo exagero no exercício das mesmas, chegam a parecer razoáveis e verossímeis, quando nada mais são que um engenhoso e interessante paradoxo.

Falar desses personagens paradoxais é falar do criador deles, Machado de Assis; como homem, foi também um encantador paradoxo, sem o que não seria ao mesmo tempo — gago e exímio *causeur*, nevropata e equilibradamente correto, misantropo e galante, feio e sedutor, *gentleman* e fulo. Se eu tivesse de escolher para ele um *pendant* na galeria dos homens ilustres do Brasil, iria buscar Cotegipe, que era outro paradoxo em ação.

Ora pois, enfeixar num livro todas as faces invejáveis de tamanho paradoxo vivo, sem recorrer, intencionalmente e por bem entendido escrúpulo, às qualidades contrastantes que lhes formam o contorno e lhes serviriam de realce, se me afigura, não só obra dificultosíssima, como ainda a mais delicada e a mais pura homenagem rendida ao grande Mestre. Com que íntima satisfação não teria ele lido semelhante obra! que bem não teria feito à sua pobre alma retraída e medrosa esse elogio franco e gentil, onde se não lobriga a menor referência aos desprimores físicos, que em vida tanto o fizeram sofrer! A leitura dessa obra generosa e justa o consolaria talvez do desgosto que outras homenagens literárias, muito menores, lhe haviam dado antes, porque em todas essas lá estava sempre, a pretexto de fazer sobressair a glória do elogiado, qualquer referência às algemas com que a natureza lhe entorpecera as asas.

É isso o que no seu livro mais me encanta e mais comove, é ver que, com esse passaporte limpo e definitivo, pois depois deste nenhum outro vale, Machado de Assis passará à posteridade encarnado na plástica do seu gênio belo e do seu caráter puro, sem levar preso aos coturnos helênicos nenhum farrapo das misérias físicas que em vida lhe tolhiam os passos e lhe entristeciam o espírito. O seu livro, meu caro Mestre, é mais que uma boa obra, é uma boa ação, defronte da qual todo homem de bem deve curvar a cabeça.

O único fim desta carta é reproduzir esse gesto.

Do admirador sincero e amigo grato

Aluísio Azevedo

Fonte desta edição:

AZEVEDO, Aluísio. "Carta a Oliveira Lima", datada de Nápoles, 15 de outubro de 1909, *apud* CALÁBRIA, Mário. "Machado e Aluísio". *Política e Letras*, Rio de Janeiro, 7 out. 1948.

Cf. GUIMARÃES, Hélio de Seixas. "Uma carta rara de Aluísio Azevedo sobre Machado de Assis". *Machado de Assis em Linha*, vol. 9, n.17, pp.99-107, abr. 2016. Disponível em: <http://www.scielo.br/scielo.php?script=sci_arttext&pid=S1983-68212016000100099&lng=en&nrm=iso>.

Outro texto do autor a respeito de Machado de Assis:

AZEVEDO, Aluísio. "A Giovanni". *Gazetinha*, Rio de Janeiro, 12-13 jun.1882.

EXCERTOS DE CARTAS DE MONTEIRO LOBATO A GODOFREDO RANGEL[32]

A barca de Gleyre, 1944

---

32. JOSÉ GODOFREDO DE MOURA RANGEL (Três Corações, Minas Gerais, 1884 – Belo Horizonte, Minas Gerais, 1951): Escritor e tradutor brasileiro, o amigo e correspondente de Lobato escreveu os romances *Vida ociosa: romance da vida mineira* (1917, na *Revista do Brasil*; 1920), *Falange gloriosa* (1917, em folhetim n'*O Estado de S. Paulo*; 1953) e *Os bem casados* (1953, publicação póstuma), os volumes de contos *Andorinhas* (1922) e *Os humildes* (1944), entre outras obras.

TAUBATÉ, 15 DE JULHO DE 1905

[...]

Estilos, estilos... Eu só conheço uma centena na literatura universal e entre nós só um, o do Machadão. E, ademais, estilo é a última coisa que nasce num literato — é o dente do siso. Quando já está quarentão e já cristalizou uma filosofia própria, quando possui uma luneta só dele e para ele fabricada sob medida, quando já não é suscetível de influenciação por mais ninguém, quando alcança a perfeita maturidade da inteligência, então, sim, aparece o estilo. Como a cor, o sabor e o perfume duma fruta só aparecem na plena maturação. Repare no Machado. Quando lhe aparece a cor, o sabor, o perfume? No *Brás Cubas*, um livro quarentão. Que estilo tem ele em *Helena* ou *Iaiá Garcia*? Uma bostinha de estilo igual ao nosso. Ao Eça só o encontramos já estilizado e inconfundível nos Ramires. Antes de nos vir o estilo o que temos é *temperamento*. Há na arte do desenho um exemplo claro disso na "estilização", duma flor, suponhamos. A *flor natural* é o nosso temperamento; a *flor estilizada* é o nosso estilo. Enquanto esse temperamento não alcança o apogeu da caracterização, não pode haver estilo. O Eça nas *Prosas bárbaras* não tem estilo: usa e abusa barbaramente da "impropriedade" com o fim de irritar o Camilo Castelo Branco, o Bulhão Pato e os burgueses do Porto. Esse abuso da impropriedade, que à primeira vista parece ser a sua futura característica do estilo (tanto é alta a dose nas primeiras coisas), nos Ramires aparece homeopático e felicíssimo, e da mesma sábia dosimetria de Machado de Assis.

AREIAS, 1º DE MARÇO DE 1909

[...]

P.S. Li também *Memorial de Aires* — o livro mais difícil de ser feito de quantos livros difíceis se fizeram no mundo. Do que nós chamamos *nada*, Machado de Assis tirou *tudo* — tirou uma obra-prima. Mas quantos compreenderão a beleza desse livro?

FAZENDA, 20 DE MAIO DE 1915

[...] Não escrevo mais. Nunca mais. Se há quem escreva nos outros países é que existem por lá compensações sérias, renome e dinheiro. Desde que entre nós não aparece compensação nenhuma, escrever não passa de pura manifestação de cretinice. Machado de Assis não fez outra coisa, e qual foi o prêmio? Ouvir o Alves dizer: "Não quero a obra dele nem de graça: viria atravancar estas prateleiras, tomando o espaço das minhas cebolas". O Brasil ainda é uma horta, Rangel, e em horta, o que se quer são cebolas e cebolórios, coentros e couves-tronchudas, tomates e nabo branco chato francês. Não somos ainda uma nação, uma nacionalidade. As enciclopédias francesas começam o artigo Brasil assim: *"Une vaste contrée..."*. Não somos país, somos região. O que há a fazer aqui é ganhar dinheiro e cada um que viva como lhe apraz aos instintos.

FAZENDA, 3 DE JUNHO DE 1915

[...]
Ontem li *Histórias sem data*, de Machado, e ainda estou sob a impressão. Não pode haver língua mais pura, água mais bem filtrada, nem melhor cristalino a defluir em fio da fonte. E ninguém maneja melhor tudo quanto é cambiante. A gama inteira dos semitons da alma humana. É grande, é imenso, o Machado. É o pico solitário das nossas letras. Os demais nem lhe dão pela cintura.

SÃO PAULO, 11 DE DEZEMBRO DE 1917

[...] Machado de Assis é capilé refinado, filtrado, puríssimo, bebido pela taça da cicuta de Sócrates.

Fonte desta edição:
LOBATO, Monteiro. *A barca de Gleyre*. São Paulo: Companhia Editora Nacional, 1944; São Paulo: Brasiliense, 1948, 1º tomo, pp.101-2, p.236; 2º tomo, pp.31-2, p.33, p.162; São Paulo: Globo, 2010, pp.92, 195, 315, 316-7, 414.

Cf. Monteiro Lobato também na seção "Artigos" deste volume.

CARTA DE LIMA BARRETO A AUSTREGÉSILO DE ATAÍDE

Revista do Brasil, maio 1941

Rio de Janeiro, 19 de janeiro de 1921

Meu caro senhor Austregésilo de Athayde,[33]

Saudações.

Agradeço-lhe muito a bondade que teve, dirigindo-me a carta aberta que a *Tribuna* publicou, em 18 último.

Quisera, por miúdo, saber dos termos da excomunhão que mereci do padre-mestre Tadeu.

Não tenho nenhuma malquerença com os padres e mesmo com os frades de certas ordens. Se há algum anti-clericalismo na minha pobre pessoa, é contra as irmãs de toda a sorte que dirigem colégios de gente rica. Essa gente nos faz muito mal; e, se algum dia tiver poder — revolucionário, por certo —, não só mando fechar todos os Sions que houver por aí, como expulsar do Brasil as irmãs.

Veja, portanto, que a minha curiosidade não é mal-sã, nem de inimigo: é curiosidade. Não me sinto capaz de gabar-me de tê-lo desviado do seminário. Mesmo com grandes dúvidas sobre a Igreja, mas cheio de amor pelos homens e respeitoso diante do Mistério que nos cerca, o amigo, como sacerdote católico, podia prestar muitos serviços à humanidade.

Gostei que o senhor me separasse de Machado de Assis. Não lhe negando os méritos de grande escritor, sempre achei no Machado muita secura de alma, muita falta de simpatia, falta de entusiasmos generosos, uma porção de sestros pueris. Jamais o imitei e jamais me inspirou. Que me falem de Maupassant, de Dickens, de Swift, de Balzac,

33. Belarmino Maria AUSTREGÉSILO Augusto de ATHAYDE (Caruaru, Pernambuco, 1898 – Rio de Janeiro, Rio de Janeiro, 1993): Professor, jornalista, cronista, ensaísta e orador. Autor de *Histórias amargas* (1921), *A influência espiritual americana* (1938), *Vana verba* (1966), entre outras, tornou-se membro da Academia Brasileira de Letras em 1951.

de Daudet — vá lá; mas Machado, nunca! Até em Turgue-niev, em Tolstói podiam ir buscar os meus modelos; mas, em Machado, não! *"Le moi"*...

Machado escrevia com medo do Castilho e escondendo o que sentia, para não se rebaixar; eu não tenho medo da palmatória do Feliciano e escrevo com muito temor de não dizer tudo o que quero e sinto, sem calcular se me rebaixo ou se me exalto.

Creio que é grande a diferença. Havemos de conversar, mesmo porque preciso que me traduza aquele pedacinho de Horácio. De latim, só sei o que há nas páginas rosadas do pequeno *Larousse*.

Sem mais, etc. etc.

Lima Barreto
Major Mascarenhas, **26**. Todos os Santos.

BARRETO, Lima. "Carta a Austregésilo de Ataíde". Rio de Janeiro, 19 de janeiro de 1921. *Revista do Brasil*, Rio de Janeiro, n. 37, pp. 54-5, maio 1941; BARRETO, Lima. *Correspondências. Obra completa.* São Paulo: Brasiliense, tomo II, 1956; BARRETO, Lima. *Um longo sonho de futuro: diários, cartas, entrevistas e confissões dispersas.* Rio de Janeiro: Graphia, 1998, pp. 284-5; "Secura de alma. De: Lima Barreto Para: Austregésilo de Athayde", *Correio IMS*, https://correioims.com.br/carta/secura-de-alma/.

Cf. Lima Barreto também na seção "Artigos" deste volume.

CARTA DE MÁRIO DE ANDRADE A MAURÍCIO LOUREIRO GAMA[34]

34. Maurício Loureiro Gama (Tatuí, 1912 – São Paulo, 2004):
Jornalista, trabalhou no *Diário da Noite*, no *Diário
de São Paulo*, no *Correio Paulistano*, entre outros.
Essa carta foi doada ao Instituto de Estudos Brasileiros,
IEB-USP, por sua neta Luciana Gama.

Revista do Instituto de Estudos Brasileiros, 1992

Rio, 10-VI-39

Maurício, amigo bom

Você mandou me pedir um artigo sobre Machado de Assis pra *Roteiro*... Como há-de ser!... Minha situação é esta: escrevi por compromisso anterior três artigos sobre o homem pro *Diário de Notícias* e me esgotei. Nem lhe quero contar o martírio que foram pra mim esses três artigos porque, se adoro a obra de Machado de Assis como arte, pouco encontro nela como lição e simplesmente detesto o homem que ele foi. É natural que o deteste porque se há dois seres moral, intelectual, socialmente antagônicos somos ele e eu. Imagine pois os malabarismos intelectuais que fiz pra, sem me trair, dizer tudo isso dentro de uma intenção geral celebrativa e apologética. Não só esgotei as ideias como me sinto esfalfado moralmente, numa espécie de tristeza vaga.

Acontece mais isto: na semana próxima, justamente dia 14 sou obrigado a ir pra aí e ficar mais ou menos sem possibilidade de escrever até 18 pelo menos. Cuidar do casamento de uma priminha que adoro como filha, cuidar dos meus dentes, e encaixotar perto da metade da minha biblioteca pra trazer pro Rio. Não posso mais viver sem ela. Como há-de ser! Se ao menos eu tivesse já alguma coisa escrito... olha eu prometo pra você um conto que já tenho na cabeça e me parece bem bonzinho. Assim que voltar, escrevo e lhes mando. Nestes dias é de todo em todo impossível por tudo quanto tenho que fazer. Pôr em dia minha colaboração do *Estado* e mais um artigo encomendado pra *Publicações Médicas* e mais um prefácio pra um livro de técnica musical. Além do que tenho a pôr em dia uma correspondência acumulada de duas semanas e tratar do meu registro profissional, sem o que deixo de ganhar a única coisa de que vivo no momento, jornalismo. Me espere um pouco, faz favor. Não zangue, que amizade verdadeira não zanga nunca e no momento tenho razão.

Roteiro está excelente, por certo melhor que *Dom Casmurro*. Parabéns e abraços pros amigos que tenho nele. E pra você um abraço particular do

Mário de Andrade

Ah! me lembrei que tinha este trecho inédito, única passagem de um romance largado, que corrigi. A censura portuguesa impediu a saída dele em Portugal! Tente ver se pode sair no Brasil, não vejo nada demais.

ANDRADE, Mário de. Carta a Maurício Loureiro Gama. Rio de Janeiro, 10 jun. 1939. Apud GAMA, Maurício Loureiro. "Mário de Andrade: apontamentos". *Revista do Instituto de Estudos Brasileiros*, São Paulo, n. 33, pp. 190-6, 1992.

Cf. Mário de Andrade também na seção "Artigos" deste volume.

poemas

SONETO
A MACHADO DE ASSIS, 1908
Antônio Sales

Alma grega exilada, em nossos lares
trazendo a luz da perfeição divina,
na inspiração dos teus gentis cantares,
na arte sutil que em teu labor domina!

Tu nos deixaste em formas lapidares
intangíveis do século à ruína,
monumentos de graça seculares,
maravilha de ideia peregrina!

Foste feliz... Na humana trajetória
não te faltou o pábulo da glória,
nem do carinho o tépido conforto...

Não conheceste os ódios e os reveses,
e se dos maus sorriste algumas vezes,
só fizeste chorar depois de morto.

Antônio Sales, 1908[35]

35. Antes deste, Antônio Sales já havia escrito dois sonetos
em homenagem a Machado. Assinado pelo pseudônimo
Moacyr, sob o título "Medalhas" (que incluía "II. Padre
Correa de Almeida" e "III. Aluísio Azevedo"), o soneto
"I. Machado de Assis" saiu em *O Pão*, de Fortaleza
(ano II, n. 7, p. 5), a 1º de janeiro de 1895: "Da mão
de mestre saem-lhe aos punhados/ As joias mais custosas
e mais finas,/ Quer traçando períodos iriados,/ Quer
cinzelando estrofes peregrinas.// Penetra nos recônditos
vedados/ Do coração joguete de ferinas/ Paixões,
e encontra *vermes* celerados/ Que o reduzem a lôbregas
ruínas.// Narra da vida palpitantes cenas,/ Dardeja as
leves setas da ironia,/ Tange do amor a mística teorba...//
Segue o voo irrequieto das *Falenas*,/ Pinta os amores
de *Iaiá Garcia*,/ Cria o tipo imortal do *Quincas Borba*".
"A Machado de Assis", assinado pelo Bonde a 21 de junho de
1897, é o outro soneto do jovem Antônio Sales, de 29 anos,
recém-chegado do Ceará. Relata Raimundo Magalhães
Júnior que este poema, enviado a Machado por ocasião
de seu aniversário de 58 anos, ficou entre os papéis do
escritor, sob a guarda da Academia Brasileira de Letras:
"Mestre! Doce nos é neste momento,/ Em que fazes da vida
mais um passo,/ Ver estas mostras do contentamento/
Que a alma nos enche como o sol o espaço,// Tu, cujo

SALES, Antônio. Soneto a Machado de Assis, 1908. *Apud* BOIA, Wilson. "Machado de Assis". In: *Antônio Sales e sua época*. Apresentação de Sânzio de Azevedo. Fortaleza: Banco do Nordeste do Brasil, 1984 (Coleção Antônio Sales, 9).

Cf. Antônio Sales também na seção "Artigos" deste volume.

amigo e vigoroso braço,/ Neste prélio das letras, incruento,/ De mil vitórias vai deixando o traço,/ — Valendo a sagração de um monumento, // Olha em redor e vê que o teu caminho/ É juncado de louros e de arminho,/ De inteligência e de bondade cheio.// E tuas frases de ouro, em lesto bando,/ À margem dele cruzam-se cantando,/ — Aves de luz saídas do teu seio". (SALES, Antônio [Bonde]. "A Machado de Assis", 21 jun. 1897, *apud* MAGALHÃES JÚNIOR, Raimundo. "A instalação da Academia". In: *Vida e obra de Machado de Assis*. Rio de Janeiro: Civilização Brasileira; Brasília: INL, 1981, vol. 4: Apogeu, p. 38).

CÍRGOLO VIZIOZO

Juó Bananére

La Divina Increnca, 1915

Prú Maxado di Assizi[36]

O Hermeze[37] un dí aparlô:
— Se io éra aquilla rosa che stá pindurada
Nu gabello da mia anamurada,
Uh! che bô!

A rosa tambê scramô,
Xuráno come un bizerigno:
— Se io éra aquillo gaxorigno,
Uh! che brutta cavaçó!

I o garorigno pigô di dizê:
— Se io fossi o Piedadô,[38]
Era molto maise bô!

Ma o Garonello disse tambê
Triste come un giaburú:
— Che bô si io fosse o Dudú!

36. Paródia do soneto "Círculo vicioso", de Machado de Assis
(*Ocidentais*, *Poesias completas*, 1901): "Bailando no ar,
gemia inquieto vagalume:/ — 'Quem me dera que
fosse aquela loura estrela,/ Que arde no eterno azul,
como uma eterna vela!'/ Mas a estrela, fitando a lua, com
ciúme://— 'Pudesse eu copiar o transparente lume,/ Que,
da grega coluna à gótica janela,/ Contemplou, suspirosa,
a fronte amada e bela!'/ Mas a lua, fitando o sol, com
azedume://— 'Mísera! tivesse eu aquela enorme, aquela/
Claridade imortal, que toda a luz resume!'/ Mas o sol,
inclinando a rútila capela://— 'Pesa-me esta brilhante
auréola de nume.../ Enfara-me esta azul e desmedida
umbela.../ Por que não nasci eu um simples vagalume?'".
37. Hermese e, no último terceto, Dudu: Marechal Hermes
da Fonseca (1855-1923), presidente do Brasil de 1910 a 1914.
38. Piedadô e, no último terceto, Garonello: Coronel José
Piedade.

Fonte desta edição:

BANANÉRE, Juó. "Círgolo viziozo". *La Divina Increnca*. São Paulo: [s. n.], 1915. Edições seguintes: 2ª ed. Prefácio de Mário Leite. São Paulo: Folco Masucci, 1966; 3ª ed. São Paulo: Escola Politécnica da USP, 1993; Reprodução integral da primeira edição de 1915, acrescida de textos introdutórios de Otto Maria Carpeaux e Antônio de Alcântara Machado. São Paulo: Editora 34, 2001.

Versão inicial, com variantes: *O Pirralho*, São Paulo, 27 set. 1913.

UM SONETO
A MACHADO DE ASSIS
Carlos de Laet[39]

---

39. Lido no cemitério de São João Batista, na comemoração do 13º aniversário da morte do escritor.

Quando um anjo de espada rutilante
Deus pôs no limiar do Paraíso
Teve entre as justas iras doce aviso
Para o triste casal, proscrito, errante

— "Voltareis, disse, e todo par constante
Num amor impoluto, casto e liso..."
E agasalhou com paternal sorriso,
Laura e Petrarca, Beatriz e Dante.

Com *pensamentos idos e vividos*
Terminada a labuta peregrina
Surgem mais dois, mãos dadas, sempre unidos...

Batem à porta da mansão divina:
— "Somos nós! somos nós, os foragidos...
Sou Machado de Assis! É Carolina!"

LAET, Carlos de. "Um soneto a Machado de Assis". *A Manhã*, "Autores e Livros", Rio de Janeiro, 28 set. 1941, p.128.

Cf. Carlos de Laet também na seção "Artigos" deste volume.

cenas machadianas

TRÊS PEDIDOS
(CENA HISTÓRICA)
Artur Azevedo

O Século, 1908

Gabinete do diretor geral da contabilidade na Secretaria da Indústria. Machado de Assis está sentado, a trabalhar. Um sujeito entreabre timidamente a porta.

O SUJEITO:— **Dá licença?**

MACHADO DE ASSIS:— **Entre.** (O sujeito entra.) **Aqui tem uma cadeira; sente-se e diga o que deseja.**

O SUJEITO:— **Muito obrigado.** (Senta-se.) **Senhor diretor, requeri há dias um pagamento ao Ministério. O requerimento subiu informado, e está nas mãos de Vossa Senhoria.** (Indicando um papel sobre a mesa.) **Olhe! É este!...**

MACHADO DE ASSIS:— **Mas que deseja o senhor?**

O SUJEITO:— **Venho pedir a Vossa Senhoria que o faça subir hoje mesmo ao gabinete.**

MACHADO DE ASSIS:— **Hoje mesmo não pode ser. Ainda não o examinei, e quero examiná-lo com toda a atenção. Só amanhã subirá.**

O SUJEITO:— **Amanhã é domingo.**

MACHADO DE ASSIS:— **Nesse caso, depois de amanhã. Desculpe.** (Estende a mão ao sujeito.) **Preciso estar só; tenho ainda muito que fazer.**

O SUJEITO:— **Quero fazer ainda outro pedido a Vossa Senhoria, mas este em nome de minha filha.**

MACHADO DE ASSIS:— **Diga depressa.**

O SUJEITO:— **Ela ouviu dizer que Vossa Senhoria é poeta, e manda pedir-lhe que escreva alguma coisa no seu álbum.**

MACHADO DE ASSIS:— **Já não escrevo em álbuns, meu caro senhor, e demais este lugar é impróprio: não se tratam aqui tais assuntos. Desculpe.** (Estende a mão. Entra um servente com uma bandeja cheia de xícaras de café. Machado de Assis oferece uma xícara ao sujeito.) **É servido?**

O SUJEITO:— **Não, senhor, não tomo café, porque é um veneno, e peço-lhe que faça como eu: não o tome também.**

MACHADO DE ASSIS: — (restituindo a xícara à bandeja.) **Pois não! É o terceiro pedido que me faz o senhor desde que aqui está. A este ao menos posso satisfazer: hoje não tomo café.**

AZEVEDO, Artur [A. A]. "Três pedidos (cena histórica)". "Teatro a Vapor". *O Século*, Rio de Janeiro, 7 out. 1908; *Teatro a vapor*. Ilustrações de Kris Barz. São Paulo: Melhoramentos, 2013, pp. 283-4.

Cf. Artur Azevedo também na seção "Artigos" deste volume.

EXCERTOS DE
O BRASIL ANEDÓTICO
Humberto de Campos

1927

RESPEITO AOS VELHOS
Aluísio de Castro, "Discurso da Academia Brasileira de Letras", 1918.

Quando o dr. Francisco de Castro assumiu, em 1901, a direção da Faculdade de Medicina, quis ter a seu lado, no ato da posse, o seu velho amigo Machado de Assis. Encarregado de ir buscar o grande romancista no Ministério da Viação, ia o dr. Aluísio de Castro, então estudante, ao lado do autor do *Brás Cubas*, quando, na rua da Misericórdia, começou a lamentar a desgraciosidade do casario colonial, que tornava o caminho mais longo.

— Que casas feias!... — lamentou o estudante, numa censura de moço olhando aquela edificação secular.

E Machado de Assis, numa desculpa:

— São feias, são: mas são velhas...

JUMENTO SÁBIO
Alfredo Pujol, *Machado de Assis*, p. 28.

Francisco Ramos Paz, que legou à Academia Brasileira de Letras a sua coleção de clássicos e dez contos de réis em apólices, e que transmitiu a Machado de Assis o amor à boa linguagem, era português de nascimento e veio da sua terra aos nove anos de idade. A bordo, um passageiro perguntou-lhe se já sabia ler.

— Sei, sim, senhor — respondeu o pequeno.

O passageiro deu-lhe um livro que tinha consigo.

— Leia, então.

Ramos Paz abriu a brochura na primeira página (era o prólogo) e soletrou, pausadamente, acentuando cada sílaba:

— Pró-ló-gó...

— Muito bem — declarou o desconhecido.

E batendo-lhe no ombro:

— É mais um jumento que vai para o Brasil!

GATUNAGEM GLORIOSA
Rodrigo Otávio, *Revista da Academia Brasileira de Letras*, n. 27.

Nos primeiros dias do século possuía a Academia de Letras na sua sede, no escritório de Rodrigo Otávio, uma coleção de retratos metidos em molduras modestas, e que eram os de Machado de Assis, Taunay, Joaquim Nabuco, e outros, formando galeria. Por esse tempo, era costume da polícia, para prevenir o público, expor nas estações da Central, nos subúrbios, os retratos de todos os batedores de carteiras mais temíveis da cidade.

Um dia, vai à sede da Academia uma senhora, constituinte de Rodrigo Otávio, levando em sua companhia uma filha de cinco anos. A pequena olha, examina os retratos, e, de repente, voltando-se para a moça:

—Mamãe, quem são aqueles gatunos?

CASAS SEM QUINTAL
Anotado pelo autor.

Em palestra sobre Machado de Assis, na sua sala de trabalho, Coelho Neto, o romancista do *Rei Negro*, manifestava mais uma vez a Humberto de Campos a sua estranheza em relação à arte do criador de *Brás Cubas*. Apaixonado pela natureza portentosa, Neto não compreendia que Machado de Assis não se impressionasse com a moldura maravilhosa em que fazia mover os seus personagens.

E de repente, resumindo tudo:

—Já reparaste que a casa de Machado de Assis não tem quintal?

OS BONS VERSOS

Humberto de Campos, "Discurso na Academia Brasileira de Letras", a 8 de maio de 1920.

Em uma roda de literatos, discutia-se, certa vez, metrificação, quando um deles procurou amesquinhar Machado de Assis, observando, leviano:

—Era um péssimo poeta. O último verso dos alexandrinos "A uma criatura" tem onze sílabas; é um verso de pé-quebrado.

Emílio de Meneses, que se achava no grupo e sentia uma religiosa admiração pelo Mestre, franziu a testa profética e protestou soturno:

—Não pode ser.

E sentencioso:

—Os bons versos não têm pés: têm asas!

UM MESTRE DE POLIDEZ

Alfredo Pujol, *Machado de Assis*, p.53.

Estava Machado de Assis na sua mesa de diretor de seção na antiga Secretaria da Indústria, quando foi procurado por um cavalheiro, interessado no despacho de certo papel. Machado declarou-se contrário à sua pretensão, mas o sujeito insistiu, querendo convencê-lo, e declarando que não se conformava com aquela solução. O despacho tinha que ser favorável.

—Nesse caso... fez o romancista, pondo-se de pé.

E indicando ao desconhecido a cadeira de que acabava de levantar-se:

—O senhor diretor não quer sentar-se, para lavrar o parecer?

CAMPOS, Humberto de. *O Brasil anedótico. Frases históricas que resumem a crónica do Brasil-Colónia, do Brasil-Império e do Brasil-Republica.* Rio de Janeiro: Livraria Editora Leite Ribeiro, Freitas Bastos, Spicer & Cia., 1927; Rio de Janeiro: Livraria José Olympio, 1936.

Cf. Humberto de Campos também na seção "Artigos" deste volume.

LEMBRANÇAS DE HOMENS DE LETRAS: MACHADO DE ASSIS

Medeiros e Albuquerque

Memórias, 1934

Pensando nos primeiros tempos da Academia, é impossível não evocar a figura de Machado de Assis. Mas, por um lado, tanto se tem escrito a respeito dele, que é desnecessário ajuntar seja o que for; por outro lado, eu não tenho mesmo nenhuma recordação pessoal interessante a seu respeito. A única eu a referi a Alfredo Pujol e figura em um apêndice ao seu magnífico livro sobre Machado.

Eu tinha publicado na *Revista Brasileira* um conto intitulado "As calças do Raposo". Dias depois, Machado de Assis me contou que ia tomar o bonde, no largo da Carioca, quando viu um sujeito que estava certo de conhecer. Ficou a mirar o personagem e a procurar, com grande esforço de memória, identificá-lo. De súbito, o nome lhe acudiu:

—Ah! É o Raposo, do Medeiros!

A anedota é característica, porque prova com que intensidade Machado visualizava as figuras literárias que achava na leitura. Pode-se calcular quanto essa visualização devia ser mais nítida para as figuras que ele criava.

Outro episódio, que talvez mereça menção, ocorreu um dia comigo.

Era eu diretor de instrução e queria imprimir ao estudo de Português, na Escola Normal, um cunho essencialmente prático. Tendo, por outro lado, de aproveitar Valentim Magalhães, mandei convidá-lo. À queima-roupa, desfechei-lhe esta pergunta:

—Você sabe gramática?

Valentim empertigou-se, um pouco formalizado. Expliquei-lhe então o que eu queria dizer: que ele, decerto, não conhecia toda a rebarbativa e complicada tecnologia gramatical. Confessou-me que tal era a sua situação.

—Nesse caso—disse-lhe eu—aceite a cadeira de Português dos dois primeiros anos da Escola Normal.

Valentim julgou que eu gracejava. Expliquei-lhe que não. Precisava de um professor que soubesse escrever e ensinasse a escrever, mas que não ensinasse gramática. Ora, por comodidade, todos os professores faziam descambar o ensino para a aprendizagem de gramática. Ele, que não a conhecia, não podia fazer isso. E nomeei-o.

À tarde, na rua do Ouvidor, encontrando Machado de Assis, contei-lhe o fato. Machado exclamou sorrindo: "Por que você não me nomeou? Eu servia perfeitamente". E referiu-me que abrira, dias antes, a gramática de um sobrinho e ficara assombrado da própria ignorância: não entendera nada!

Machado foi diretor do Ministério da Viação durante muitos anos. Era um funcionário meticuloso e pontual.

Certa vez, em uma reforma, o tornaram adido, com todos os vencimentos. Houve nisso talvez uma intenção amável de quem queria deixar-lhe o tempo inteiramente livre. Machado não se queixou; mas continuou a ir todos os dias à Secretaria, onde tinha sua mesa, mas em que nenhum trabalho lhe competia fazer.

Afinal, deu-se uma vaga de diretor. A ela concorriam Artur Azevedo e outro funcionário. Apertado por vários compromissos, Campos Sales deixou escoar-se o seu quatriênio sem a preencher.

Veio Rodrigues Alves para presidente, veio Lauro Müller para ministro da Viação. Artur Azevedo foi falar a Lauro, Lauro — que foi quem me contou todo este episódio — lhe disse que o legal seria nomear diretor efetivo o adido Machado de Assis. Artur Azevedo, embora ficasse assim prejudicado, não teve uma hesitação em aplaudir calorosamente a ideia. Disse a Lauro que essa linguagem de respeito à lei era uma linguagem que há muito tempo não se falava naquela Secretaria. E ajuntou:

— Eu era candidato a diretor. Mas, se se tratar de nomear o Machado, eu sou apenas candidato a escrever com meu próprio punho, como simples amanuense, o decreto de sua nomeação.

Gostaria, porém, Machado de Assis do presente, que o tirava da ociosidade para o trabalho, sem lhe dar um só vintém a mais?

Quando o engenheiro Manoel Maria de Carvalho, secretário de Lauro, foi falar a Machado, começou o seu discurso com subterfúgios e perífrases para sondar o terreno.

Mas, assim que Machado viu do que se tratava, teve um verdadeiro acesso de alegria:

— Então o senhor ministro não acha que eu sou um inválido, um imprestável?

E, quando Manoel Maria lhe declarou que o caso estava assentado, Machado de Assis, no exagero da sua gratidão, chegou a dizer que iria beijar "não as mãos, mas os pés de S. Exa.". E só então perceberam como o ato anterior o tinha magoado.

ALBUQUERQUE, Medeiros e. "Lembranças de homens de letras: Machado de Assis". In: *Minha vida. Da mocidade à velhice. Memórias. 1893-1934*. Rio de Janeiro, Calvino Filho, 1933-34. 2º vol., pp.149-52; *Quando eu era vivo. Memórias. 1867 a 1934*. Edição póstuma e definitiva. Rio de Janeiro: Record, 1981, pp.287-290.

Cf. Medeiros e Albuquerque também na seção "Artigos" deste volume.

O SORRISO DO BRUXO NO ESPELHO DE ESCRITORES
Ieda Lebensztayn

i.l.

IEDA LEBENSZTAYN (São Paulo, 1975) é crítica literária, pesquisadora e ensaísta, preparadora e revisora de livros. Mestre em Teoria Literária e Literatura Comparada e doutora em Literatura Brasileira pela Universidade de São Paulo. Fez dois pós-doutorados: no Instituto de Estudos Brasileiros, IEB-USP, sobre a correspondência de Graciliano Ramos (Fapesp 2010/12034-9); e na Biblioteca Brasiliana Mindlin / Faculdade de Filosofia, Letras e Ciências Humanas, BBM/FFLCH--USP, a respeito da recepção literária de Machado de Assis (CNPq 166032/2015-8). Autora de *Graciliano Ramos e a* Novidade: *o astrónomo do inferno e os meninos impossíveis* (São Paulo: Hedra, 2010). Organizou, com Thiago Mio Salla, os livros *Cangaços* e *Conversas*, de Graciliano Ramos, publicados em 2014 pela Record. Colabora no caderno "Aliás" de *O Estado de S. Paulo.*

Todos os cemitérios se parecem,
e não pousas em nenhum deles, mas onde a dúvida
apalpa o mármore da verdade, a descobrir
a fenda necessária;
onde o diabo joga dama com o destino,
estás sempre aí, bruxo alusivo e zombeteiro,
que revolves em mim tantos enigmas.

Extrato de "A um bruxo com amor",
Carlos Drummond de Andrade, 1958

Difícil achar porta grande ou pequena para este posfácio. Muitos escritores no século xx dedicaram textos críticos à obra de Machado de Assis, e o propósito deste livro é oferecer ao público uma seleção desses escritos. O que prosadores e poetas brasileiros disseram a respeito de Machado? Como o discurso formulado por outros artistas ajuda a compreender a obra de nosso grande escritor e também a formação da tradição da literatura brasileira?

Tais questões nos instigaram a realizar a pesquisa[40] que originou este livro. Entre o tom grave das homenagens a Machado quando de seu falecimento e a leveza de recordações tanto da figura amável do homem quanto da seriedade do funcionário, entre observações críticas e sínteses poéticas inspiradas pelo estilo machadiano, ressalta

40. Em meu projeto *Pupilas cavas: Machado de Assis e seus leitores escritores no século xx*, realizado na Biblioteca Brasiliana Guita e José Mindlin/Faculdade de Filosofia, Letras e Ciências Humanas da Universidade de São Paulo, bbm/fflch-usp, contei com bolsa de Pós-Doutorado Júnior do CNPq, Processo 166032/2015-8, a que agradeço.

aqui a consciência da raridade de sua trajetória social e artística. Passeando por quatro seções, o leitor pode conviver com alguns escritores contemporâneos de Machado de Assis que sobreviveram a ele. Trata-se de "Artigos", "Cartas", endereçadas a terceiros e estampadas na imprensa, "Poemas" e "Cenas Machadianas" de diversos prosadores e poetas, a respeito do autor de *Dom Casmurro*, publicados depois de 29 de setembro de 1908, data da morte de Machado, cuja obra nos sobrevive.

Incluem-se neste volume intelectuais que, ao lado dele, fundaram em 1897 a Academia Brasileira de Letras, como Artur Azevedo, Coelho Neto, Filinto de Almeida, José Veríssimo, Medeiros e Albuquerque e Olavo Bilac; escritores amigos ou próximos de Machado de Assis que contribuíram para a fundação da ABL, porém não quiseram ou não puderam nela entrar: Aluísio Azevedo, Antônio Sales e Júlia Lopes de Almeida; membros da Academia Brasileira de Letras, como Alcides Maia, Euclides da Cunha, Mário de Alencar e Xavier Marques; admiradores e amigos de Machado: Belmiro Braga e Max Fleiuss; e também os mais conhecidos, Lima Barreto, Monteiro Lobato e Mário de Andrade.

Além dos textos desses escritores, em sua maioria contemporâneos de Machado que conviveram com ele, a pesquisa nos trouxe ensaios de poetas como Augusto Frederico Schmidt, Carlos Drummond de Andrade, Manuel Bandeira; de autores talentosos menos conhecidos hoje, como Eneida, Lia Correa Dutra, Oswaldo Orico; de representantes do chamado romance de 1930, entre intimistas e mais voltados para os problemas da realidade brasileira, como Cornélio Penna, Cyro dos Anjos, Graciliano Ramos, Jorge Amado, José Lins do Rego; de prosadores e críticos literários machadianos, como Lúcia Miguel Pereira e Augusto Meyer; de outros grandes escritores como Ariano Suassuna, Guimarães Rosa, Rubem Braga; de contemporâneos, como Dalton Trevisan, Lygia Fagundes Telles, Milton Hatoum.

Na medida em que refletiram sobre a vida e a obra de Machado de Assis, contemplando os vários gêneros a que ele se dedicou — romance, conto, crônica, crítica, teatro, poesia —, esses ficcionistas e poetas enriqueceram a fortuna crítica machadiana, contribuindo para se conhecerem e compreenderem melhor nosso grande escritor e o contexto histórico de sua época e até nossos dias. Ao mesmo tempo, ao criarem imagens fecundas e desenvolverem interpretações sensíveis a respeito da singularidade plena de faces de Machado, esses escritores deixam ver marcas da constituição de suas próprias literaturas. Assim, os ensaios da recepção literária machadiana são fonte para novas pesquisas acerca de diversos representantes da literatura brasileira, tendo por horizonte a melhor compreensão das obras de Machado e desses escritores, dos momentos históricos em que foram concebidas, e dos sentidos de arte e de crítica.

Dispostos em ordem cronológica de publicação — com maior concentração nos anos de 1908, da morte de Machado de Assis, e de 1939, centenário de seu nascimento —, os textos flagram e de certa forma compõem um caminho crítico que inclui abordagens originais e questões recorrentes. O propósito foi selecionar e coligir artigos significativos quanto à obra e à trajetória de Machado e aos perfis dos autores, constituindo também critério a oportunidade de disponibilizar textos de difícil acesso.

No entanto, nunca imunes a dúvidas e a lacunas, se as escolhas miram a completude do retrato, a realidade devolve dispersão e esgarçamento; mas também acena com a possibilidade de outras leituras e publicação de novos volumes de artigos. Assim, na sequência dos textos selecionados e das fontes desta edição, listam-se vários escritos de cada autor, localizados pela pesquisa, como um convite para os leitores e estudiosos se debruçarem em diversos ensaios. E, embora a pesquisa já conte com mais autores, este volume concentra os de domínio público.

Eis que se percebe, na própria expressão "domínio público", a potência de as pessoas possuírem acesso a bens culturais, artísticos, intelectuais, como a própria obra de Machado de Assis e as dos escritores brasileiros aqui presentes, cujos verbetes biográficos e listas de obras precedem cada artigo deste volume. Abre-se a possibilidade de conhecer melhor contemporâneos de Machado, cujas reminiscências e reflexões trazem à luz aspectos da sociabilidade, da afetividade e do percurso do escritor, e do contexto em que viveram. Ressalte-se o desejo, possível incentivo aos leitores, de saber mais, por exemplo, sobre Alcides Maia, Araripe Júnior e José Veríssimo que, consagrados como críticos machadianos, também se dedicaram à criação literária. Igualmente se oferece material para se identificarem os contextos históricos e jornalísticos de produção da crítica, em especial os periódicos que destinaram espaço para homenagear Machado e pensar sobre sua arte. E assim se poderá avaliar o papel dos leitores-escritores no processo de consagração nacional do escritor, que se acirra quando do Estado Novo.

Como se vê, afrouxada a rédea, a pena, como a pesquisa, vai andando e encontra porta. Aproximando estilo e vida, diz um narrador machadiano de *Histórias sem data*: "Há de haver alguma [entrada]; tudo depende das circunstâncias, regra que tanto serve para o estilo como para a vida; palavra puxa palavra, uma ideia traz outra, e assim se faz um livro, um governo, ou uma revolução; alguns dizem mesmo que assim é que a natureza compôs as suas espécies".[41] A entrada aqui são as "Primas de Sapucaia!", conto publicado na *Gazeta de Notícias* em 1883, e o artigo de Max Fleiuss presente neste volume. Relata Max, filho de Henrique Fleiuss — fundador da *Semana Ilustrada* (1860-1876) e da primeira *Ilustração Brasileira* (1876-1878) e amigo de Machado —, que, animado a preparar para *A Semana* uma seleção dos contos publicados no periódico, obteve resposta imediata em "carinhoso bilhete" do escritor: Machado de Assis indicou "Primas de Sapucaia!" como seu conto preferido.

Metonímia para pessoas cuja presença, inescapável, ao coincidir com a aparição de um objeto de desejo, representa obstáculo para uma suposta oportunidade de con-

---

41. ASSIS, Machado de. "Primas de Sapucaia!", *Histórias sem data*. In: *Obra completa em quatro volumes*. 2ª ed. Organização de Aluizio Leite Neto, Ana Lima Cecílio, Heloisa Jahn, Rodrigo Lacerda. Rio de Janeiro: Nova Aguilar, 2008, vol. 2, pp. 392-7. Cf. também Machado de Assis.net: http://www.machadodeassis.net/hiperTx_romances/obras/Historiassemdata.htm.

quista e realização, eis que as primas de Sapucaia podem ser "antes um benefício do que um infortúnio". No conto, obrigado a cic023-3ronear as primas, o narrador sofre o impedimento de se aproximar de uma mulher desejada, para depois se regozijar diante da ruína de um homem, decorrente do envolvimento com a moça. O leitor tem direito ao machadiano autodesvelar do demônio que nos habita — pronto ao egoísmo de comemorar a autopreservação, a salvação quanto ao mal que acomete o outro — e do anjo que às vezes utilizamos, capaz de se compadecer com a dor alheia. Se a mulher desejada, Adriana, como Capitu, possui olhos que arrastam e devastam, mas não lhe conhecemos a voz, fato é a relativização: as mesmas primas, aparentemente mal vindas, se mostram úteis.

Se, além do estudo, da obstinação e do gosto, o acaso e circunstâncias múltiplas, como no estilo e na vida, mais a vanidade de tudo participam da pesquisa e da organização de um livro como este, quem ou o que garantirá a publicação e também a leitura de um escrito e dos melhores artigos? O que garante a sorte ou o azar de esbarrar com um livro, um ensaio, de formar e apurar o gosto literário? Decerto Machado considerava a presença das circunstâncias na composição da escrita, mas em conjunção com o trabalho artístico; e a busca de apreender como construiu sua maestria justamente moveu o olhar de muitos escritores aqui reunidos. Mostra da força de seu estilo é a imagem do amor criada em "Primas de Sapucaia!", cuja contraparte é o próprio movimento irônico do conto. E a evocamos aqui para sinalizar o desejo contínuo de escritores brasileiros por compreender em ensaios críticos, entre amor e ressalvas, a obra machadiana — desejo que pode originar inúmeras publicações como este volume:

> [...] Supusemo-nos estrangeiros, e realmente não éramos outra cousa; falávamos uma língua que nunca ninguém antes falara nem ouvira. Os outros amores eram, desde séculos, verdadeiras contrafações; nós dávamos a edição autêntica. Pela primeira vez, imprimia-se o manuscrito divino, um grosso volume que nós dividíamos em tantos capítulos e parágrafos quantas eram as horas do dia ou os dias da semana.

O estilo era tecido de sol e música; a linguagem compunha-se da fina flor dos outros vocabulários. Tudo o que neles existia, meigo ou vibrante, foi extraído pelo autor para formar esse livro único — livro sem índice, porque era infinito — sem margens, para que o fastio não viesse escrever nelas as suas notas — sem fita, porque já não tínhamos precisão de interromper a leitura e marcar a página.[42]

O RISO EM SURDINA COMO FORMA

O leitor surpreenderá, nos textos deste livro, imagens singulares e questões recorrentes que a vida e a obra de Machado de Assis suscitaram nas diversas inteligências e sensibilidades de seus leitores escritores. Essas imagens e questões contribuem para se apreenderem, a um tempo, o perfil múltiplo do criador de *Brás Cubas* e traços dos vários autores, confirmando a concepção de ser Machado de Assis *o escritor que nos lê*.[43]

Considerando-se os trinta anos posteriores à morte de Machado, que evidentemente acumularam a fortuna crítica desenvolvida já durante a vida do escritor, esboça-se um arco, por exemplo, entre Medeiros e Albuquerque e Mário de Andrade. Do autor de *Mãe Tapuia* sobressai a imagem de Machado como o "apóstolo do meio-termo, da moderação", cujo "riso em surdina" se configura por meio da "forma humorística". Medeiros e Albuquerque admira esse "riso para dentro" que, longe da gargalhada e sinal da inteligência, pressupõe um nível de análise e de construção de caracteres que afasta Machado de uma apreciação popular.[44]

42. Idem, p. 395.
43. Cf. GUIMARÃES, Hélio de Seixas. *Machado de Assis, o escritor que nos lê. As figuras machadianas através da crítica e das polêmicas*. São Paulo: Editora Unesp, 2017.
44. Esse "riso para dentro" nos faz lembrar de um parente seu — a "tosse para dentro" da menina Lucrécia, que sofre a desigualdade do país e do poder, no "Caso da vara", conto tão bem analisado por Alcides Villaça. Cf. VILLAÇA, Alcides. "Querer, poder, precisar: 'O caso da vara'". *Teresa: Revista de Literatura Brasileira*, São Paulo, USP; Editora

Ao mesmo tempo que sublinha a inteligência e o trabalho estilístico impecável, Medeiros e Albuquerque se ressente de certa ausência de tipos na ficção machadiana, o que deixa ver sua concepção artística, apegada à vivacidade, como configurou no conto "As calças do Raposo".[45] Justamente a vaidade desse contista se compraz ao relembrar um fato que Machado lhe narrou: à espera de um bonde no largo da Carioca, o autor de *Quincas Borba* julgou ter reconhecido um homem. Eis que se deu conta: era o Raposo, marcante personagem concebido pelo amigo. Assim, Medeiros e Albuquerque ressalta que Machado de Assis, para além do homem de gabinete, vivia intensamente a literatura.

É fecunda essa reflexão sobre as nuances entre pessoa e tipo — desde o caricato, o estereótipo, o representativo em termos sociais —, a qual se estende à própria figura do escritor, enigmático e visto em suas várias faces, como o tímido, o cético, o impassível, o estrangeirado, o realista, entre outras. A palavra *pessoa*, bem como *personagem, personalidade*, tem etimologicamente o significado de "máscara", do latim *persona*, que correspondia ao papel social representado pelo ator no teatro. Sendo máscara, *per-sona* é também "através da qual soa" a voz individual.[46] E o olhar crítico para essas nuances entre pessoa e tipo decorre da forma como a arte de Machado de Assis amalgama as dimensões de construção, de expressão subjetiva, de representação histórico-social e de transitividade com o leitor.[47]

34; Imprensa Oficial, n. 6-7, pp. 17-30, 2006.

45. ALBUQUERQUE, Medeiros e. "As calças do Raposo". In: *Mãe Tapuia: contos*. Rio de Janeiro: Garnier, 1900.

46. Aprendi essa etimologia com Hannah Arendt: "O grande jogo do mundo". In: *A dignidade da política: ensaios e conferências*. 2ª ed. Tradução de Helena Martins, Fernando Rodrigues, Frida Coelho e Antonio Abranches. Rio de Janeiro: Relume Dumará, 1993; ARENDT, Hannah. Prólogo de *Responsabilidade e julgamento*. Tradução de Rosaura Eichenberg. São Paulo: Companhia das Letras, 2004.

47. Além de *Machado de Assis: o enigma do olhar* (2000), retoma-se aqui o trajeto crítico apresentado por Alfredo Bosi em *Brás Cubas em três versões* (2006), decorrente de sua obra *Reflexões sobre a arte* (1985) e do acúmulo da tradição crítica sobre Machado, que inclui outras

Qual a voz individual de Machado por trás das máscaras? A "secura", a "falta de simpatia" do autor de *Brás Cubas*, provocava distanciamento em Lima Barreto, segundo ele confessa em carta a Austregésilo de Athayde. Entretanto, o criador de *Isaías Caminha* percebe agudamente que não havia abstração na literatura machadiana e se identifica com essa concepção. Lima conhecia que, junto com as das almas, a arte "pinta" as particularidades do meio: "Há uma mesma geometria para aqui e para a Lapônia; mas uma Virgília do Rio de Janeiro não pode agir da mesma maneira, levada pelos mesmos motivos sociais, que a Virgília de lá, se as há./ De resto os mesmos motivos agindo sobre indivíduos neste meio ou naquele podem levá-los a atos diferentes".[48]

Para além de tipos ou pessoas, com percepção certeira, no ensaio "A psicologia em ação" (19 nov. 1939), Mário de Andrade aponta que Machado de Assis analisou situações experienciadas por personagens, "momentos psicológicos".[49] A configuração artística dessas situações psicológicas, com grande força de representação social e expressão existencial, atinge atualidade crítica e universalidade. Mas Mário de Andrade também oscila — e dramaticamente, conforme se vê no ensaio e na carta aqui reunidos — entre admiração e ressalvas pelo escritor, reconhecendo o valor estético e ético de sua técnica, mas sofrendo com sua face abstencionista.[50]

significativas visões de conjunto, como o "Esquema de Machado de Assis" (1968), de Antonio Candido, e "Duas notas sobre Machado de Assis" (1979), de Roberto Schwarz.

48. Confira-se o artigo "Uma fatia acadêmica", de Lima Barreto, neste livro.

49. ANDRADE, Mário de. "A psicologia em ação" (19 nov. 1939). In: *O empalhador de passarinho*. 3ª ed. São Paulo; Brasília: Martins; INL, 1972, pp. 149-153.

50. Em diálogo crítico com a visão de Machado abstencionista, a obra de Roberto Schwarz, na esteira dos estudos machadianos de Raymundo Faoro (desde os anos 1970), bem como de Astrojildo Pereira, Lúcia Miguel Pereira e Augusto Meyer (anos 1930), se dedica à análise da representação das relações sociais configuradas como forma nos romances do escritor.

Assim, iluminados e ensombrados por esse riso com fundo trágico que atrai e atormenta, os escritores leitores de Machado de Assis criaram imagens e se detiveram em questões que se tornaram frequentes a respeito de sua vida e obra. Em mais de um século de fortuna crítica, somam-se imagens concernentes a seu estilo, joia de ouro de ideias, incrustada de ironia, como destaca o poeta e romancista Antônio Sales. E merecem atenção sobretudo figurações do sorriso de Machado, a apontar como a ambiguidade entre "galhofa e melancolia" inquieta os leitores. O amigo Mário de Alencar traduz à perfeição tratar-se de um "sorriso inteligente", gesto oposto à "natureza má" e "adequado à beleza". Das recordações de Alcides Maia, ficam o escritor chamado de Monstro numa legenda, o sorriso do autor de *Quincas Borba* ao falar de sua personagem D. Fernanda, e sua ambígua desaparição final—à semelhança do narrador machadiano de "O espelho".

A "mais bela orquídea de pensamento jamais desabrochada nesse setor das Américas" e "misteriosa lagoa humana" são imagens concebidas por Monteiro Lobato, que reconhece lucidamente em Machado a "inteligência criadora" que, nascida no degrau último, teve uma ascensão completa e, observador do "jogo de marionetes", pôde atingir a "intuição perfeita de tudo". "Somos todos uns bobinhos diante de você, Machado...", diz, para o nosso sorriso, o pai da Emília.

Também aqui comparecem a ausência de quintais, de descrições da natureza, o abstencionismo político, a sutileza da representação do erotismo, a impassibilidade, o relativismo de tudo. Ao mesmo tempo, recordações de contemporâneos deixam ver a face de afabilidade por trás da máscara, junto com a seriedade e o empenho pelo trabalho e pela criação de sua obra e da Academia Brasileira de Letras. Além do lavor estilístico machadiano, avulta das recordações de Rodrigo Otávio um conselho do autor de *Dom Casmurro*, que desejava, para os futuros escritores, a possibilidade de acompanharem sempre a produção editorial, quanto "ao cuidado tipográfico, à escolha do papel, à nitidez da impressão, à beleza do livro". Mas as dificuldades quanto a isso se acompanham da precariedade da formação do público, apontada desde o início do ensaio de Duque-Estrada, autor do Hino Nacional. Todos esses elementos compõem a reflexão igualmente recorrente quanto à difícil popularidade de Machado de Assis, bem como as várias manifestações de admiração por ele e por sua obra, feitas também de ressalvas e contradições diante da enormidade do escritor.

Nem desprezar o passado, nem o idolatrar, e saber que as ideias e a arte existem ao encontrarem sua melhor forma de expressão. Essas são lições apreendidas por José Veríssimo em "Machado de Assis crítico". Ele observa também que, deixando Machado de exercer a crítica na imprensa, supriu-a em sua obra de imaginação. E neste volume se desenha esse movimento entre olhar crítico e poesia, de escritores que criam imagens como leitores críticos. Fica, pois, o convite para conhecer as "Primas de Sapucaia!", aqui evocadas graças ao texto de Max Fleiuss, os livros de Machado de Assis, e para (re)ler os textos ora reunidos e as obras de seus autores.

Recolhida pelo amigo, romancista e crítico literário José Veríssimo, uma frase de um artigo de crítica publicado por Machado pode bem fechar este livro, que, numa realidade de indiferenciados benefícios e infortúnios, aposta em novos volumes de ensaios a respeito do autor do *Memorial de Aires*, "fenda necessária": "Entre a admiração supersticiosa e o desdém absoluto há um ponto que é a justiça".

REFERÊNCIAS BIBLIOGRÁFICAS

Academia Brasileira de Letras: www.academia.org.br.

Acervo *Estadão*: http:/acervo. estadao.com.br.

Biblioteca Brasiliana Guita e José Mindlin — Universidade de São Paulo (USP): www.bbm.usp.br.

Hemeroteca Digital da Biblioteca Nacional: http://bndigital. bn.gov.br/hemeroteca-digital/.

Instituto Histórico e Geográfico Brasileiro: https://www.ihgb. org.br/.

Machado de Assis.net: machadodeassis.net/index. htm.

ABREU, Alzira Alves de *et al.* (coords.). *Dicionário histórico-biográfico brasileiro — pós-1930.* Rio de Janeiro: CPDOC, 2010. Disponível em: http:// cpdoc.fgv.br.

ALBUQUERQUE, Medeiros e. *Homens e cousas da Academia Brasileira.* Rio de Janeiro: Renascença, 1934.

_____. "As calças do Raposo". In: *Mãe Tapuia: contos.* Rio de Janeiro: Garnier, 1900.

_____. *Quando eu era vivo. Memórias. 1867 a 1934.* Edição póstuma e definitiva. Rio de Janeiro: Record, 1981.

ANDRADE, Carlos Drummond de. "A um bruxo, com amor". *Correio da Manhã,* "Imagens Machadianas". Rio de Janeiro, 28 set. 1958, 1º Caderno, p. 6; *A vida passada a limpo, Obra completa.* Rio de Janeiro: Aguilar, 1964, pp. 311-3.

ANDRADE, Mário de. *O empalhador de passarinho.* 3. ed. São Paulo: Martins; Brasília: INL, 1972.

ARENDT, Hannah. *A dignidade da política: ensaios e conferências.* 2 ed. Tradução de Helena Martins, Fernando Rodrigues, Frida Coelho e Antonio Abranches. Rio de Janeiro: Relume Dumará, 1993.

ASSIS, Machado de. *Correspondência de Machado de Assis. Tomo I — 1860-1869.* Org. Sergio Paulo Rouanet, Irene Moutinho e Sílvia Eleutério. Rio de Janeiro: Biblioteca Nacional; ABL, 2008.

_____. *Correspondência de Machado de Assis. Tomo II — 1870-1889.* Org. Sergio Paulo Rouanet, Irene Moutinho e Sílvia Eleutério. Rio de Janeiro: ABL, 2009.

_____. *Correspondência de Machado de Assis. Tomo III — 1890-1900.* Org. Sergio Paulo Rouanet, Irene Moutinho e Sílvia Eleutério. Rio de Janeiro: ABL, 2011.

_____. *Correspondência de Machado de Assis. Tomo IV — 1901-1904.* Org. Sergio Paulo Rouanet, Irene Moutinho e Sílvia Eleutério. Rio de Janeiro: ABL, 2012.

_____. *Correspondência de Machado de Assis. Tomo V — 1905-1908.* Org. Sergio Paulo Rouanet, Irene Moutinho e Sílvia Eleutério. Rio de Janeiro: ABL, 2015.

_____. *Obra completa em quatro volumes.* 2 ed. Organização de Aluizio Leite Neto, Ana Lima Cecílio, Heloisa Jahn, Rodrigo Lacerda. Rio de Janeiro: Nova Aguilar, 2008.

BOSI, Alfredo. *Brás Cubas em três versões*. São Paulo: Companhia das Letras, 2006.

_____. *História concisa da literatura brasileira*. São Paulo: Cultrix, 1975.

_____. "Machado de Assis na encruzilhada dos caminhos da crítica". *Machado de Assis em Linha*, ano 2, n. 4, dez. 2009. Disponível em: http://machadodeassis.fflch. usp.br/node/12. Acesso em: 22 nov. 2014.

_____. *Machado de Assis: O enigma do olhar*. São Paulo: Ática, 2000.

_____. *Reflexões sobre a arte*. 4. ed. São Paulo: Ática, [1985] 1991.

BOSI, A. *et al. Machado de Assis*. São Paulo: Ática, 1982.

BROCA, Brito. *Machado de Assis e a política: mais outros estudos*. Prefácio de Silviano Santiago. São Paulo: Polis; Brasília: INL, 1983, pp. 194-203.

CADERNOS de Literatura Brasileira: Machado de Assis, n. 23/24, jul. 2008, Instituto Moreira Salles, SP. Consultores: Hélio de Seixas Guimarães e Vladimir Sacchetta.

CANDIDO, Antonio. "Esquema de Machado de Assis". In: *Vários escritos*. 3. ed. rev. e ampl. São Paulo: Duas Cidades, 1995, pp. 17-39.

_____. *Formação da literatura brasileira: momentos decisivos, 1750-1880*. 12 ed. Rio de Janeiro: Ouro sobre Azul, 2009.

CARPEAUX, Otto Maria. *Pequena bibliografia crítica da literatura brasileira*. Rio de Janeiro: Edições de Ouro, 1968.

CRETELLA JR., JOSÉ & ULHÔA CINTRA, Geraldo de. *Dicionário latino-português*. 3 ed. São Paulo: Companhia Editora Nacional, 1953.

DOYLE, Plínio (org.). *Cadernos com recortes de jornais e revistas de/sobre Machado de Assis, datados desde a década de 1870 até a de 1990*. Arquivo Museu de Literatura Brasileira da Fundação Casa de Rui Barbosa, Rio de Janeiro.

ELIOT, T. S. "A função da crítica". In: *Ensaios de doutrina crítica*. 2 ed. Tradução de Fernando de Mello Moser; prefácio de J. Monteiro-Grillo. Lisboa: Guimarães Editores, 1997, pp. 36-7.

_____. "Tradição e talento individual". In: *Ensaios*. Tradução, introdução e notas de Ivan Junqueira. São Paulo: Art Editora, 1989, pp. 38-9.

GLEDSON, John. "1872: 'A parasita azul' — ficção, nacionalismo e paródia". *Cadernos de Literatura Brasileira*, n. 23-24. São Paulo, Instituto Moreira Salles, 2008, pp. 163-218.

GRANJA, Lúcia; GUIDIN, Márcia Lígia; RICIERI, Francine Weiss (orgs.). *Machado de Assis: ensaios da crítica contemporânea*. São Paulo: Editora Unesp, 2008.

GUIA do acervo do Arquivo-Museu de Literatura Brasileira. Coord. Eliane Vasconcellos e Laura Regina Xavier. Rio de Janeiro: Fundação Casa de Rui Barbosa, 2012.

GUIMARÃES, Hélio de Seixas. *Machado de Assis, o escritor que nos lê. As figuras machadianas através da crítica e das polêmicas.* São Paulo: Editora Unesp, 2017.

_____. *Os leitores de Machado de Assis: o romance machadiano e o público de literatura no século 19.* São Paulo: Nankin/Edusp, 2004; 2. ed., 2012.

HOUAISS, Antonio & VILLAR, Mauro de Salles. *Dicionário Houaiss da língua portuguesa.* Rio de Janeiro: Objetiva, 2001.

JAUSS, Hans Robert. *A história da literatura como provocação à teoria literária.* Tradução de Sérgio Tellaroli. São Paulo: Ática, 1994.

_____. *Toward an Aesthetic of Reception.* Trad. Timothy Bahti; intr. Paul de Man. Minneapolis: Minnesota UP, 1982.

MACHADO, Ubiratan. *Bibliografia machadiana 1959-2003.* São Paulo: Edusp, 2005.

_____. *Machado de Assis: roteiro da consagração.* Rio de Janeiro: Eduerj, 2003.

MACHADO de Assis: crítica literária e textos diversos. Org. AZEVEDO, Sílvia Maria; DUSILEK, Adriana; CALLIPO, Daniela Mantarro. São Paulo: Editora Unesp, 2013.

MACHADO de Assis: primeiro centenário 1839-1939. s.l.p.: scp, [1939] 3 vols.

MAGALHÃES JÚNIOR, Raimundo. *Vida e obra de Machado de Assis.* Rio de Janeiro: Civilização Brasileira; Brasília: INL, 1981, 4 vols.

MASSA, Jean-Michel. *Bibliographie descriptive, analytique et critique de Machado de Assis IV: 1957-1958.* Rio de Janeiro: São José, 1965.

MEYER, Augusto. *Machado de Assis 1935-1938.* Rio de Janeiro: São José, 1958.

PEREIRA, Lúcia Miguel. *Machado de Assis: estudo crítico e biográfico.* Belo Horizonte; São Paulo: Itatiaia; Edusp, [1936] 1988.

RAMOS, Graciliano. "Os amigos de Machado de Assis". *Revista do Brasil.* Rio de Janeiro, 3a fase, jun. 1939, pp. 86-8.

SCHWARZ, Roberto. *Ao vencedor as batatas: forma literária e processo social nos inícios do romance brasileiro.* 4 ed. São Paulo: Duas Cidades, 1992.

_____. "Duas notas sobre Machado de Assis" (1979). In: *Que horas são? Ensaios.* São Paulo: Companhia das Letras, 1987, pp. 165-78.

_____. *Um mestre na periferia do capitalismo: Machado de Assis.* São Paulo: Duas Cidades, 1990.

SOUSA, José Galante de. *Bibliografia de Machado de Assis.* Rio de Janeiro: Ministério da Educação e Cultura, Instituto Nacional do Livro, 1955.

_____. *Fontes para o estudo de Machado de Assis.* Rio de Janeiro: Instituto Nacional do Livro, 1958.

VILLAÇA, Alcides. "Querer, poder, precisar: 'O caso da vara'". *Teresa: Revista de Literatura Brasileira*, São Paulo, USP; Editora 34; Imprensa Oficial, n. 6-7, pp. 17-30, 2006.

_____. "Machado de Assis, tradutor de si mesmo". *Revista Novos Estudos Cebrap.* São Paulo, 1998, n. 51, pp. 3-14.

NOTA SOBRE A PESQUISA E ESTA EDIÇÃO

A localização e a reunião dos textos coligidos neste livro resultaram de pesquisa nos acervos da Fundação Casa de Rui Barbosa, da Biblioteca Nacional, da Biblioteca Brasiliana Guita e José Mindlin (BBM-USP), do Instituto de Estudos Brasileiros (IEB-USP) e da Biblioteca Florestan Fernandes (FFLCH-USP). O guia principal foi o conjunto de cadernos de recortes colecionados por Plínio Doyle, hoje pertencentes à Fundação Casa de Rui Barbosa, que inclui aproximadamente 6 mil itens, entre artigos, reportagens e notas, publicados na imprensa brasileira entre a década de 1870 e o início dos anos 2000. O material foi reunido por Hélio de Seixas Guimarães, no âmbito da sua pesquisa de pós-doutorado *Presença inquietante — a recepção literária de Machado de Assis no século xx*, desenvolvida na Fundação Casa de Rui Barbosa com financiamento do cnpq; e por Ieda Lebensztayn, no âmbito do projeto de pós-doutorado *Pupilas cavas: Machado de Assis e seus leitores escritores no século xx*, realizado na Biblioteca Brasiliana Guita e José Mindlin com bolsa do CNPq.

Consta da BBM uma obra especial para este trabalho: *Machado de Assis: primeiro centenário* 1839-1939, três volumes encadernados que contêm recortes de artigos publicados em 1939, por ocasião do centenário de nascimento do escritor. O material é bastante rico, porém a maioria dos recortes não traz as referências dos periódicos e das datas exatas em que foram publicados. Essa dificuldade se soluciona em geral com a consulta aos cadernos de Plínio Doyle e à obra *Fontes para o estudo de Machado de Assis* (1958), de José Galante de Sousa, que elenca em ordem cronológica verbetes provenientes de um levantamento bibliográfico de artigos sobre Machado desde 1857 até 1957. Mais do que isso: o convívio com o livro de Galante, de valor inestimável para a pesquisa, como anuncia seu título e se confirma ante os cem anos de fortuna crítica por ele recenseados, abre caminho para a descoberta de novos textos. Nesse sentido, também se destaca a Hemeroteca Digital da Biblioteca Nacional como fonte de pesquisa.

Possibilita, graças a seus mecanismos de busca e ao vasto acervo de periódicos, não só localizar e descobrir artigos, como também suprir informações a respeito de um recorte no qual não se veem referências ao jornal, ao autor ou à data de publicação.

Os textos estão aqui apresentados cronologicamente, e ao final de cada um indica-se a fonte utilizada: no caso de periódicos, optou-se em geral, exceto quando não localizada, pela primeira versão estampada na imprensa, considerada fidedigna, tendo-se observado algum trecho truncado em edições de jornal posteriores, como foi o caso do artigo de Júlia Lopes de Almeida. Há textos extraídos de livros, havendo-se priorizado versões que passaram pela revisão do autor, como os ensaios de Mário de Andrade. Na sequência de cada texto, listam-se também transcrições feitas à época de sua publicação, republicações de contextos posteriores, bem como outros escritos desses autores a respeito de Machado de Assis. Procedeu-se à atualização ortográfica do conjunto, conforme o Acordo Ortográfico da Língua Portuguesa de 1990, que vigora no Brasil desde 2009.

j.b.

J. BOSCO Jacó de Azevedo (Belém do Pará, 1961). Cartunista, ilustrador, caricaturista e chargista. Atua no jornal *O Liberal*, de Belém do Pará desde 1988. Tem seis livros publicados, entre os quais se destaca *Qual é a graça?*, primeira obra de cartum de humor negro; *Colarinho pão e vinho*, composto de tiras; *A insuportável lerdeza do ser*, com charges sobre o governo Itamar Franco; *J.Bosco caricaturas*, de caricaturas de artistas, políticos nacionais e internacionais; *Querido Papai Noel*, em parceria com o cartunista e chargista Waldez, de cartuns sobre Natal e ano-novo; *Planeta em risco*, com charges voltadas à crítica ambiental. Tem ilustrações em revistas nacionais e internacionais como *Veja*, *Você SA*, *Semana*, *Imprensa*, *Focus*, *Le Monde Magazine*. Ilustrou livros didáticos para as editoras Scipione, Saraiva, Educacional, Moderna, Ática, FTD, Positivo, Somos, Editora do Brasil, entre outras. Recebeu cerca de 100 prêmios em salões de humor no Brasil e no exterior, entre eles o 1º prêmio – Prize 1, Niels Animados Bugge (Dinamarca, 2013), Prêmio Unimed (30º Salão Internacional de Humor de Piracicaba, 2003), Menção Honrosa em charge (43º Salão Internacional de Humor de Piracicaba, 2016), 3º lugar em cartum (Euro-Kartoenale, Bélgica, 2017). Em 2008 fez sua primeira exposição individual – "Cara e Coroa" – de caricaturas de empresários paraenses, com 60 peças. Em 2009, seguiu-se sua segunda edição, com 89 peças. Em 2018, realizou a exposição "Fora Temer", com 30 charges publicadas nos jornais *O Liberal* e *Amazônia*. Autor das tiras "Colarinho pão e vinho", "Capitão feijão" e "Mundo cão", publicadas diariamente no caderno "Magazine" de *O Liberal*. Produziu para a Imprensa Oficial do Estado de São Paulo e Academia Brasileira de Letras (desde 2012), caricaturas para as capas da *Série Essencial*, uma coleção com biografias e antologias de escritores brasileiros que fizeram parte da ABL.

© Hélio de Seixas Guimarães, 2019
© Ieda Lebensztayn, 2019
© J. Bosco, 2019
© Imprensa Oficial do Estado de São Paulo, 2019

Biblioteca da Imprensa Oficial do Estado de São Paulo
Escritor por escritor Machado de Assis segundo seus
pares 1908-1939 / Hélio de Seixas Guimarães [e] Ieda
Lebensztayn - São Paulo: Imprensa Oficial do Estado de
São Paulo, 2019.
p. 408. il.
Vários autores.
Biografia dos autores no início de cada texto.
Bibliografia.
ISBN 978-85-401-0165-4
1. Assis, Joaquim Maria Machado de, 1839-1908 2.
Escritores brasileiros 3. Literatura brasileira - Crítica
e interpretação I. Guimarães, Hélio de Seixas II.
Lebensztayn, Ieda
CDD 869.8
Índice para catálogo sistemático:
1. Literatura brasileira 869.8
2. Brasil: Escritores 869.8

Proibida a reprodução total ou parcial
sem a autorização prévia dos editores.
Direitos reservados e protegidos
(Lei nº 9.610, de 19.02.1998)
Foi feito o depósito legal
na Biblioteca Nacional
(Lei nº 9.610, de 19.02.1998)
Impresso no Brasil 2019

Imprensa Oficial do Estado de São Paulo
Rua da Mooca 1921 Mooca
03103 902 São Paulo SP Brasil
SAC 0800 0123 401
www.imprensaoficial.com.br

TIPOLOGIA Constantia, Myriad Pro Papel capa cartão triplex
250 g/m² Miolo pólen soft 80 g/m² Formato 15.5 × 22.5 cm
Páginas 408 Tiragem 2000

IMPRENSA OFICIAL
DO ESTADO DE SÃO PAULO

CONSELHO EDITORIAL
Presidente
Carlos Roberto de Abreu Sodré
Membros
Carlos Augusto Calil
Cecília Scharlach
Eliana Sá
Isabel Maria Macedo Alexandre
Ligia Fonseca Ferreira
Samuel Titan Jr.

COORDENAÇÃO EDITORIAL
Cecilia Scharlach
EDIÇÃO
Andressa Veronesi
PROJETO GRÁFICO
Raul Loureiro
ASSISTENCIA EDITORIAL
Francisco Alves da Silva
ASSISTENCIA À EDITORAÇÃO
Marilena Camargo Villavoy
CARICATURAS
J. Bosco
FOTOGRAFIAS
Coleção de Sebastião Lacerda | IMS
REVISÃO TÉCNICA
Marcos Lemos Ferreira dos Santos

IMPRESSÃO E ACABAMENTO
Imprensa Oficial do Estado S/A — IMESP

GOVERNO DO ESTADO DE SÃO PAULO

Governador
João Doria
Secretário de Governo
Rodrigo Garcia

IMPRENSA OFICIAL DO ESTADO DE SÃO PAULO
Diretor-presidente
Jorge Perez